Das Eichsfeld

Farbfotografien
aus den 30er- und 40er-Jahren

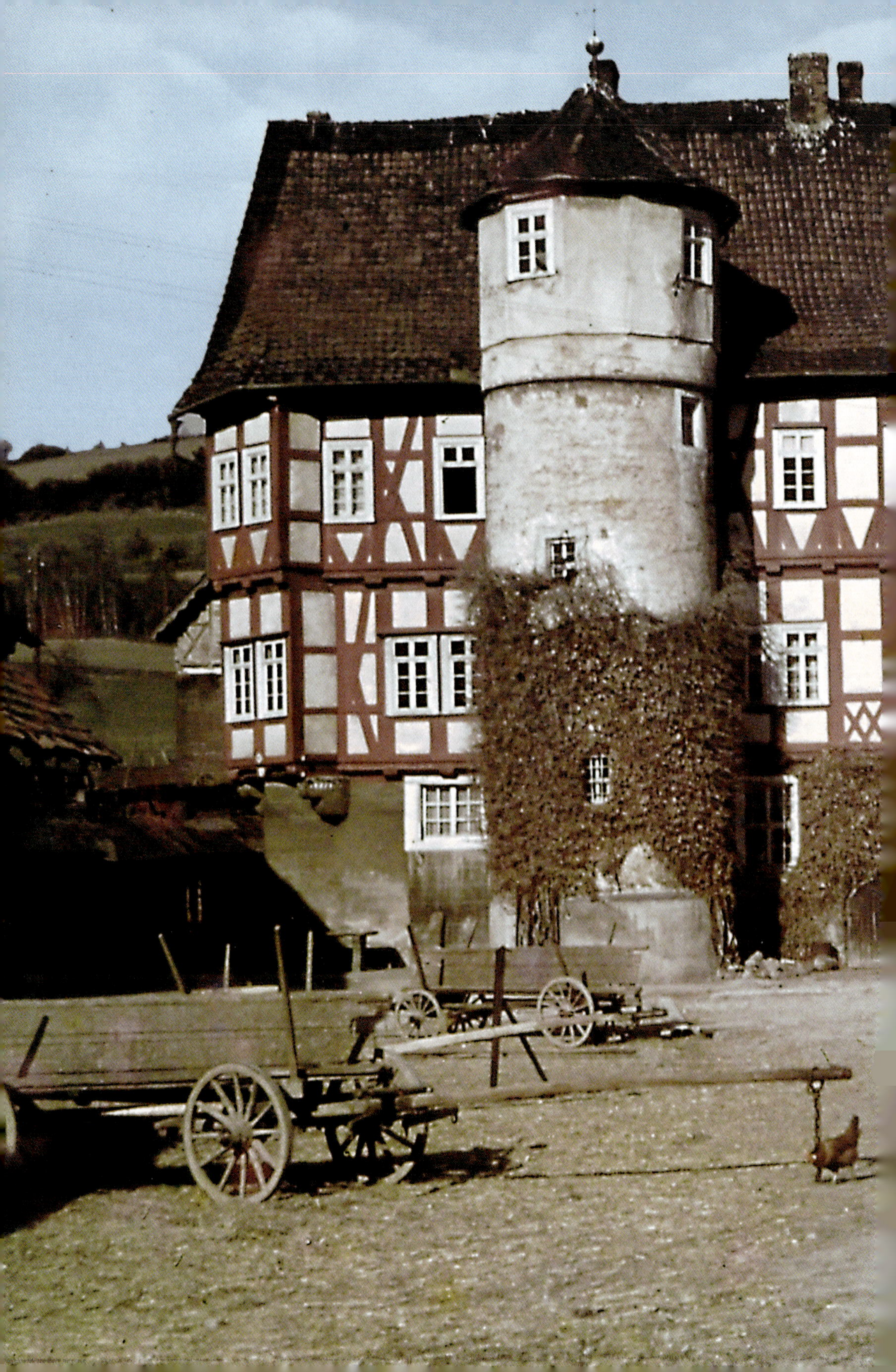

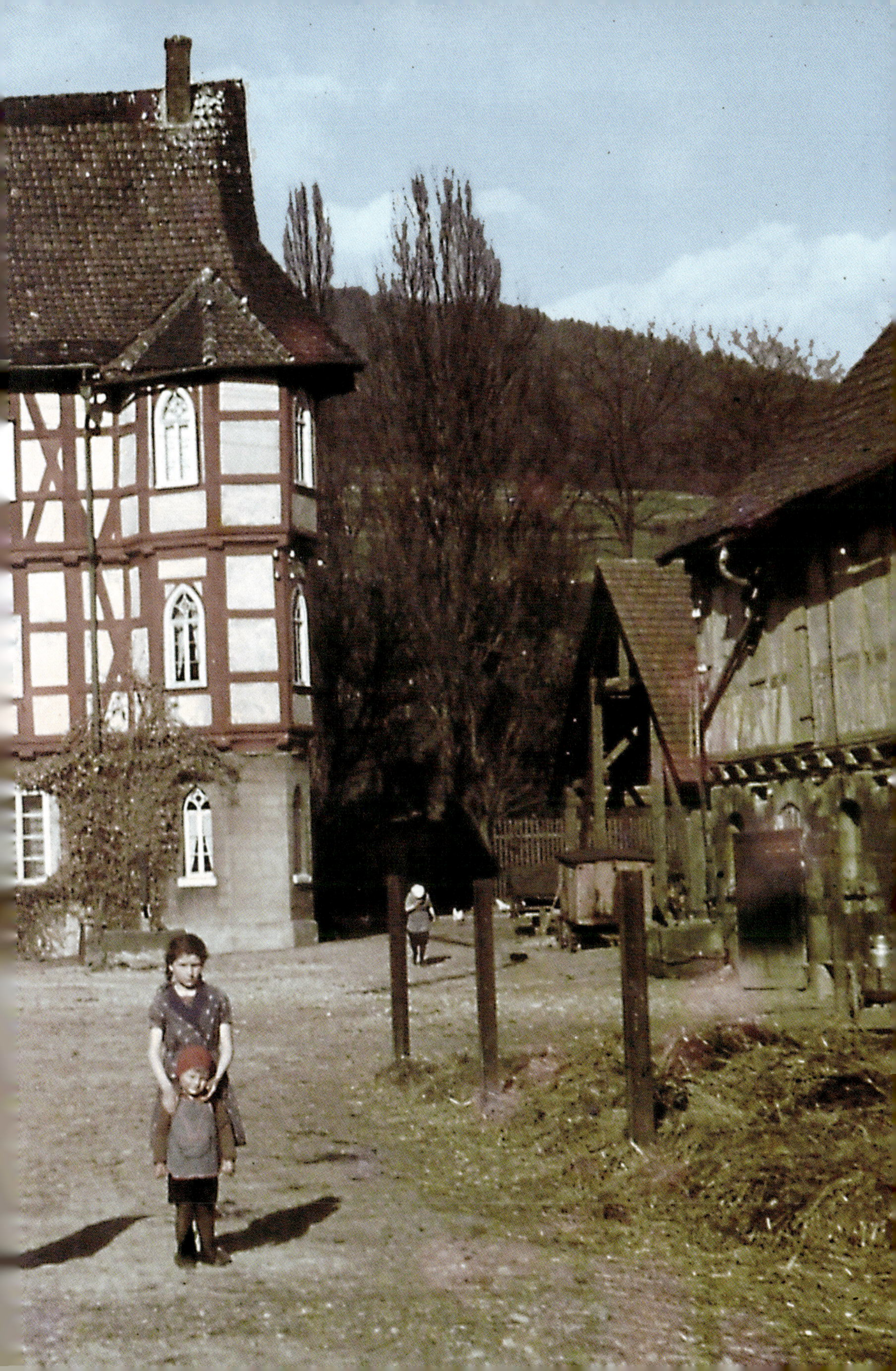

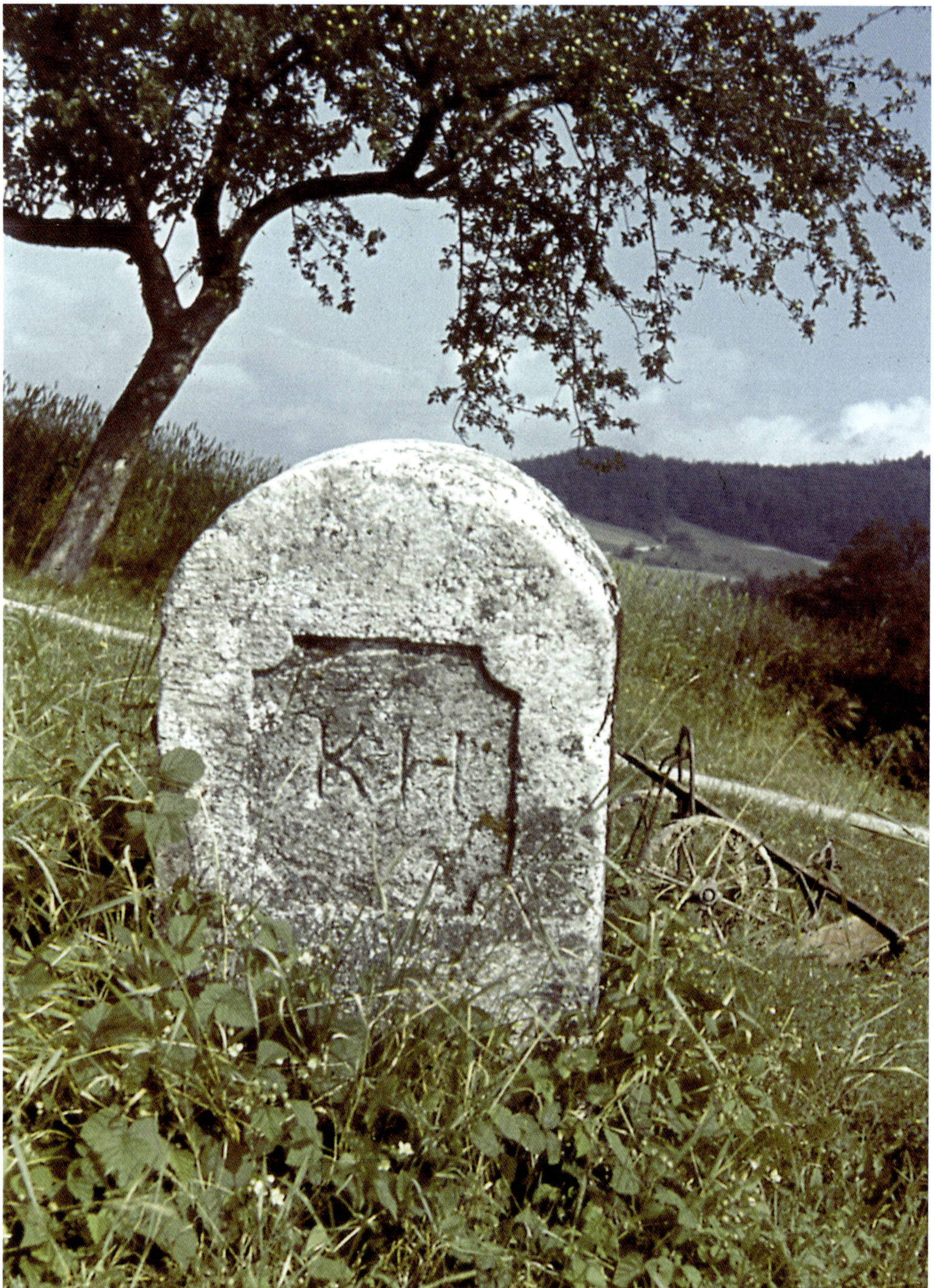

Ein Grenzstein im Südeichsfeld trägt die Abkürzung für „Kurfürstentum Hessen“ und markiert die hessisch-eichsfeldische Grenze, die 1945 zur Interzonengrenze und später zur undurchlässigen und streng bewachten „Staatsgrenze West der DDR“ ausgebaut wurde. Im Hintergrund der Keudelstein.

Das Eichsfeld

Farbfotografien
aus den 30er- und 40er-Jahren

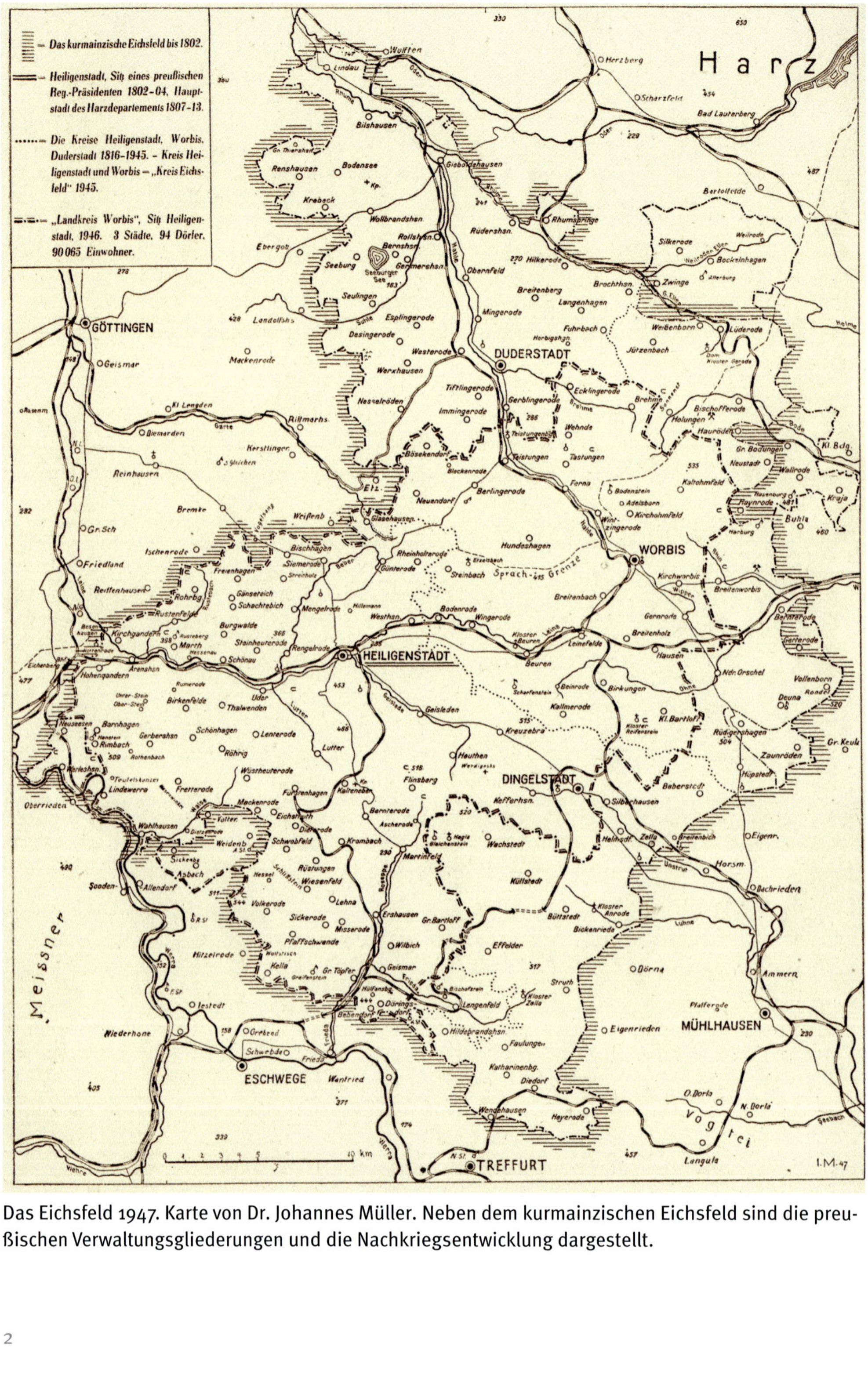

Das Eichsfeld 1947. Karte von Dr. Johannes Müller. Neben dem kurmainzischen Eichsfeld sind die preußischen Verwaltungsgliederungen und die Nachkriegsentwicklung dargestellt.

Torsten W. Müller

Das Eichsfeld

Farbfotografien aus den 30er- und 40er-Jahren

SUTTON ARCHiV

Der Autor: Dr. Torsten W. Müller, Jg. 1982, studierte Volkskunde, Theologie, Germanistik und Pädagogik an den Universitäten in Erfurt und Bamberg. Er promovierte mit einer Arbeit über Heimatvertriebene in Mitteldeutschland nach 1945. Als wissenschaftlicher Mitarbeiter an der Universität Erfurt galt sein besonderer Fokus der Aufarbeitung der Geschichte der katholischen Kirche in der DDR.
Von 2015 bis 2022 leitete er das kulturhistorische Eichsfeldmuseum in Heilbad Heiligenstadt. Dort etablierte er die „Heiligenstädter Palmsonntagsprozession" für das Bundesweite Verzeichnis Immateriellen Kulturerbes der Deutschen UNESCO-Kommission. In der Vergangenheit überzeugte er durch zahlreiche Publikationen zur Kultur-, Landes- und Zeitgeschichte. Müller war an vielen Ausstellungen und Medienprojekten beteiligt. Seit April 2022 leitet er das Museumsdorf Cloppenburg -- Niedersächsisches Freilichtmuseum.

Einband vorn: Vor dem Wohnhaus der Familie Franz Jakob, Dorfstr. 12 in Dieterode, spielen um 1942 die Kinder Waltraud und Anneliese Göbel sowie Anni Nußbaum. Neben dem Fachwerkhaus befindet sich das alte Torhaus, das den Bauernhof zur Straße hin abschließt.

Einband hinten: In Wilbich halten Dorfbewohner einen Plausch. Noch heute prägen zahlreiche Fachwerkhäuser das Dorfbild. Die Familie von Hitlers Pressechef Dr. Otto Dietrich (1897–1952) entstammte dem Ort; mehrmals hielt sich der Reichspressechef der NSDAP dort auf, so etwa 1938 bei der Beerdigung seines Vaters.

Vorsatz: Der Gutshof in Werleshausen ist ein stattliches Herrenhaus derer von Hanstein aus dem Jahr 1556. Das Dorf gehörte 1941 noch zum eichsfeldischen Kreis Heiligenstadt der preußischen Provinz Sachsen. 1945 wurde es durch das Wanfrieder Abkommen Hessen zugeschlagen.

Nachsatz: Inneres der Wallfahrtskapelle in Etzelsbach am 17. August 1944. Der Hochaltar wurde 1899 von der Firma Friedrich Oppermann aus Duderstadt geliefert. Die farbenprächtigen Malereien schuf der Künstler Joseph Asal 1915. Altar und Bemalung wurden 1972 entfernt.

Impressum

Sutton Verlag GmbH
Arnstädter Straße 8
99086 Erfurt
www.suttonverlag.de

1. Auflage, 2023
ISBN: 978-3-96303-455-8
Druck: Florjančič Tisk d.o.o. / Slowenien
Gestaltung und Herstellung: Sutton Verlag

Inhaltsverzeichnis

Bildnachweis

Eichsfelder Heimatmuseum, Heilbad Heiligenstadt: Einband vorne, Vorsatz, S. 2, 9, 10, 12, 16 (oben), 24, 27, 30, 34, 35, 38, 40, 41, 42 (unten), 43–46, 48–50, 51 (oben), 53, 56, 72, 78 (unten), 79, 80 (unten), 82, 85, 86, 88, 89 (unten), 90–92, 97, 100, 102 (unten), 104, 105 (unten), 106 (unten), 107–113, 118, 119, 120;
Museum „Gülden Creutz", Leinefelde-Worbis: S. IV, 13, 37, 63, 81, 93 (unten), Einband hinten;
Bistumsarchiv Erfurt: S. 11, 15, 31, 39, 42 (oben), 52, 55, 58–60, 62, 67–71, 73, 74 (unten), 77, 78 (oben), 80 (oben), 83, 84, 89 (oben), 93 (oben), 94, 99, 102 (oben), Nachsatz.
Sammlung Georg Klingebiel, Heilbad Heiligenstadt: S. 6, 8, 10, 16 (unten), 17–23, 25, 26, 28, 29, 32, 33, 36, 47, 54, 61, 64 (oben), 65, 75, 76, 87, 95, 96, 98, 105 (oben), 114–116.
Sammlung Gerhard Haubold: 106 (oben).
Bischöfliches Kommissariatsarchiv Heiligenstadt: S. 51 (unten), 57, 64 (unten), 66, 74 (oben), 101, 103.
Die unbeschränkten Nutzungsrechte sämtlicher Dias, Fotos und Karten von Dr. Johannes Müller (1884–1957) liegen beim Verfasser Dr. Torsten W. Müller.

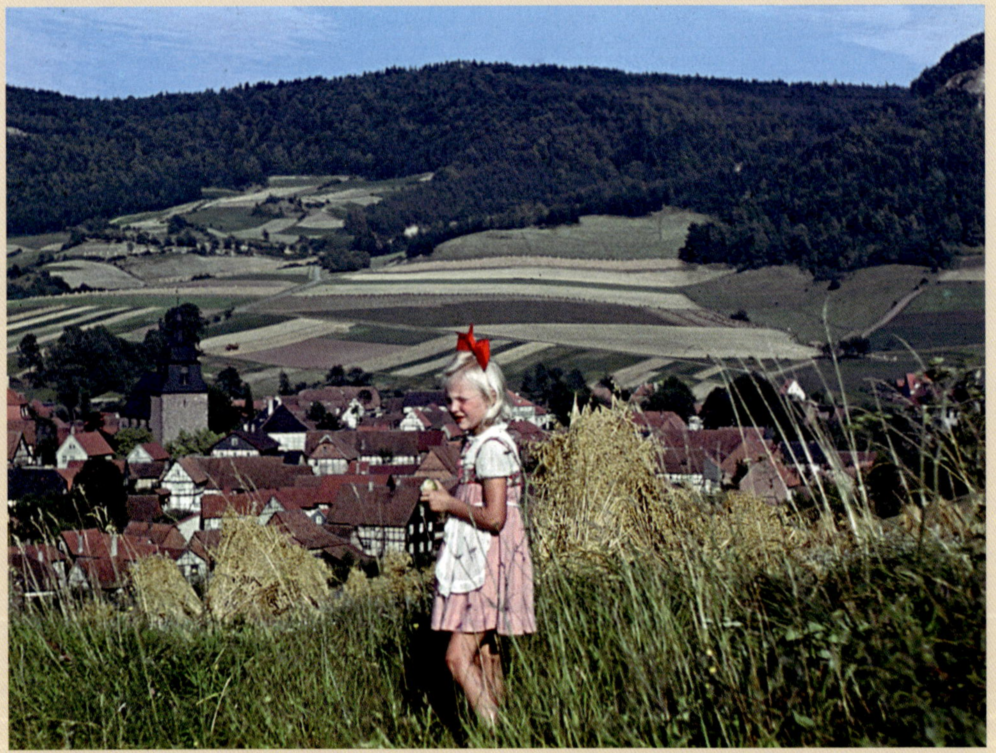

Im Südeichsfeld, im Tal der Rosoppe, liegt das Dorf Ershausen inmitten bewaldeter Höhenzüge. Die Dächer überragt die katholische Kirche, die 1908 errichtet wurde Die Feldflur zeigt noch die alte Struktur, bevor die SED-Zwangskollektivierung große Ackerflächen schuf.

Einleitung

Als 1936 der Agfacolor-Farbdiafilm im Deutschen Reich in Umlauf kam, stieg die Farbdiaproduktion rapide an. Die ersten Farbdias vom Eichsfeld – eine historische Landschaft zwischen Harz und Werra – stammen aus dem Jahr 1937. Sie wurden von Willi Ochsenfahrt (1910–1996) in und um Heiligenstadt aufgenommen und befinden sich heute in der umfangreichen Sammlung von Georg Klingebiel in Heiligenstadt, der auch Dias vom Heiligenstädter Hugo Gassmann (1898–1963) aus den Jahren 1940 bis 1942 besitzt. Katholische Geistliche gehörten ebenfalls zu jenen, die sich sehr früh einen Fotoapparat für Agfacolor-Umkehrfilme (Farbpositivfilm = Farbdia) zulegten und ihre Heimat im Bild festhielten.

Mehr als 300 Farbdias wurden vom Leiter des Eichsfelder Heimatmuseums Studienrat Dr. Johannes Müller (1884–1957) aus Heiligenstadt von 1939 bis 1944 aufgenommen. Müller hat als Gründer und erster Leiter des Eichsfelder Heimatmuseums ein heimatgeschichtliches Interesse daran gehabt, das Eichsfeld photographisch zu erfassen. Die Dias nutzte er ferner dazu, um Lichtbildervorträge über das Eichsfeld zu halten, so vor allem für die 3.000 verwundeten Wehrmachtsoldaten, die sich in den Reservelazaretten Heiligenstadts aufhielten.

Das Buch zeigt einen farbigen Querschnitt durch das Eichsfeld der 1930er- und 1940er-Jahre. Hier werden Aufnahmen präsentiert, die zwischen 1937 und 1949 auf Farbdiafilmen entstanden. Die wenigsten der Dias sind datiert. Die meisten wurden in den ersten Jahren des Zweiten Weltkrieges aufgenommen, denn bald sollte es zu kriegsbedingten Engpässen bei der Versorgung mit Filmmaterial kommen. Nur sehr wenige Farbdias entstanden in den Nachkriegsjahren; sie sind hier im Buch mit dem entsprechenden Jahr versehen.

Die Aufnahmen zeigen die Schönheiten des Eichsfeldes. Hügelige Landschaften, verwinkelte Kleinstädte, reizvolle Fachwerkhäuser in Dörfern, alte Baudenkmale und das Alltagsleben der Landbevölkerung präsentieren eine „heile" – farbige – Welt. Außerhalb dieser „heilen" Welt gab es auch im Eichsfeld die Präsenz von Nationalsozialismus und Krieg im Alltag, Propagandaveranstaltungen mit Hakenkreuzfahnen sowie die misstrauische Überwachung und Sanktionierung der katholischen Volkskirche. Von all dem ist in den Dias nichts oder nur sehr wenig zu sehen. Vermutlich haben die Fotographen die Dias mit NS-Bezug nach 1945 bewusst vernichtet.

Unter nationalsozialistischer Herrschaft blieb das Eichsfeld ein „Sonderfall". Als geschlossenes katholisches Siedlungsgebiet mit eigener christlicher Weltanschauung, eigener Kultur und eigener Mentalität ist es nie eine nationalsozialistische Hochburg geworden. Von Verwüstungen und Zerstörung blieb der Landstrich während des Zweiten Weltkrieges weitestgehend verschont. Die Einheimischen wurden durch Krieg und Niederlage nicht von ihrem angestammten Besitz verdrängt. Sie hatten alles bewahren können, was dem Leben Halt und Kontinuität gibt: Heimat, Haus, Besitz, Erwerbsquellen, Land zur Sicherstellung der Nahrung und vor allem den angestammten sozialen Status und die gesicherte Identität.

Das Jahr 1945 bedeutete auch für die Eichsfelder einen seelischen und wirtschaftlichen Zusammenbruch sondergleichen, in dessen Folge es zu epochalen Umwälzungen kam, die hier nur angedeutet werden können. Die massenhafte Zuwanderung von Heimatvertriebenen, die Bodenreform der Jahre 1945 bis 1948, der Aufbau des Sozialismus, der Ausbau der Grenze und die damit verbundene Abtrennung des Untereichsfeldes sowie die Zwangskollektivierung der Landwirtschaft zwischen 1952 und 1960 prägten die Dörfer und Städte nachhaltig. Davon ist auf den Farbaufnahmen in diesem Buch noch nichts zu sehen. Sie vermitteln einen nostalgischen Eindruck einer untergegangenen Welt.

Dr. Torsten W. Müller

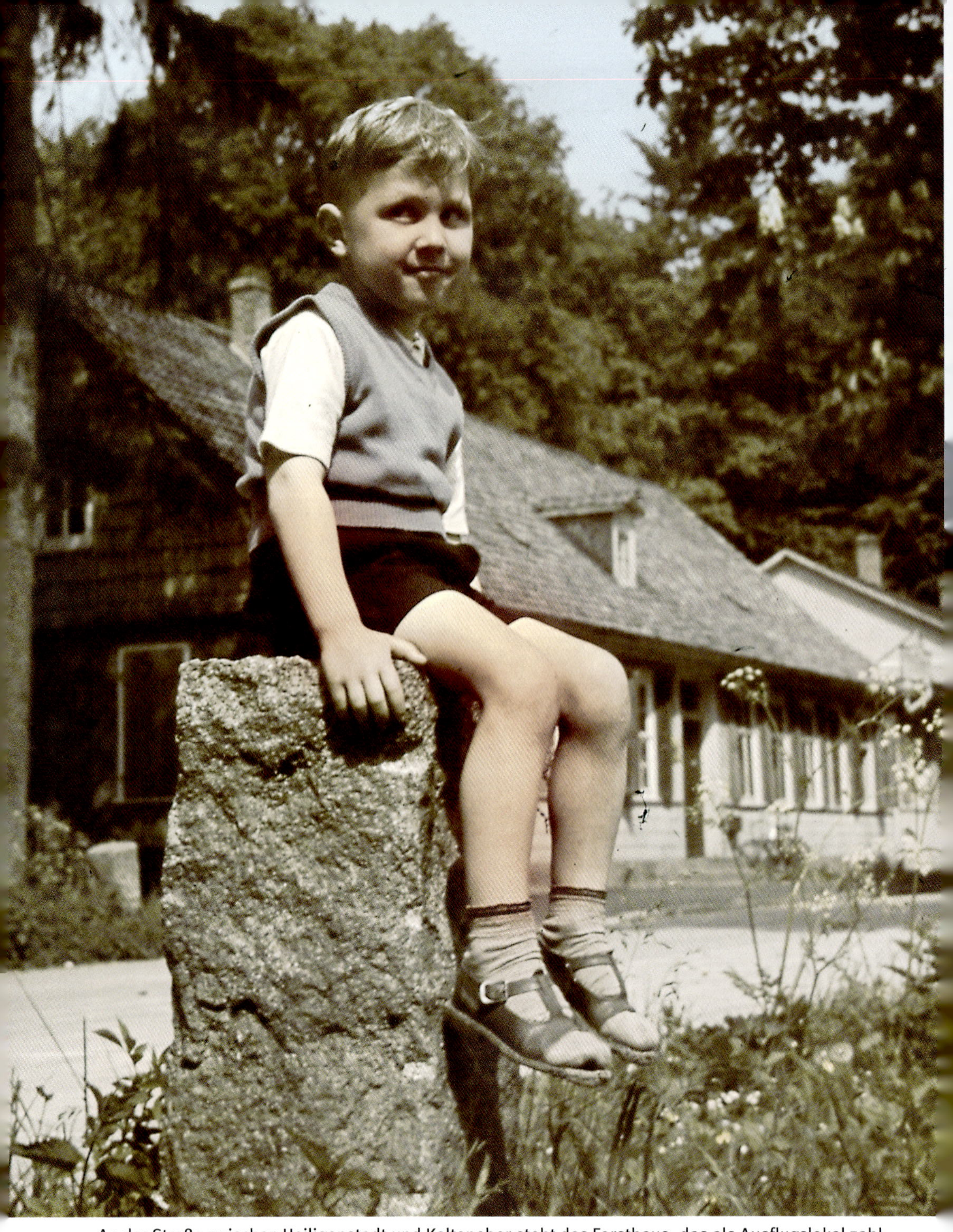

An der Straße zwischen Heiligenstadt und Kalteneber steht das Forsthaus, das als Ausflugslokal zahlreiche Gäste anlockte. Heute ist das beliebte Gasthaus im Heiligenstädter Stadtwald im Besitz der Familie Kellner.

Die Landschaft

Eine nahezu unberührte Mittelgebirgslandschaft kennzeichnet das Eichsfeld. Typisch für diese Gegend ist ein ständiger Übergang von Hügeln, Tälern, Höhenzügen, Wäldern, Feldern und Wiesen. Die Höhenzüge sind ausgesprochene Quellgebiete. Kleinere landschaftliche Bereiche geben dem Eichsfeld seinen unverwechselbaren Charakter: die Kespeldörfer, die Goldene Mark, das Jüngste Gericht, der Eichsfelder Kessel, Die Höhe, das Leinetal, die Bucklige Welt, die Werra-Dörfer und die Dreiländer-Ecke.

Noch ist die Landschaft nicht durchbrochen von Hochsiloketten, Windrädern oder Industrie-Halden; noch gibt es keine Zwangskollektivierung in der Landwirtschaft, und die bäuerlichen Familienbetriebe wirtschaften in eigenständiger Produktion auf eigenem, ererbten Grund und Boden.

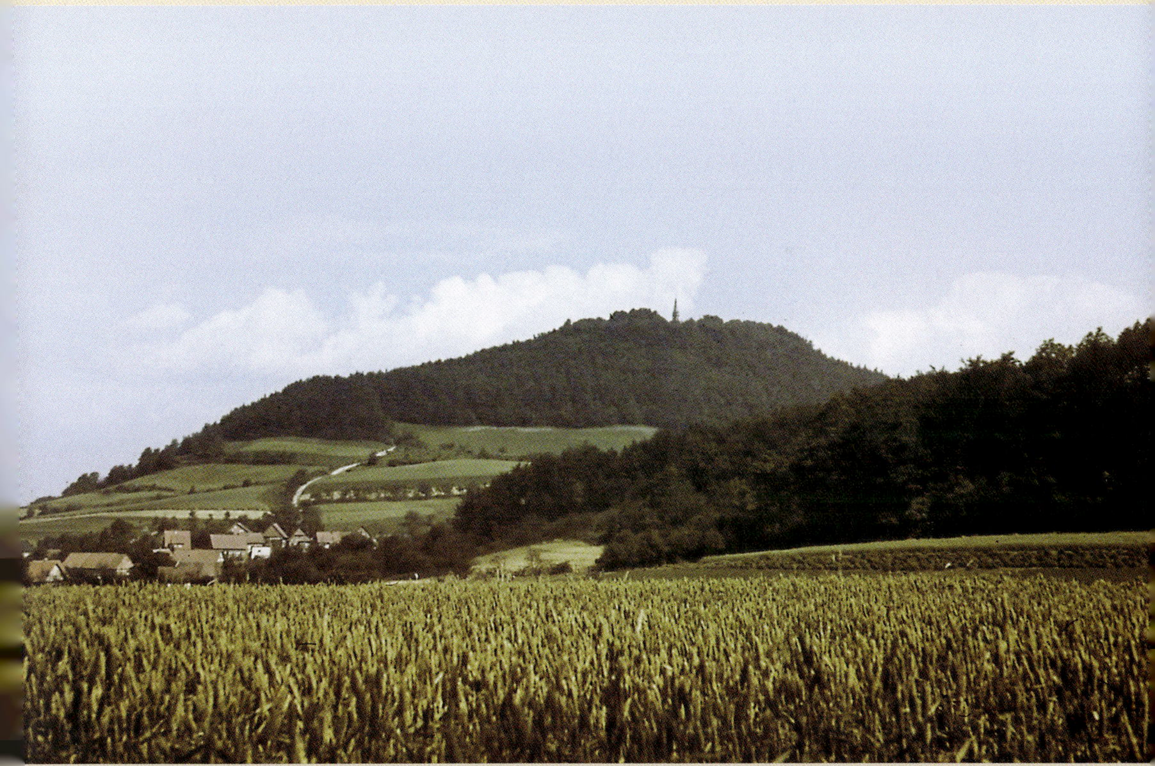

Der Hülfensberg ist die älteste und bekannteste Wallfahrtsstätte des Eichsfeldes. Die Spitze des Kirchturms der Erlöserkirche ist gut zu erkennen. Am Fuße des Berges liegt Bebendorf. Die Aufnahme entstand an einer Stelle, die später zum DDR-Grenzgebiet gehörte, damals aber nur die preußischen Provinzen Sachsen und Hessen-Nassau trennte.

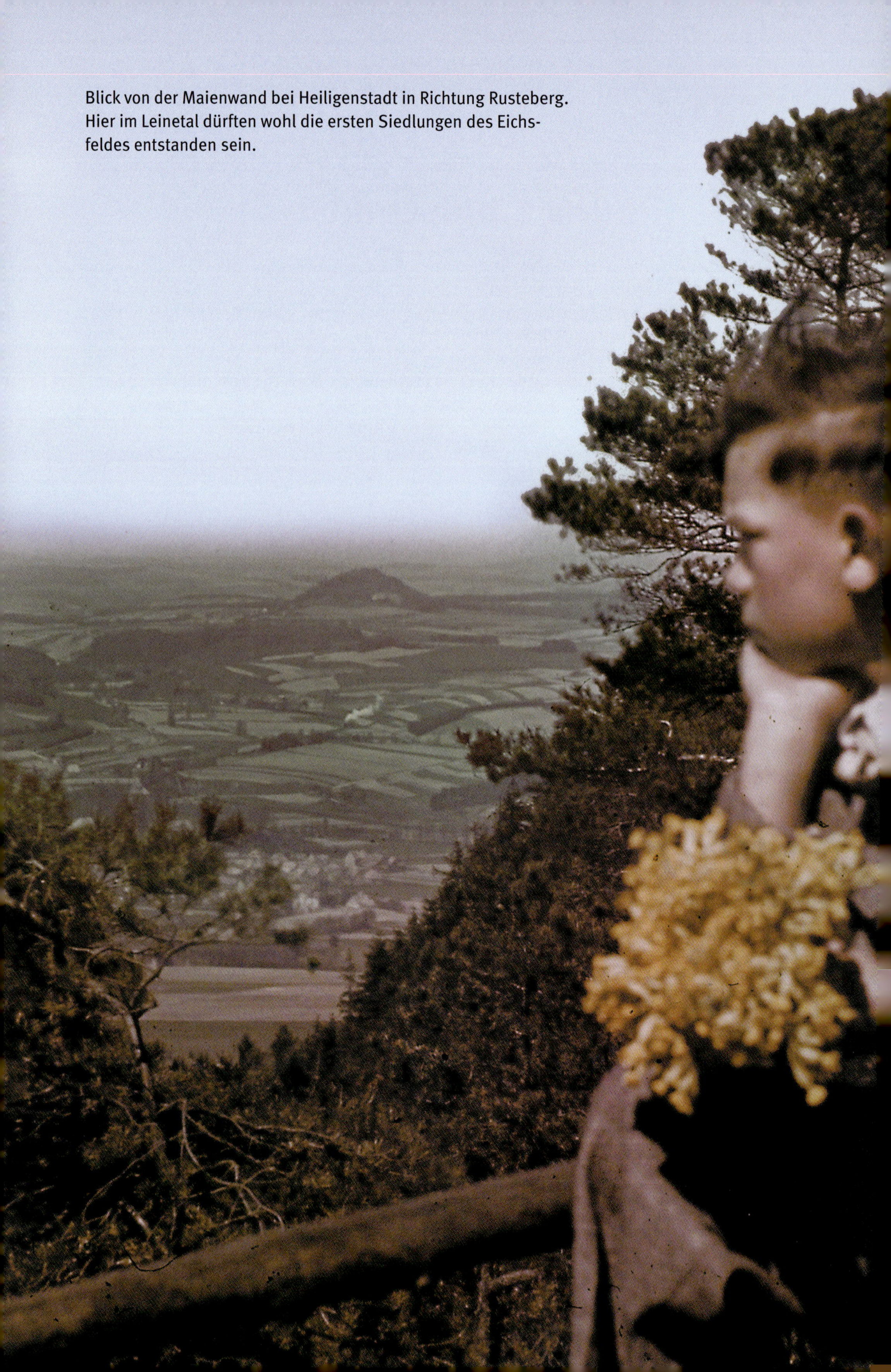

Blick von der Maienwand bei Heiligenstadt in Richtung Rusteberg. Hier im Leinetal dürften wohl die ersten Siedlungen des Eichsfeldes entstanden sein.

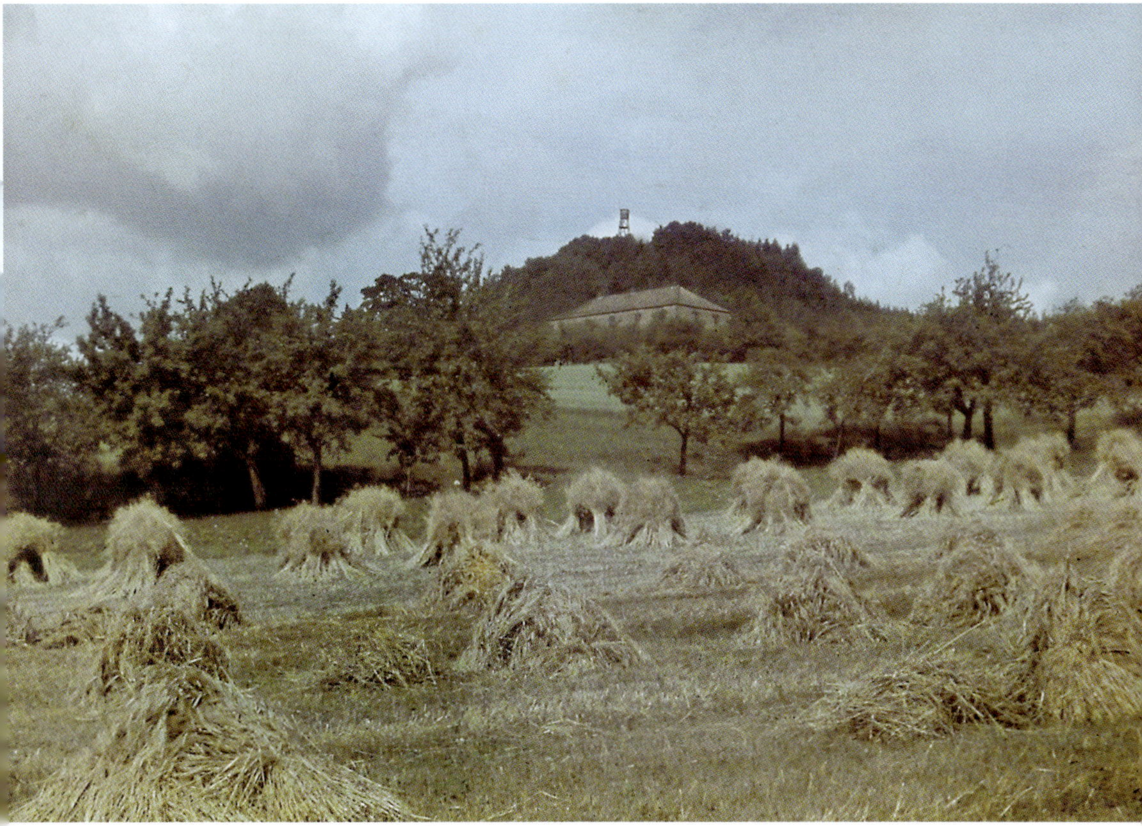

Der Rusteberg wurde wegen seiner markanten Lage oberhalb des Leinetals als Sitz der mainzischen Viztume bzw. Amtleute und Landvögte genutzt. Bis 1540 residierte der Mainzer Oberamtmann auf der Bergkuppe. Hier eine Aufnahme mit dem 1750 unterhalb des Berges erbauten Schloss Rusteberg, 1941.

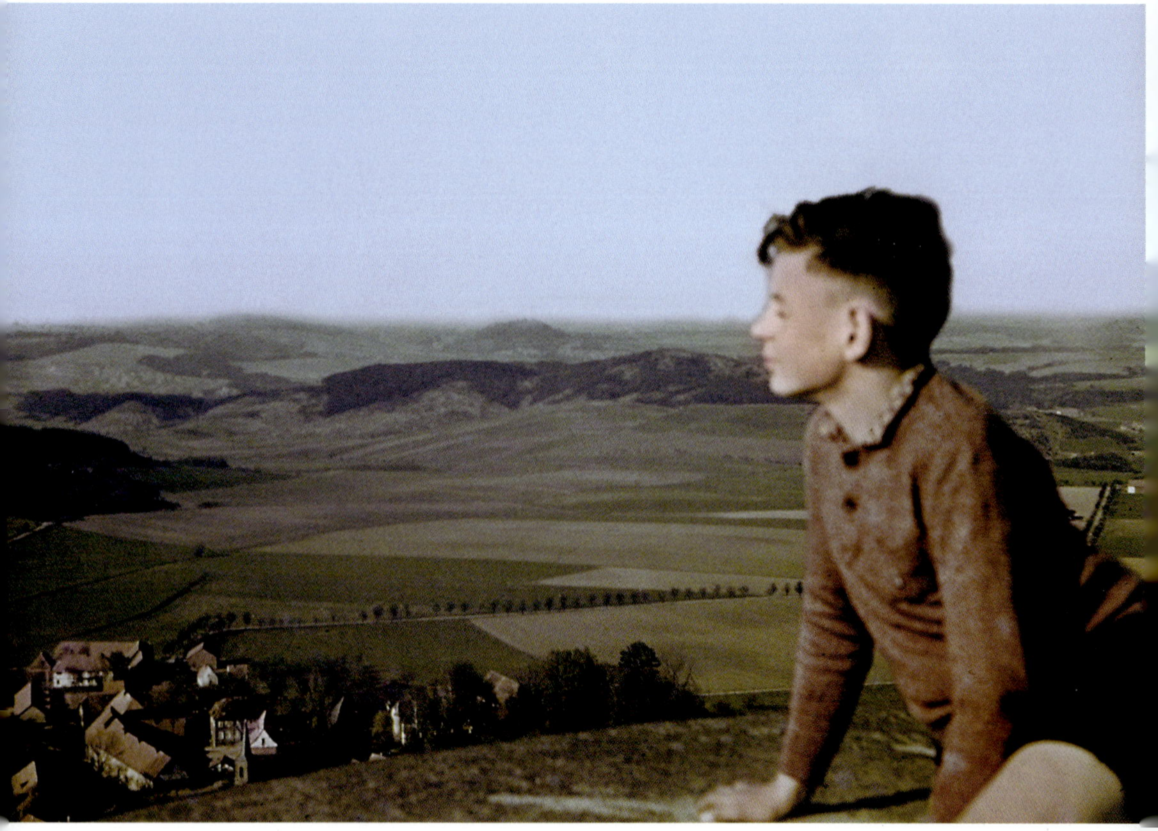

Vom Turm der Burgruine Hanstein an der eichsfeldisch-hessischen Grenze hat man einen ausgedehnten Blick in das westliche Eichsfeld. Am Fuß des Hansteins ist das Dorf Bornhagen zu erkennen.

Eine gute Aussicht in das hessische Werratal hat der Besucher des Hansteins 1937. Im Vordergrund die katholische St.-Marien-Kirche des Dorfes Rimbach. ▶

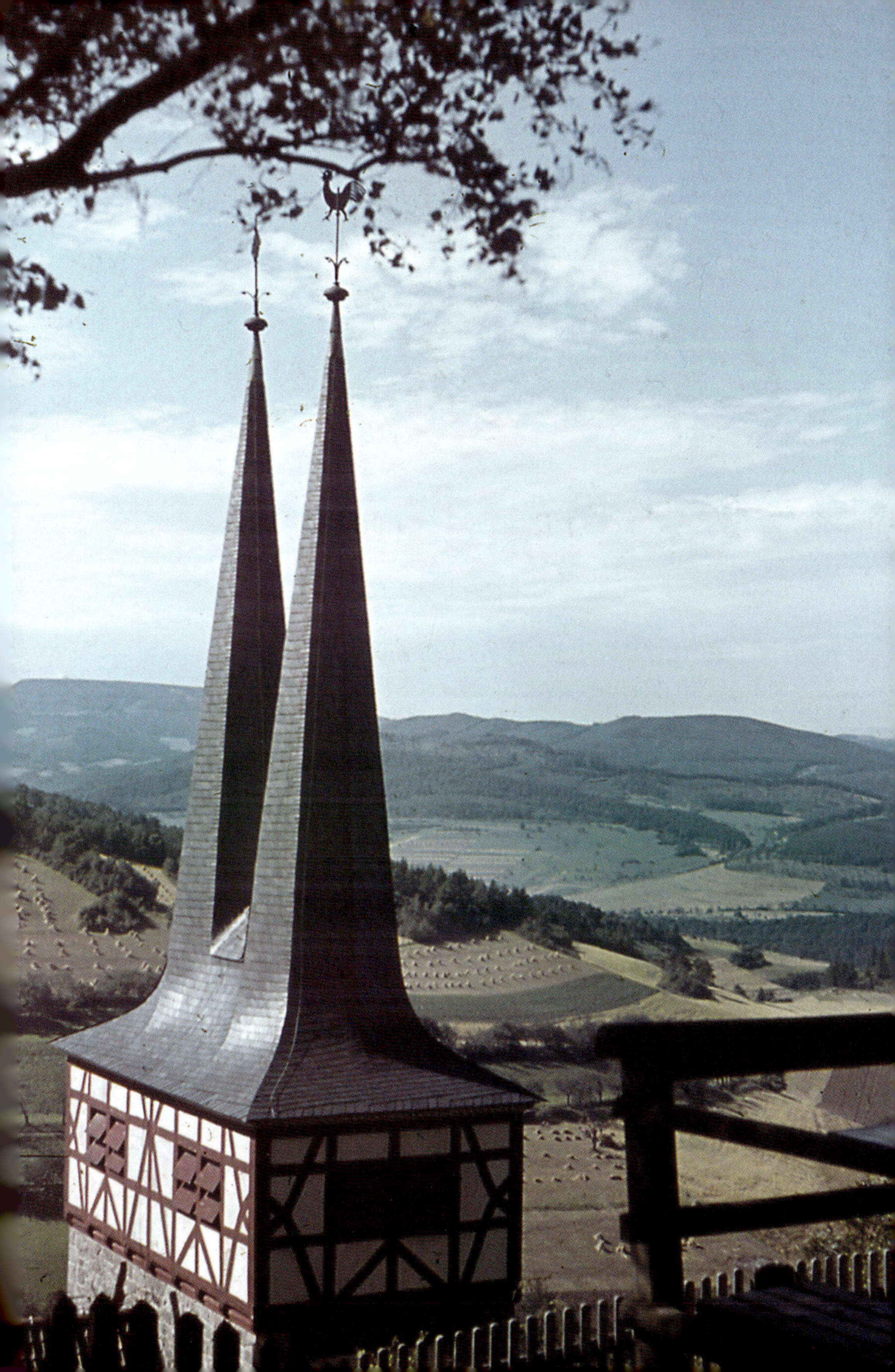

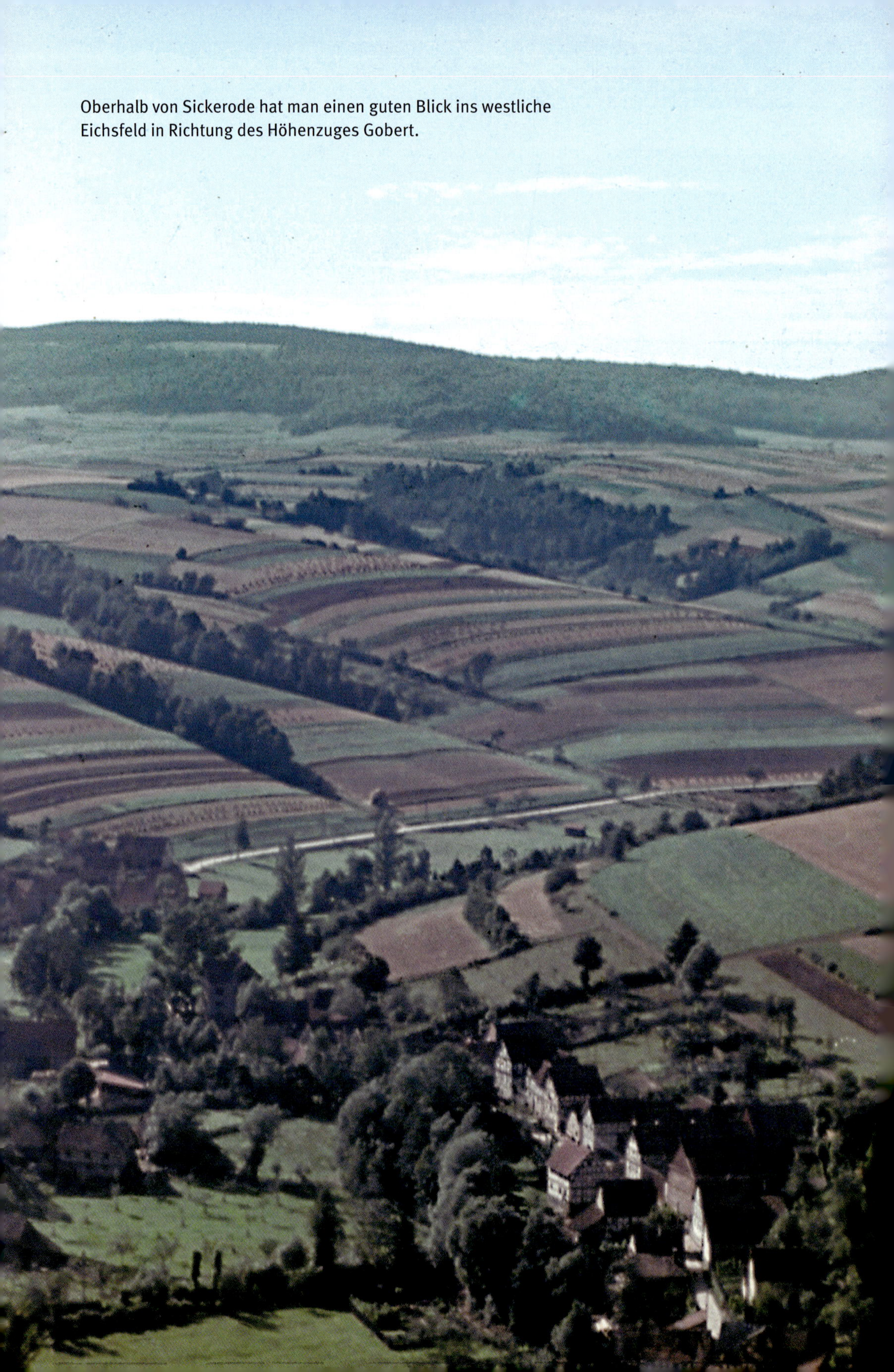

Oberhalb von Sickerode hat man einen guten Blick ins westliche Eichsfeld in Richtung des Höhenzuges Gobert.

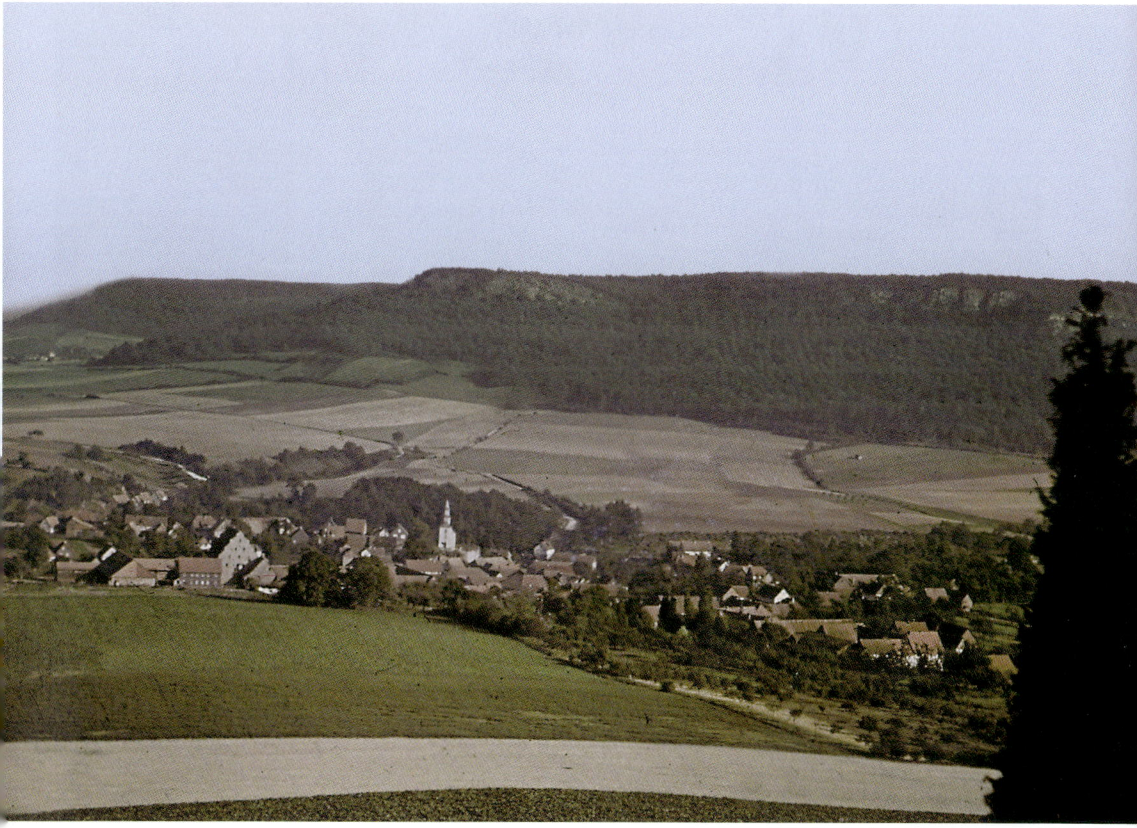

Das Dorf Birkenfelde ist von verschiedenen Höhenzügen umgeben. Links ist der kulturhistorisch wertvolle Steinerhof zu sehen, der im Zuge der Bodenreform 1945 zwangsenteignet und 1948 abgerissen wurde.

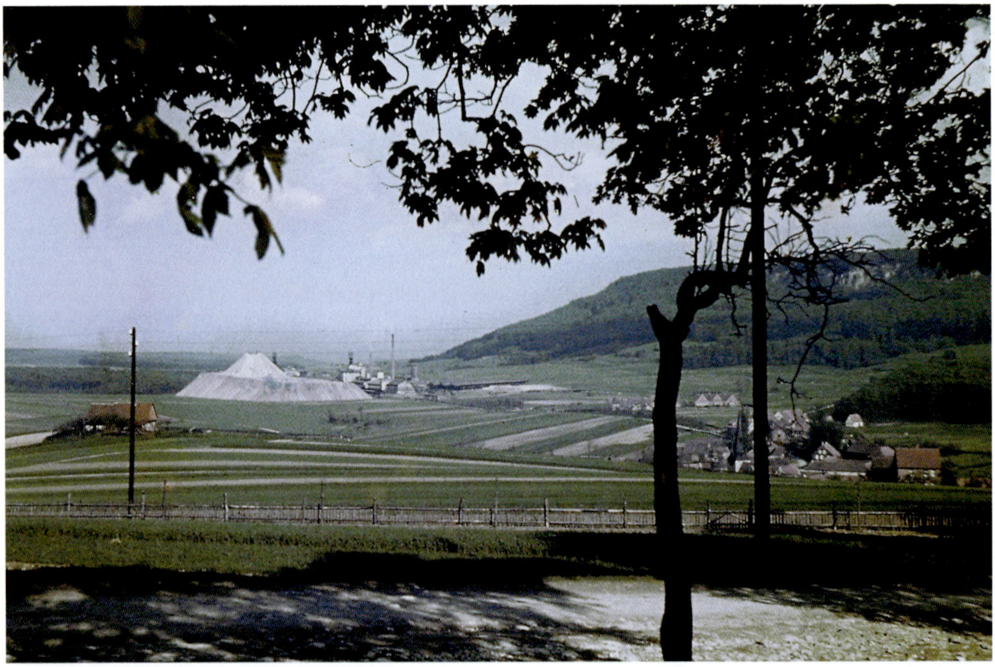

Vom Sonnenstein aus sieht man das Kaliwerk „Bismarckshall“ der Wintershall AG in Bischofferode. Rechts ist der Ort Holungen zu erkennen, 1940.

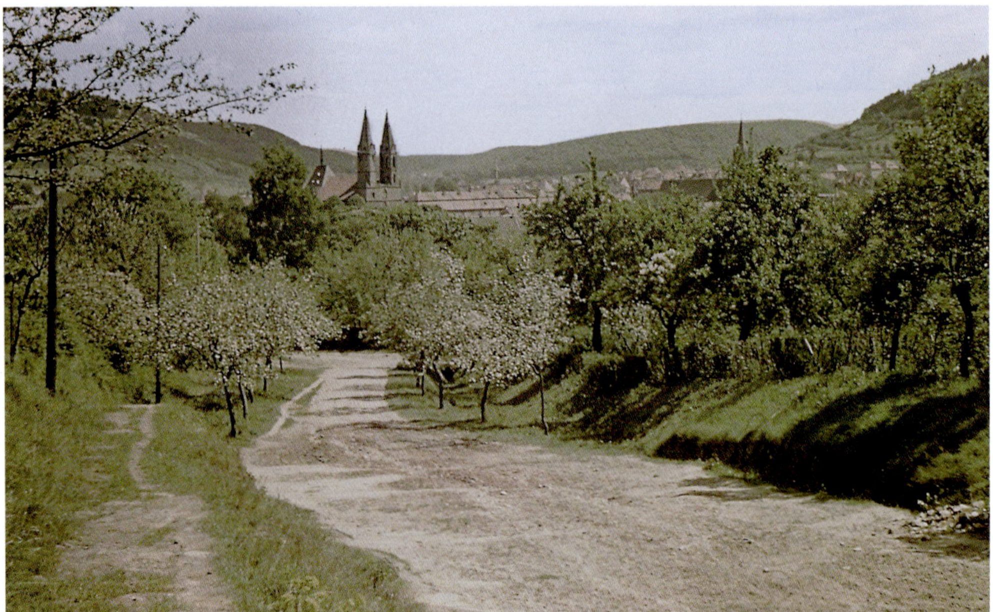

Im Tal der Leine liegt die Kleinstadt Heiligenstadt, umgeben vom Iberg und vom Dün, im Hintergrund der Mittelberg. Hier der Mengelröder Weg, der in die Stadt führt, 1937.

Die Städte

Heiligenstadt ist die historische Hauptstadt des Eichsfeldes. Als Kreisstadt ist sie bis heute Sitz der Kreisverwaltung. Drei gotische Kirchen prägen das Stadtbild. Die humanistische Bildungstradition, die spätestens 1575 durch eine Jesuitenschule grundgelegt wurde, macht den Ort zu einer Schulstadt.

Die Kleinstadt Worbis war bis 1994 eine Kreisstadt mit einem eigenen Landrat. Das ehemalige Franziskanerkloster mit der Antoniuskirche ist als Wallfahrtsort weithin bekannt.

Dingelstädt wurde erst 1859 das Stadtrecht verliehen. Das untereichsfeldische Duderstadt muss als eine Perle der Fachwerkbaukunst bezeichnet werden. Die Altstadt besticht durch ihr einzigartiges Ambiente mit ihren liebevoll restaurierten Häusern.

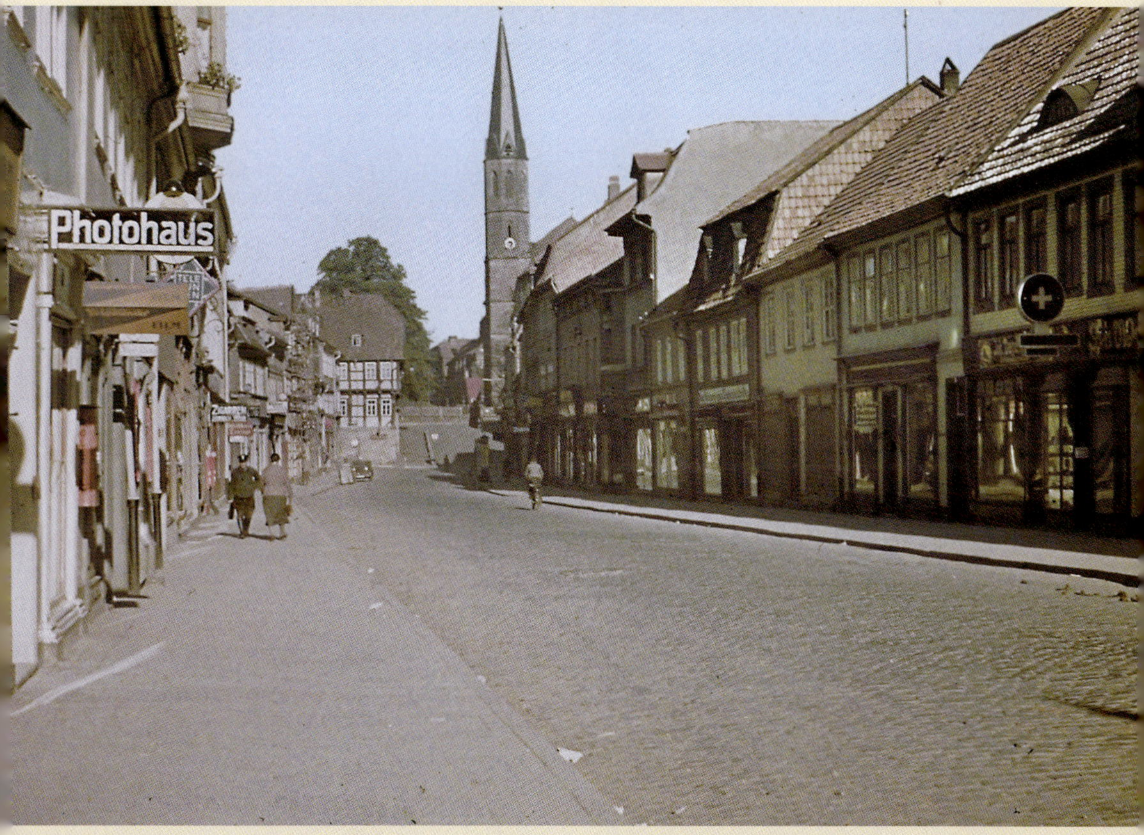

Die Wilhelmstraße in Heiligenstadt trug von 1937 bis 1945 den Namen Adolf-Hitler-Straße. Am unteren Ende dieser Hauptverkehrsstraße erkennt man das Mainzer Haus und die St.-Martins-Kirche, die mit dem Kollegiatstift mehr als 1.000 Jahre kirchlicher Mittelpunkt des Eichsfeldes war.

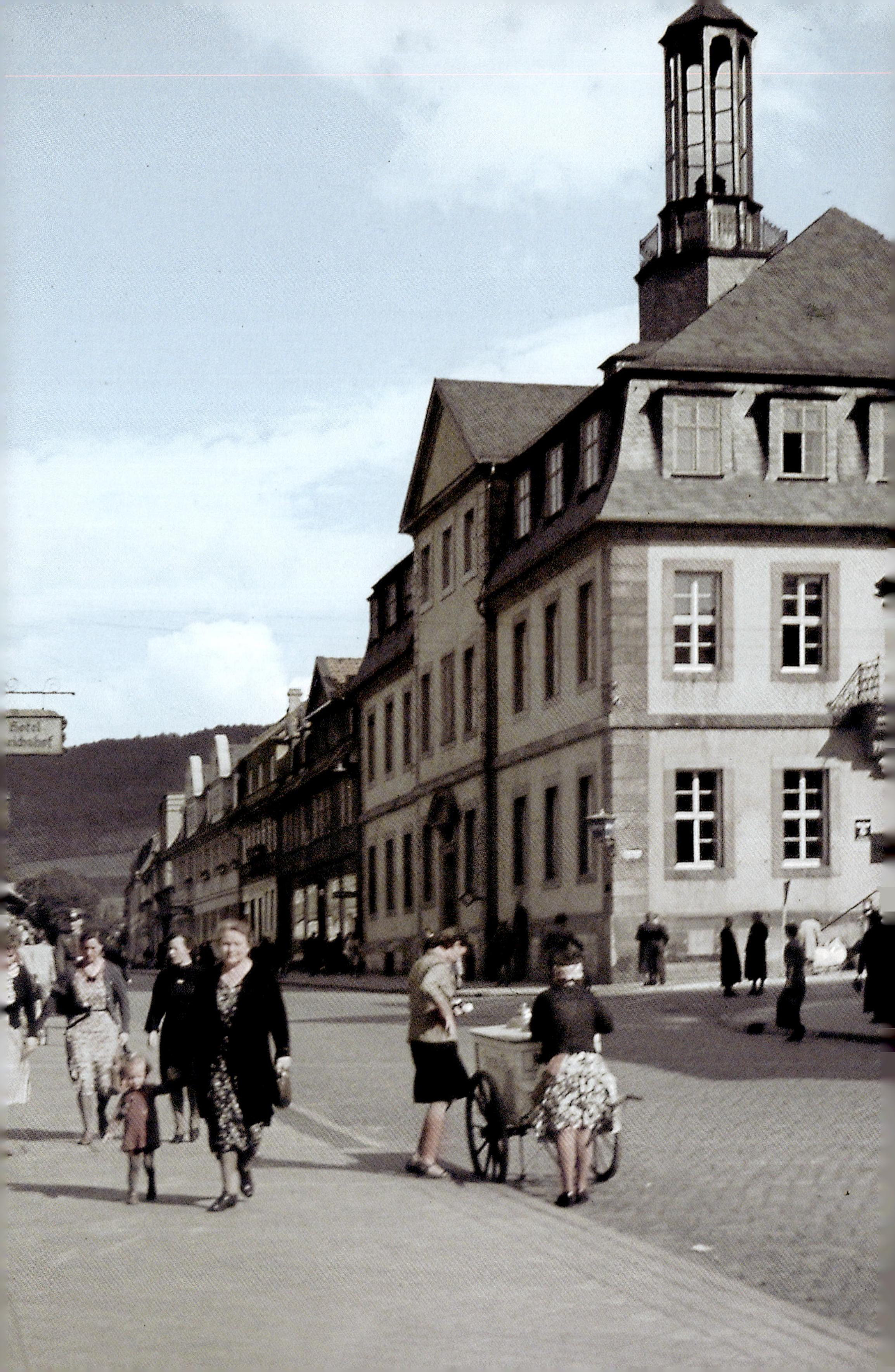

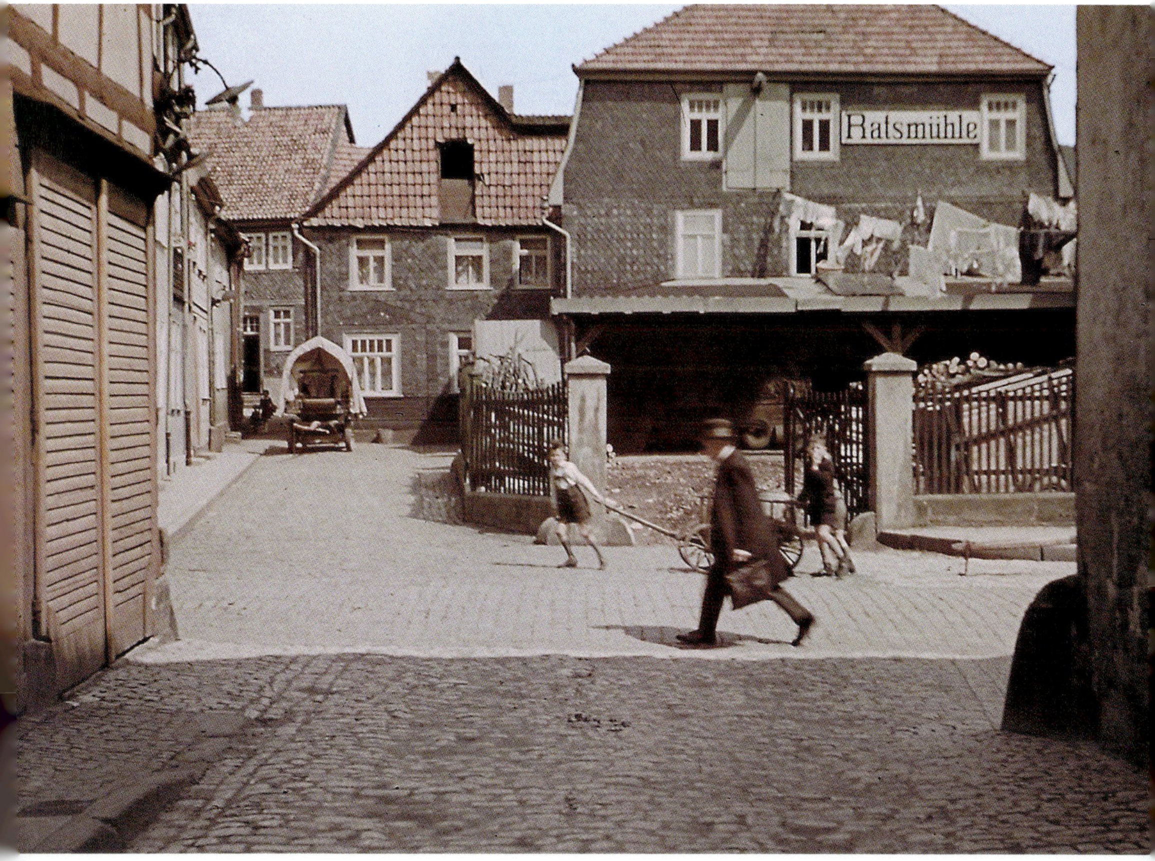

Die Ratsmühle beim alten Rathaus in Heiligenstadt, 1937. Der Mühlenbetrieb wurde 1960 eingestellt. Im Vordergrund links das Spritzenhaus.

◄ Das Rathaus in Heiligenstadt wurde von 1938 bis 1940 umgebaut. So wurde u.a. ein neuer, gassicherer Luftschutzkeller eingerichtet. Ein Turm krönte das Rathausdach von 1920 bis 1955, während des Zweiten Weltkrieges diente er als Sirenenturm. Im Vordergrund der Eiswagen des Milchmannes Riepe.

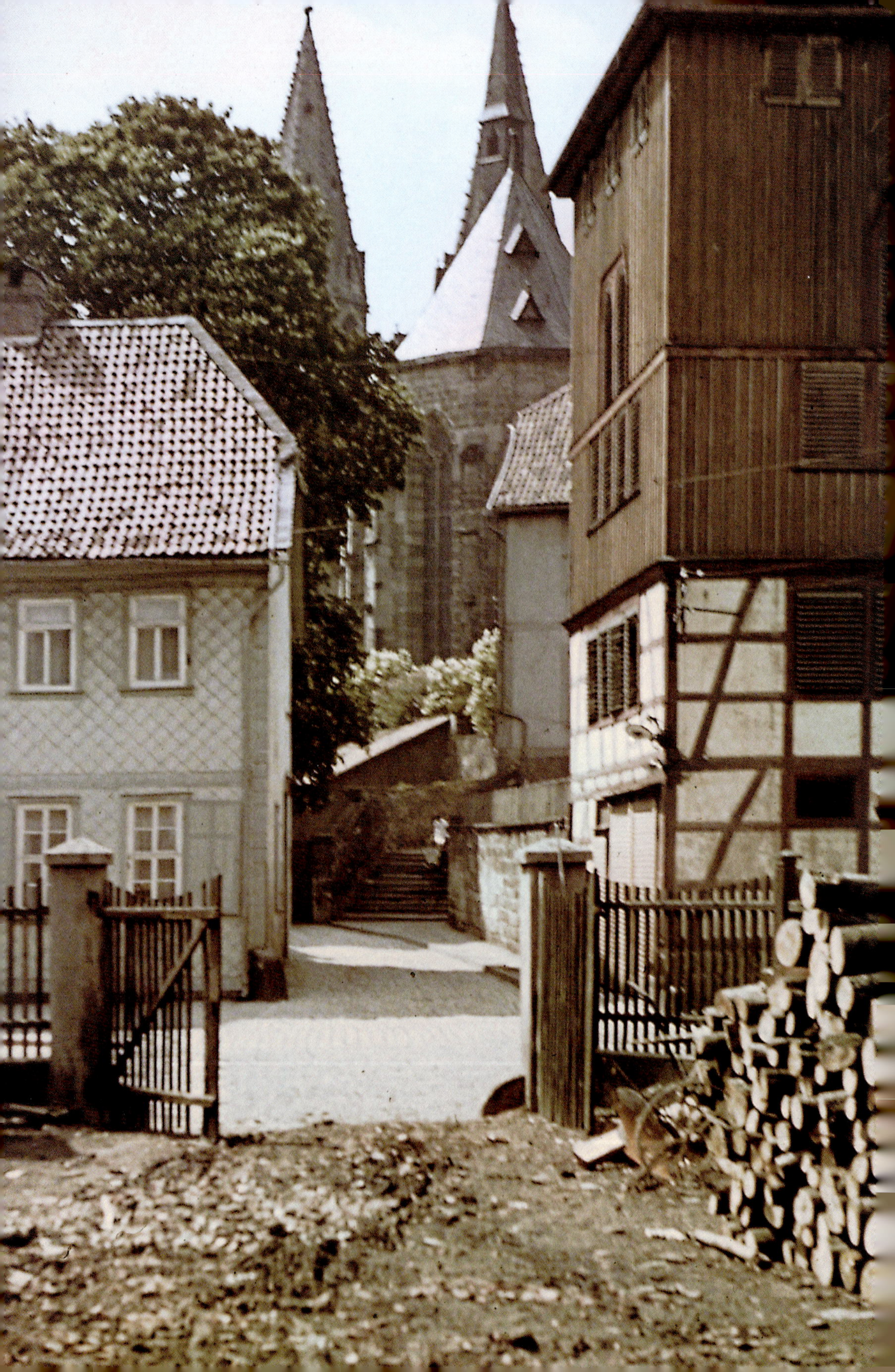

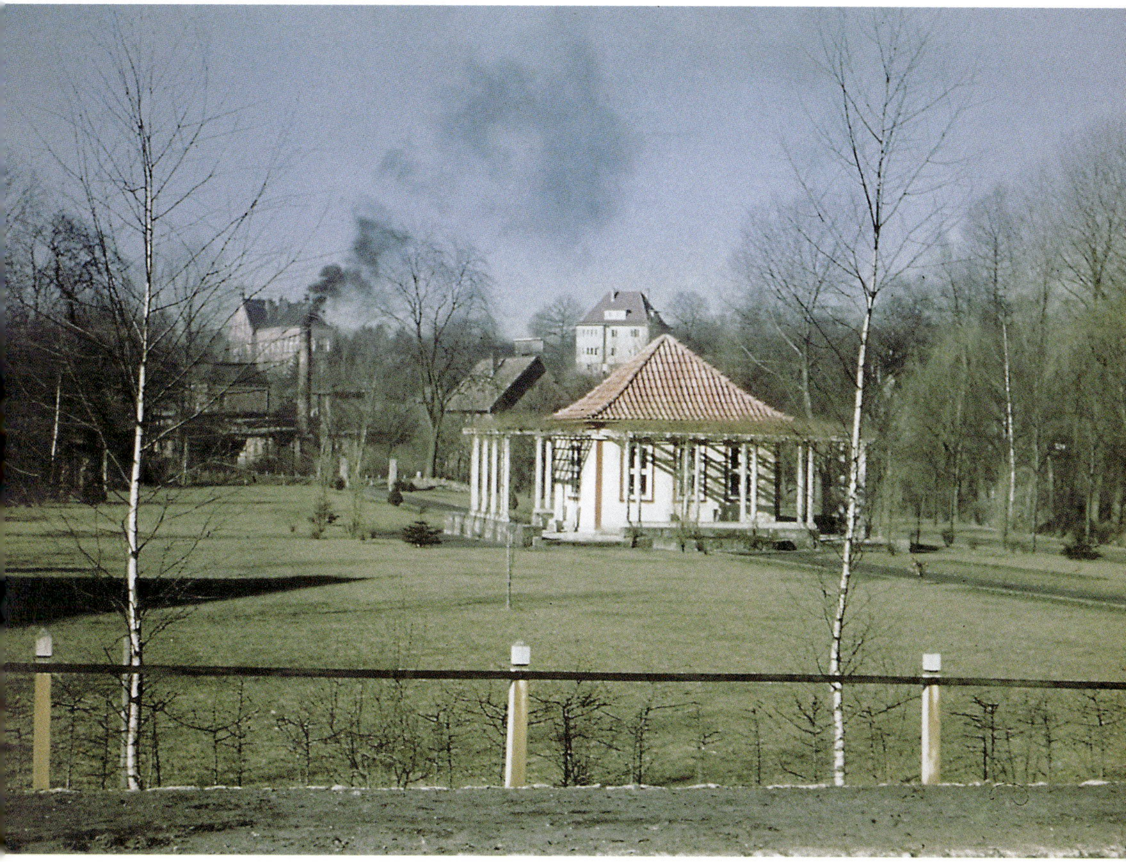

Im Hindenburgpark in Heiligenstadt wurde das Ständersche Gartenhäuschen 1937 zu einer Lesehalle und einem Aufenthaltsraum für Fremde eingerichtet. Im Hintergrund der Schornstein des Schlachthofes und das Johanniterhaus.

◂ Von der Ratsgasse führt ein Weg zu den Treppen nach St. Marien und zum Eichsfelder Heimatmuseum, 1937. Das Wohnhaus links wurde später abgerissen. Rechts der Schlauchturm.

Am Dün in Heiligenstadt wurde 1936 eine Neubausiedlung von der Thüringischen Gemeinnützigen Heimstätte begonnen, die 1938 um 15 Parzellen erweitert wurde. Rechts ist das katholische St. Raphaelsheim, eine Erziehungsanstalt für gefährdete Minderjährige, zu sehen.

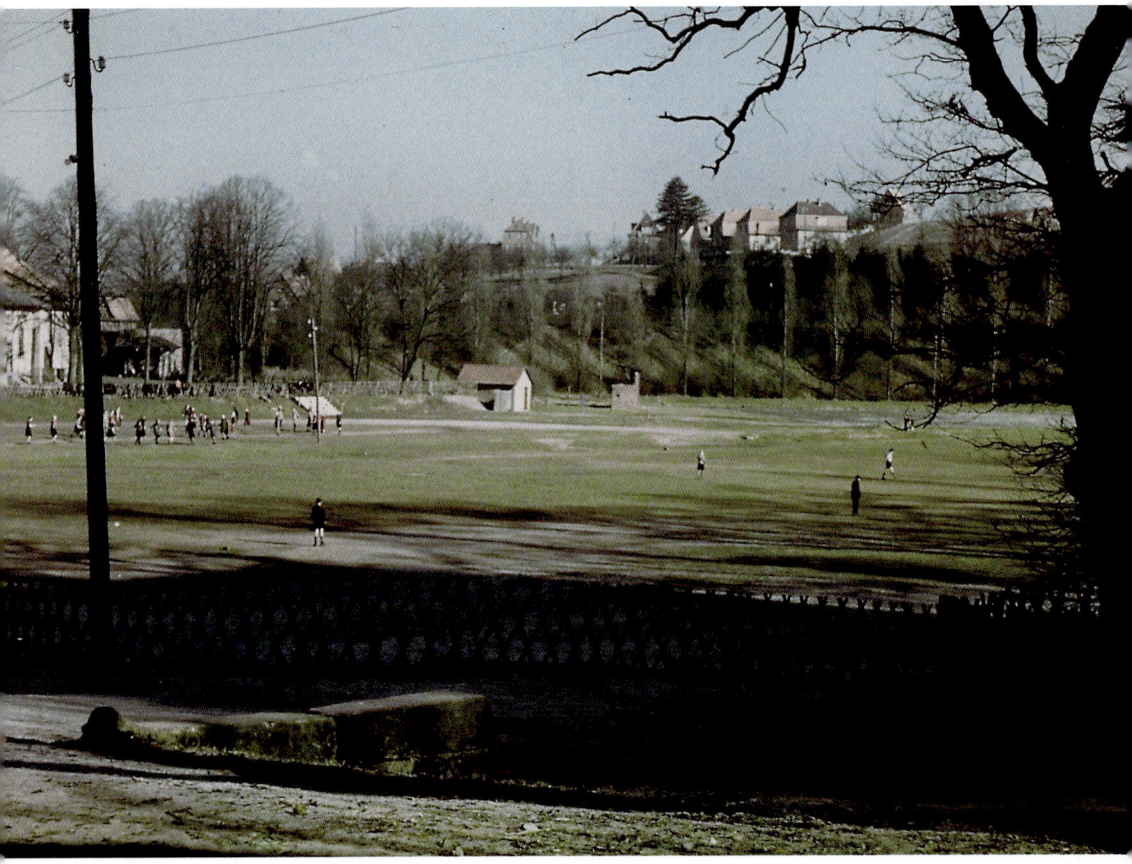

Der Schützenplatz in Heiligenstadt und daran anschließend der Teich der Brauerei Staender, in dem im Winter Eis zum Kühlen des Bieres gebrochen wurde, 1937. Heute befindet sich auf dem Terrain das Stadion Gesundbrunnen am Leineberg. Die Häuser im Hintergrund stehen an der Nordhäuser Straße.

Die Petristraße in Heiligenstadt bot sich dem Betrachter 1937 als eine Allee dar. Der Blick geht in Richtung heutiger Post. Rechts der Eingang zur Ibergstraße, links der heutige Liebknechtplatz (Parkplatz). Die Petristraße wurde ab 1937 als Umgehungsstraße für den zunehmenden Verkehr ausgebaut, weshalb auch die Bäume gefällt wurden.

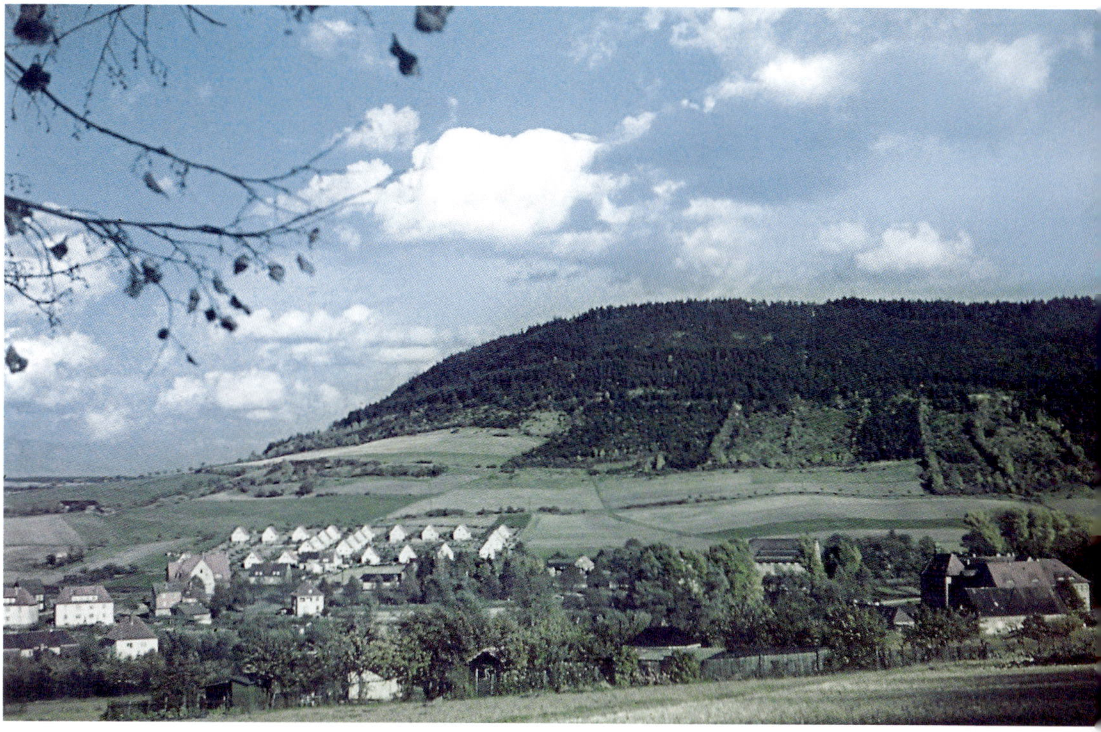

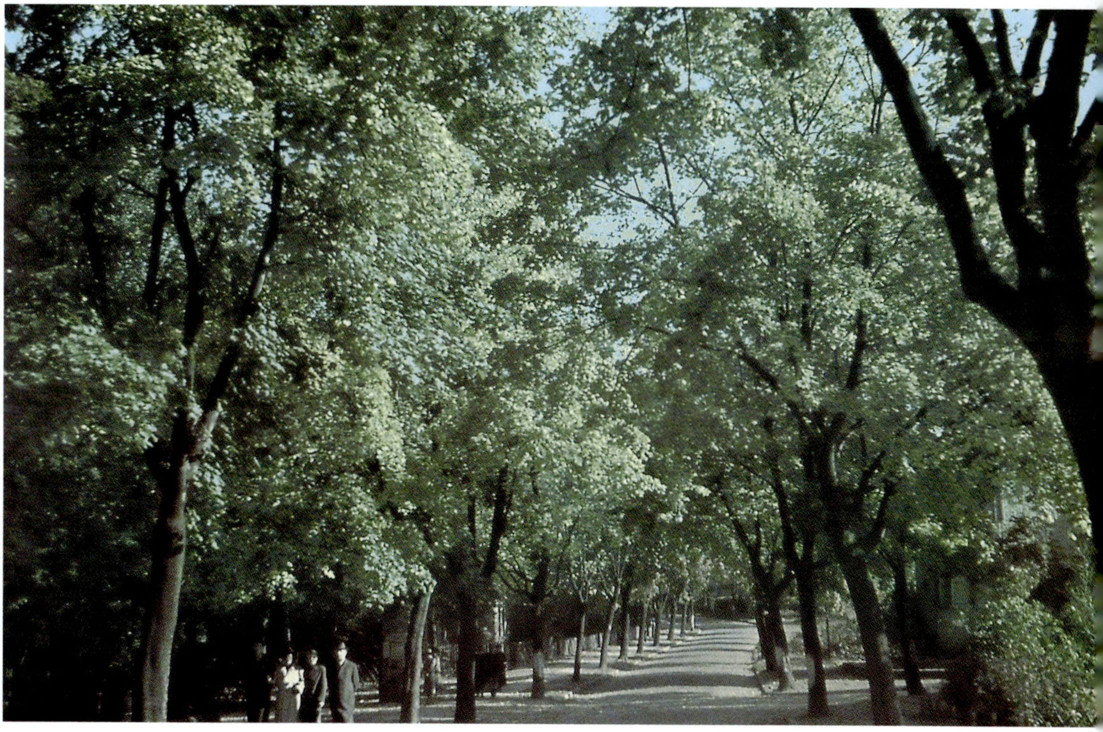

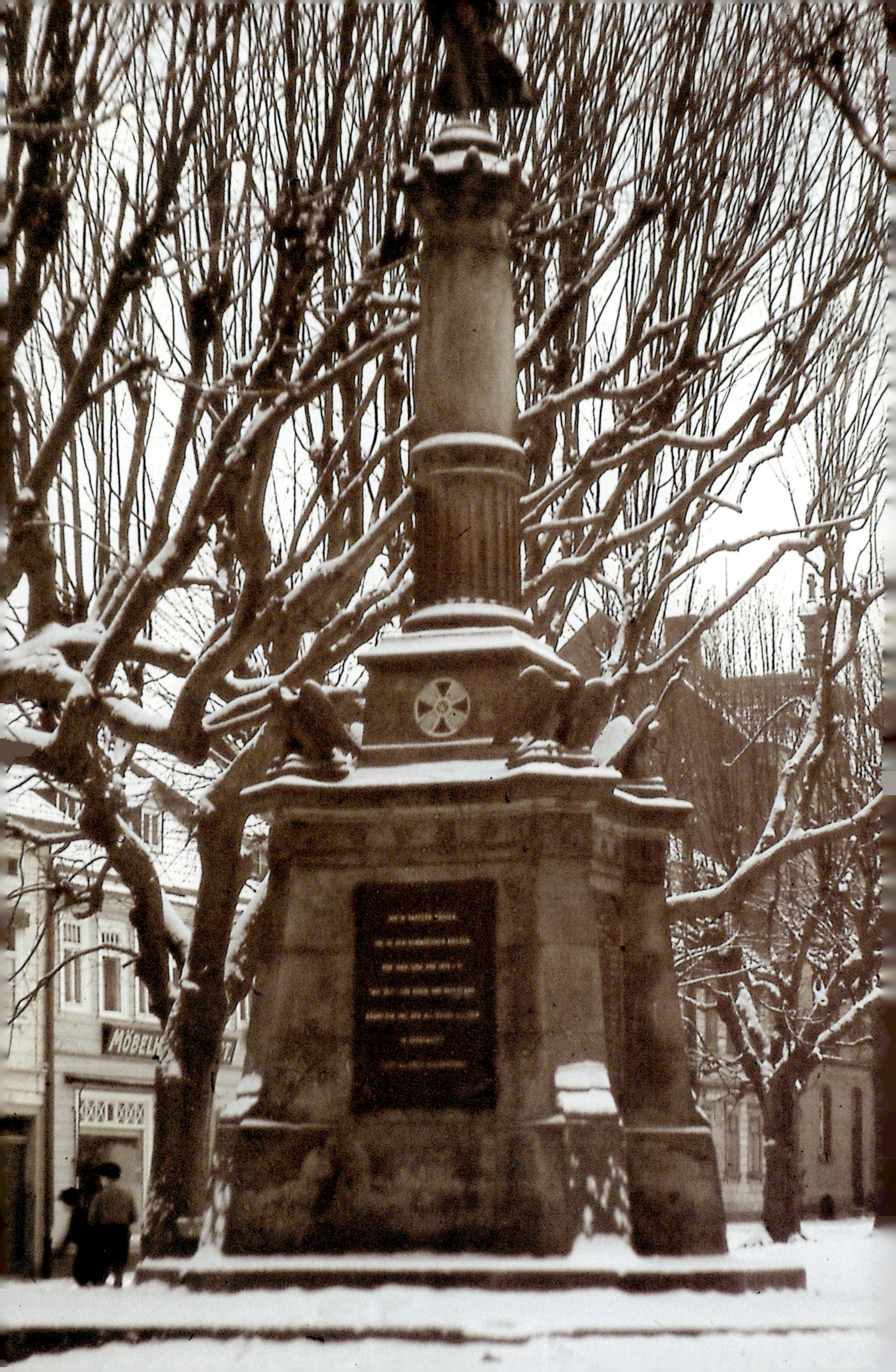

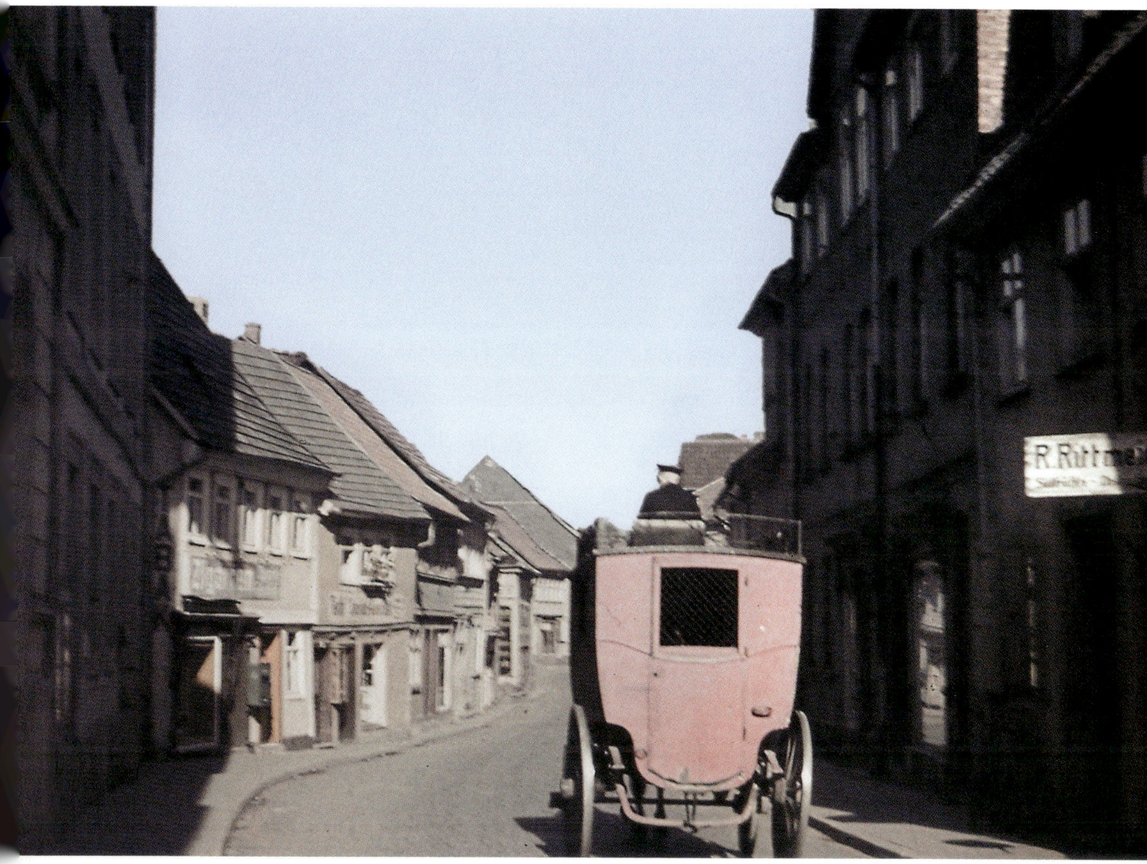

Die Poststraße in Heiligenstadt trug ihren Namen wegen des Postgebäudes (links). 1937 wurde sie in „Straße der SA“ umbenannt. Eine rote Kutsche der Deutschen Reichspost lässt erkennen, dass ab 1934 im „Dritten Reich“ die traditionelle Postfarbe gelb auf rot umgestellt wurde.

◂ In der Lindenallee der Kreisstadt steht die Heiligenstädter Siegessäule. Sie ist ein Denkmal für die in den Kriegen 1864, 1866 und 1870/71 Gefallenen des Kreises Heiligenstadt. Die vordere, auf dem Foto abgebildete Tafel wurde wegen kriegsverherrlichender Inschriften nach 1945 entfernt.

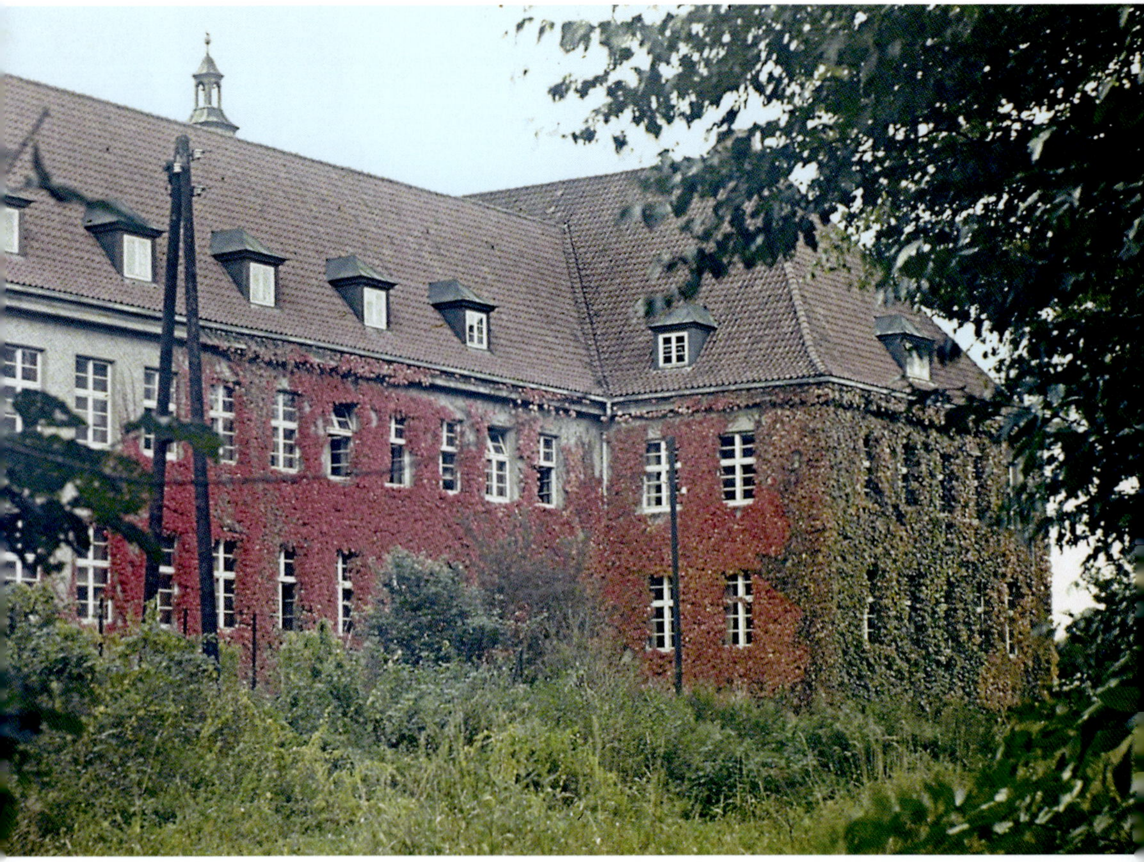

Das Gymnasium am Bahnhof in Heiligenstadt, 1939. Die Umbenennung des „Staatlichen katholischen Gymnasiums“ in „Staatliche Oberschule für Jungen“ durch die Nazis 1937 war Ausdruck einer Zurückdrängung des christlichen Charakters der Bildungsanstalt.

Der Grundriss des heutigen Lingemann-Gymnasiums in Heiligenstadt ist an den Kreuzgang eines Klosters angelehnt. Im Innenhof befand sich ein Bronzedenkmal für die gefallenen Schüler des Ersten Weltkrieges, das der Erfurter Bildhauer Hans Walther schuf. Es wurde während des Zweiten Weltkrieges eingeschmolzen.

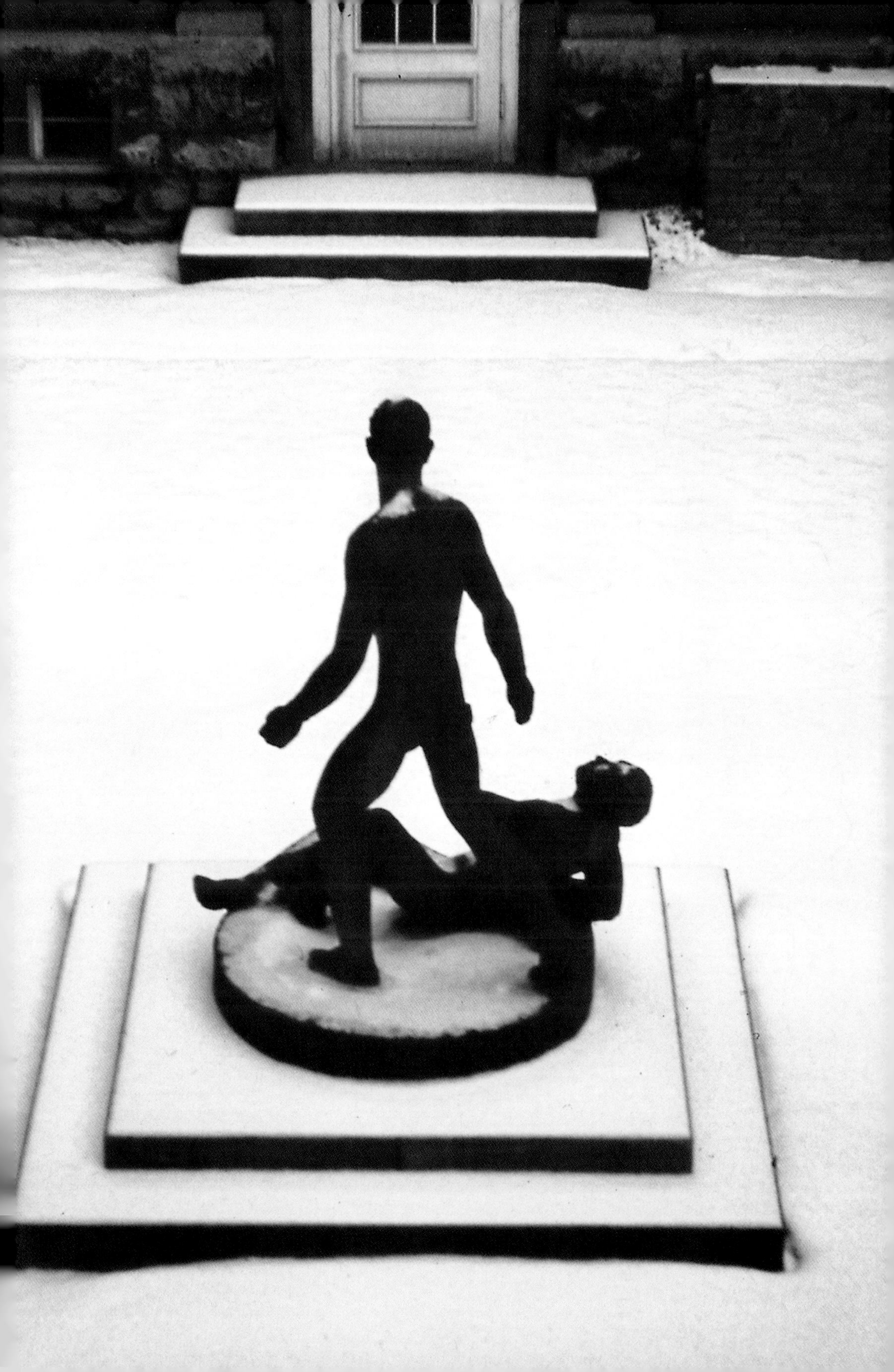

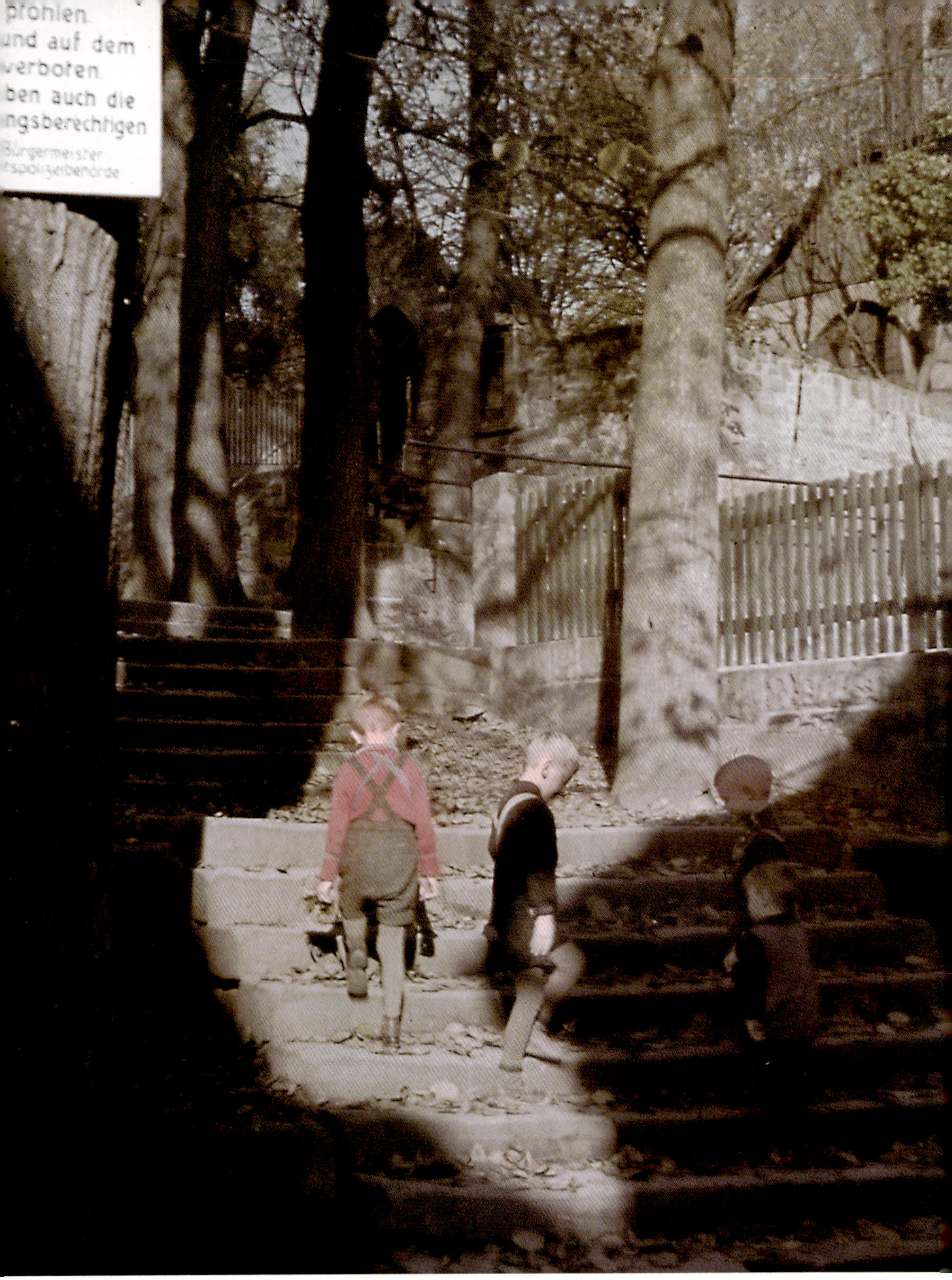

Der Aufgang zum Klausberg in Heiligenstadt und zur St.-Nikolaus-Kirche. Man beachte die damals üblichen langen braunen Strümpfe der Jungen, die von Strumpfbändern gehalten wurden.

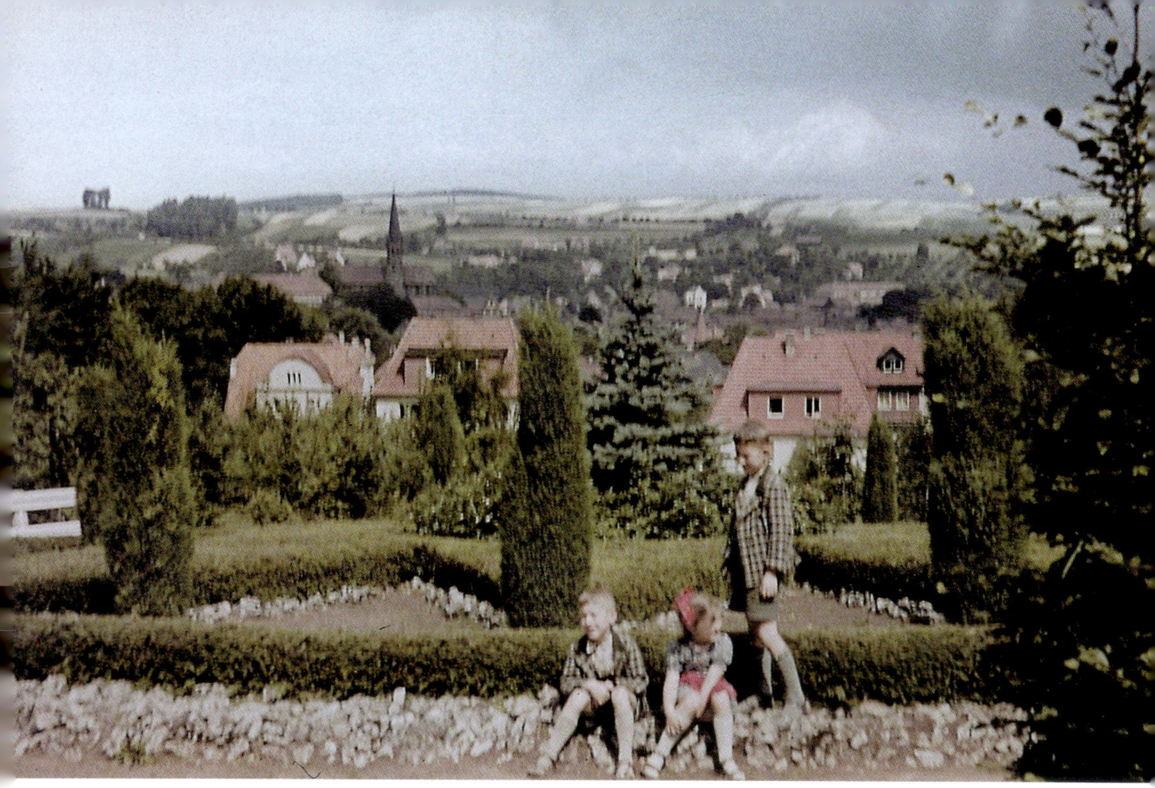

Unterhalb des Iberges in Heiligenstadt war eine parkähnliche Anlage mit einem Rondell angelegt. Heute befindet sich dort Hochwald.

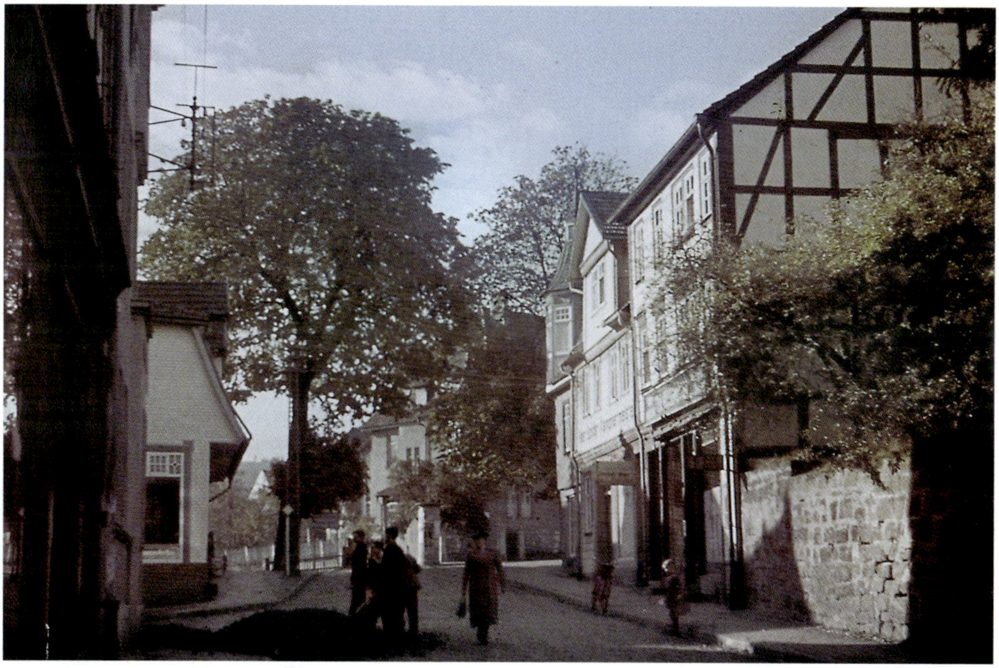

Eine Straßenszene am Kasseler Tor in Heiligenstadt. Vorne ist ein Kohlenhaufen zu erkennen.

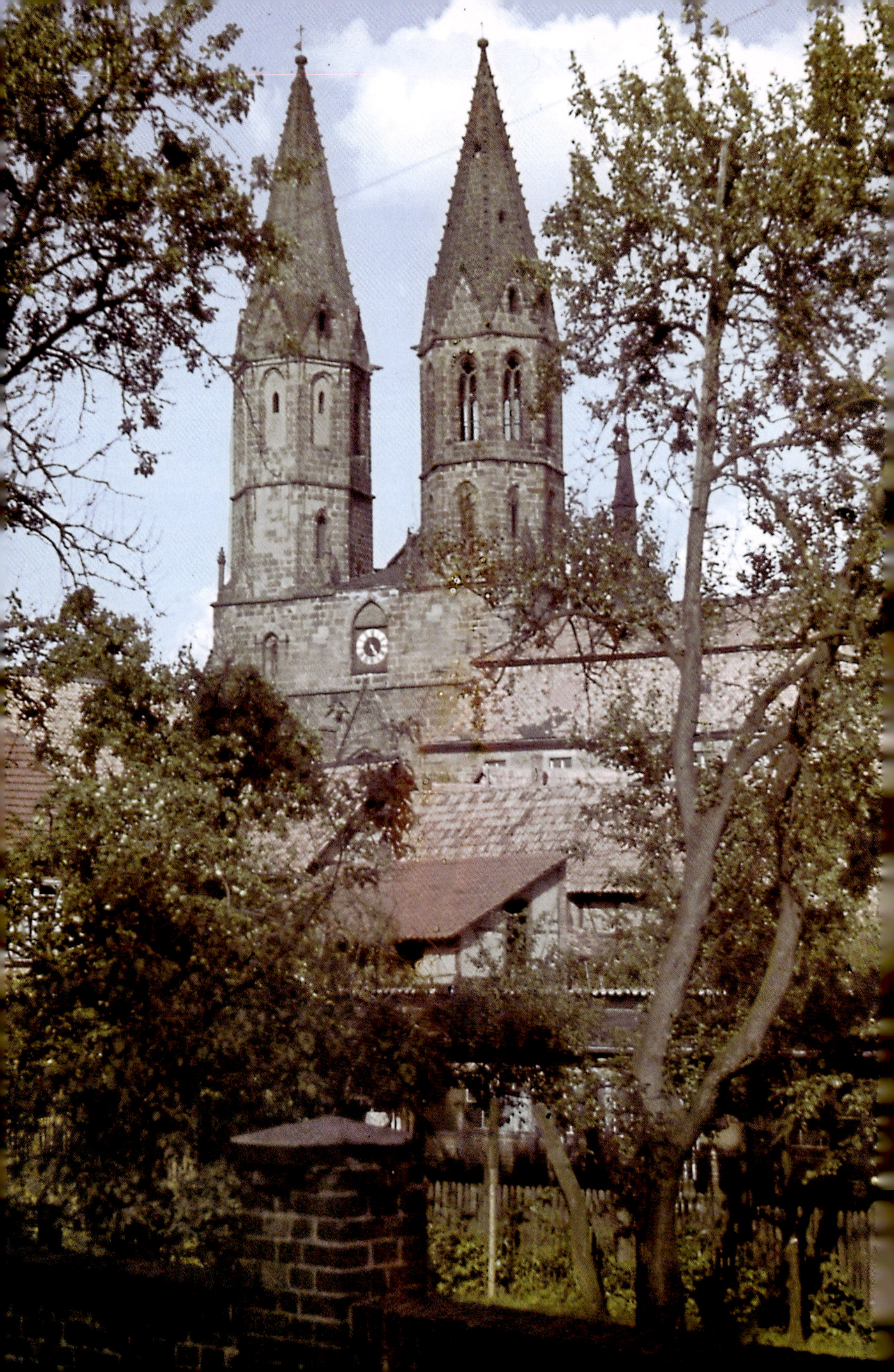

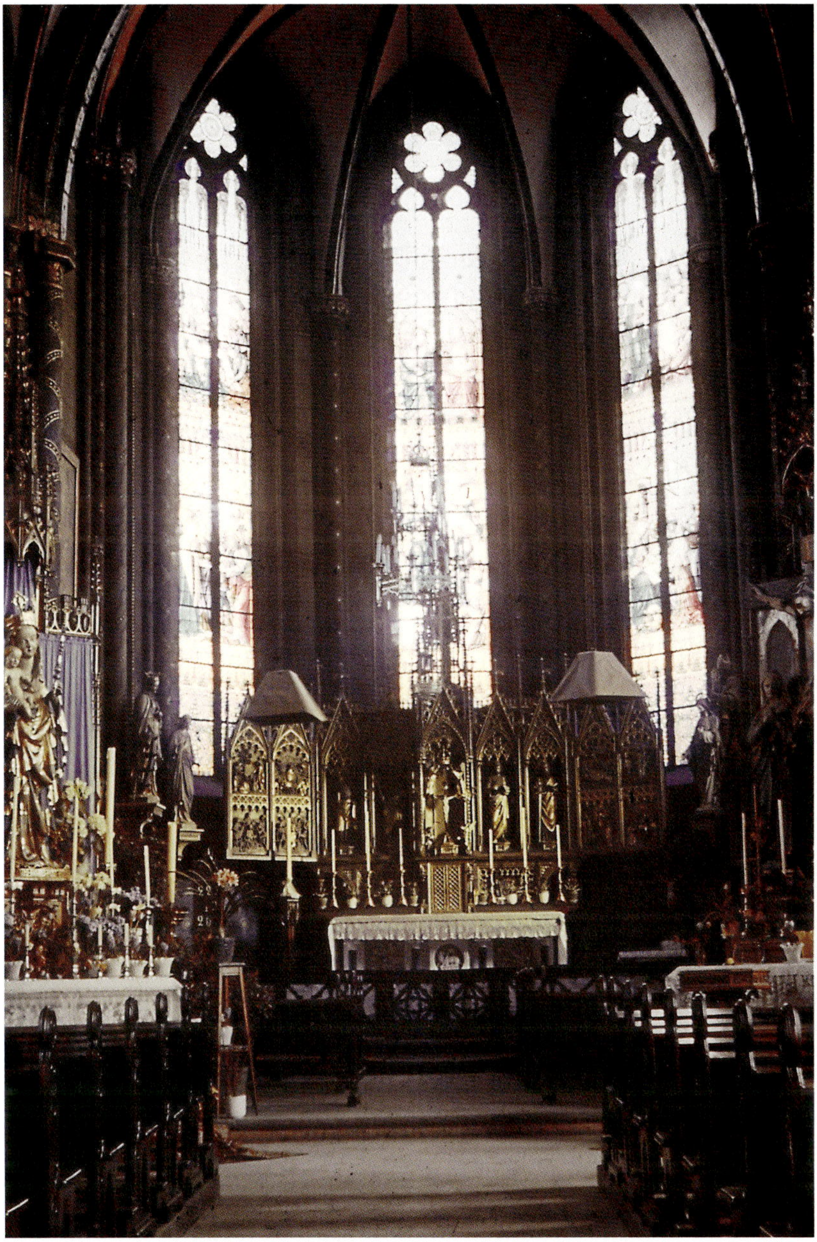

Inneres der Altstädter Liebfrauenkirche Heiligenstadts mit dem neogotischen Hochaltar, der nach 1963 entfernt wurde. Links das gotische Bildnis „Maria im Elende" in einem eigenen Seitenaltar.

◂ Die Altstädter Pfarrkirche St. Marien in Heiligenstadt mit ihrer imposanten Doppelturmanlage, um 1940. Wegen des schlechten baulichen Zustandes waren einige Maßwerkfenster des Nordturmes zugemauert worden. Eine grundhafte Turmsanierung konnte erst 1951–1956 durchgeführt werden.

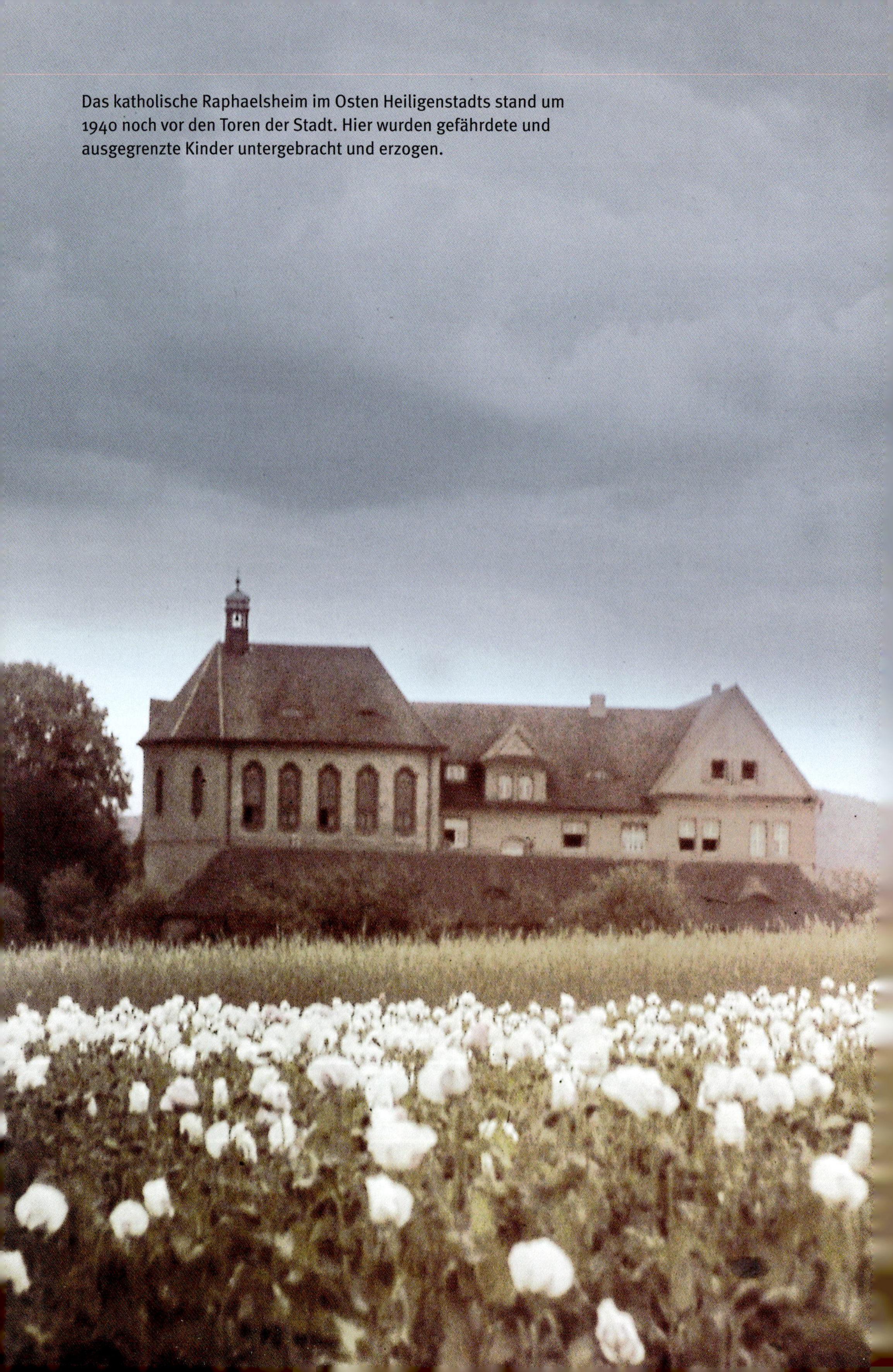

Das katholische Raphaelsheim im Osten Heiligenstadts stand um 1940 noch vor den Toren der Stadt. Hier wurden gefährdete und ausgegrenzte Kinder untergebracht und erzogen.

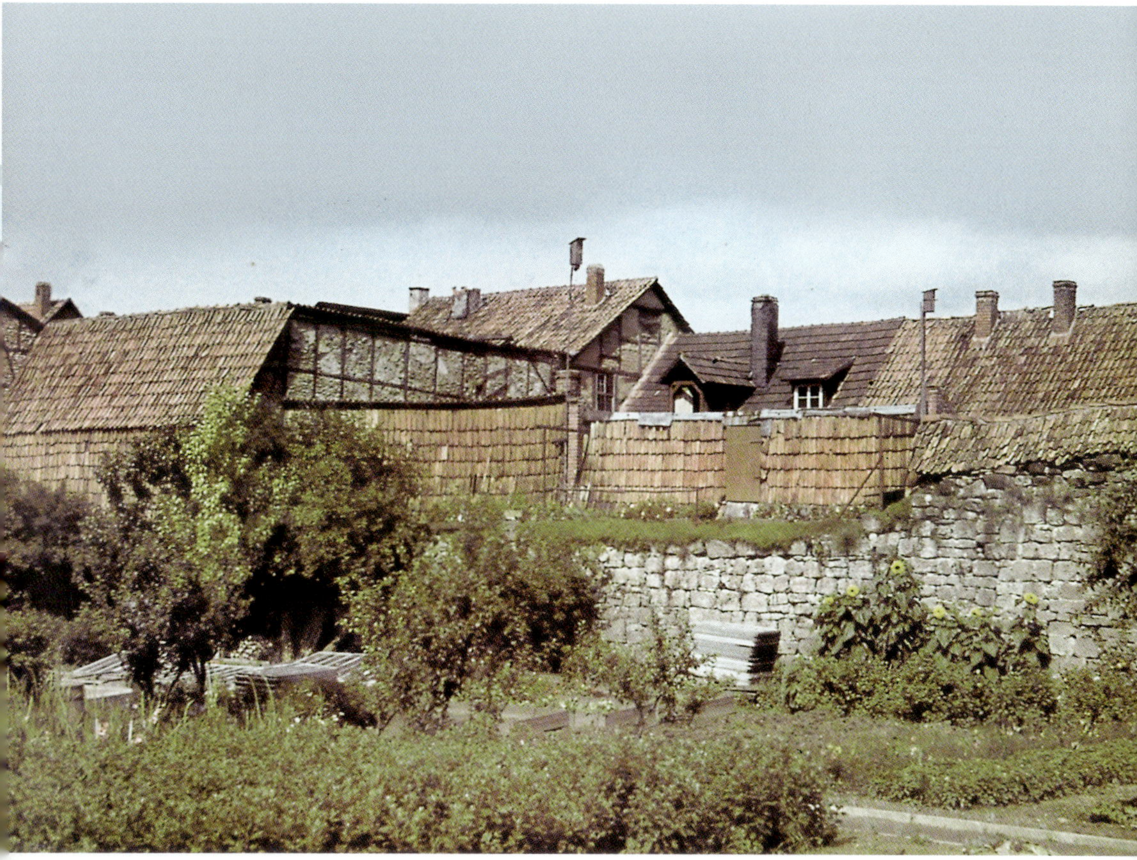

Die Stadtmauer Heiligenstadts und die Rückseite von Häusern der Windischen Gasse. Der Garten im Vordergrund diente den Vinzentinerinnen als Versorgungsgrundlage des katholischen Krankenhauses.

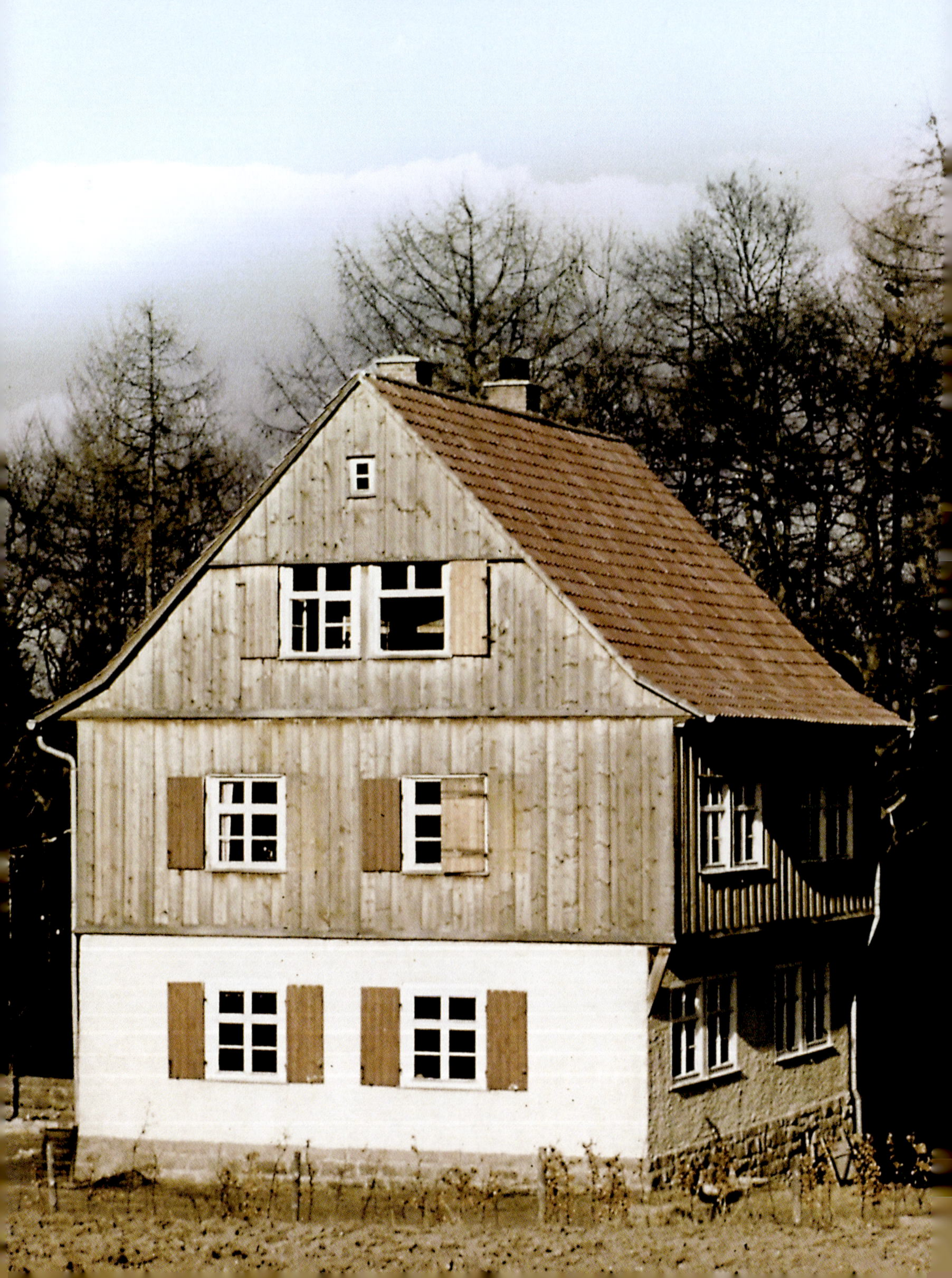

Die Hitler-Jugend-Bannschule „Herbert Haselwander“ bei der Alten Burg bei Heiligenstadt. Das 1937 eingerichtete Kreisschulungszentrum für den HJ-Bann 222 „Eichsfeld“ in einer Aufnahme von 1941.

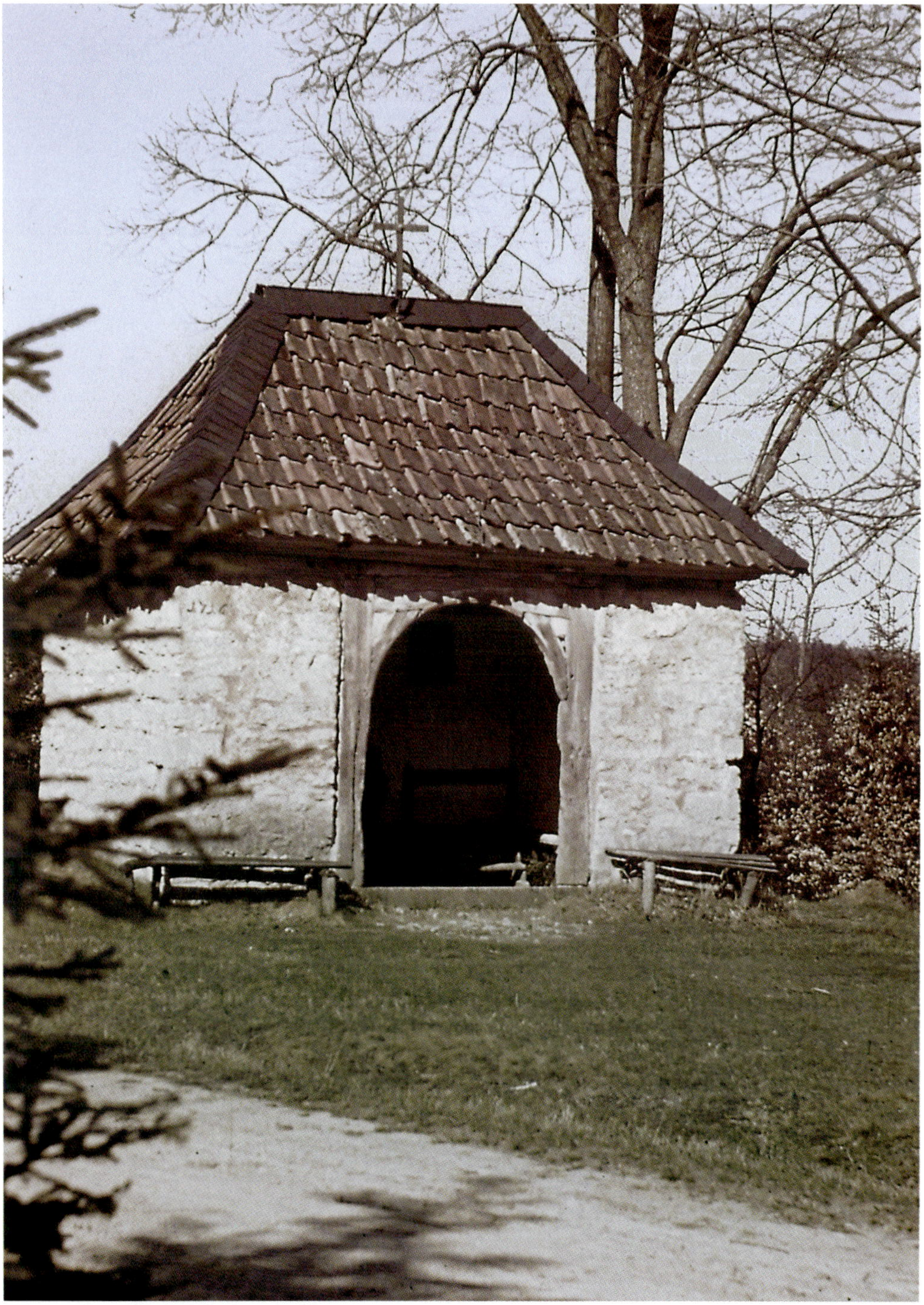

Auf dem Iberg bei Heiligenstadt, an der alten Chaussee, steht die „Klöppelsklus“. Die kleine Waldkapelle wurde laut Inschrift 1716 errichtet. Einst stand hier eine Schutzhütte, wo Menschen und Zugtiere am Steilhang eine Rast einlegen konnten.

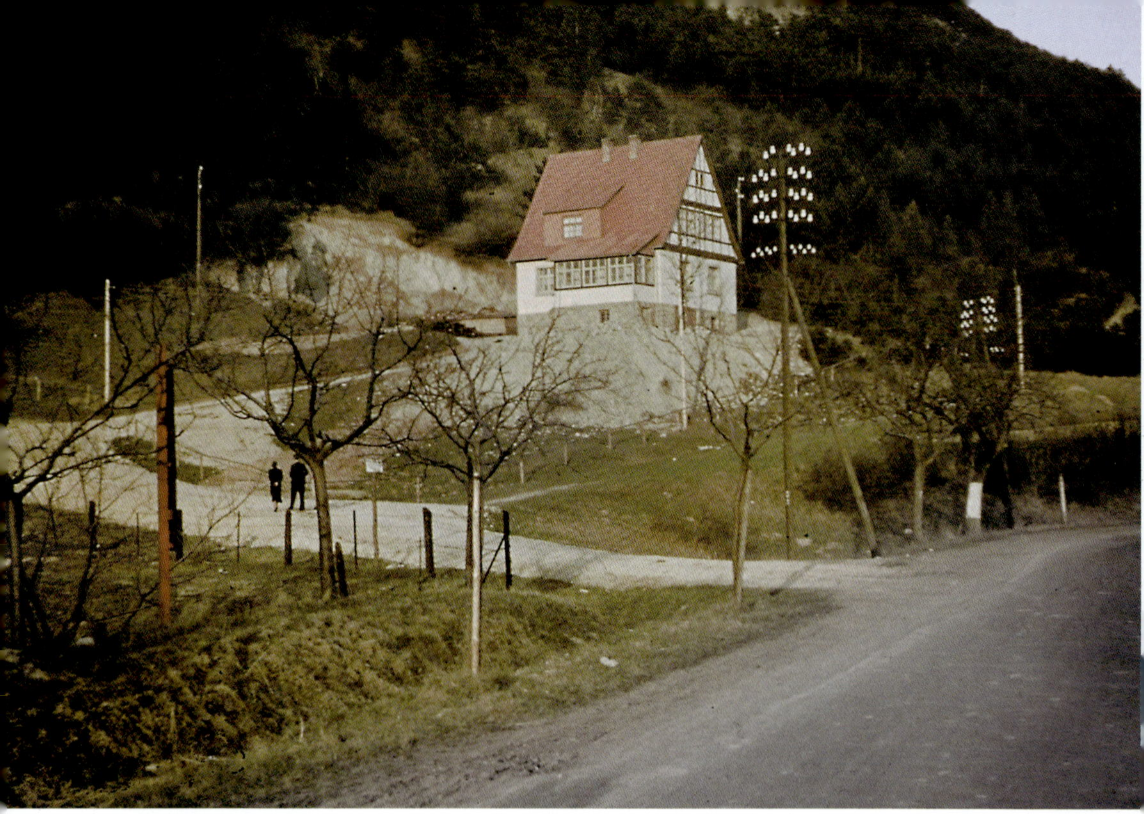

Das Forsthaus am Dün an der Straße von Heiligenstadt nach Geisleden. Es wurde 1936/1937 auf einem künstlich angelegten Plateau errichtet.

Blick vom Schlossberg in Heiligenstadt auf den Knickhagen, den mittelalterlichen Kornspeicher, die angrenzenden Scheunen und das Zwehlsche Haus, 1937. Links der Stadtschuppen. Im Hintergrund das Johanniterhaus.

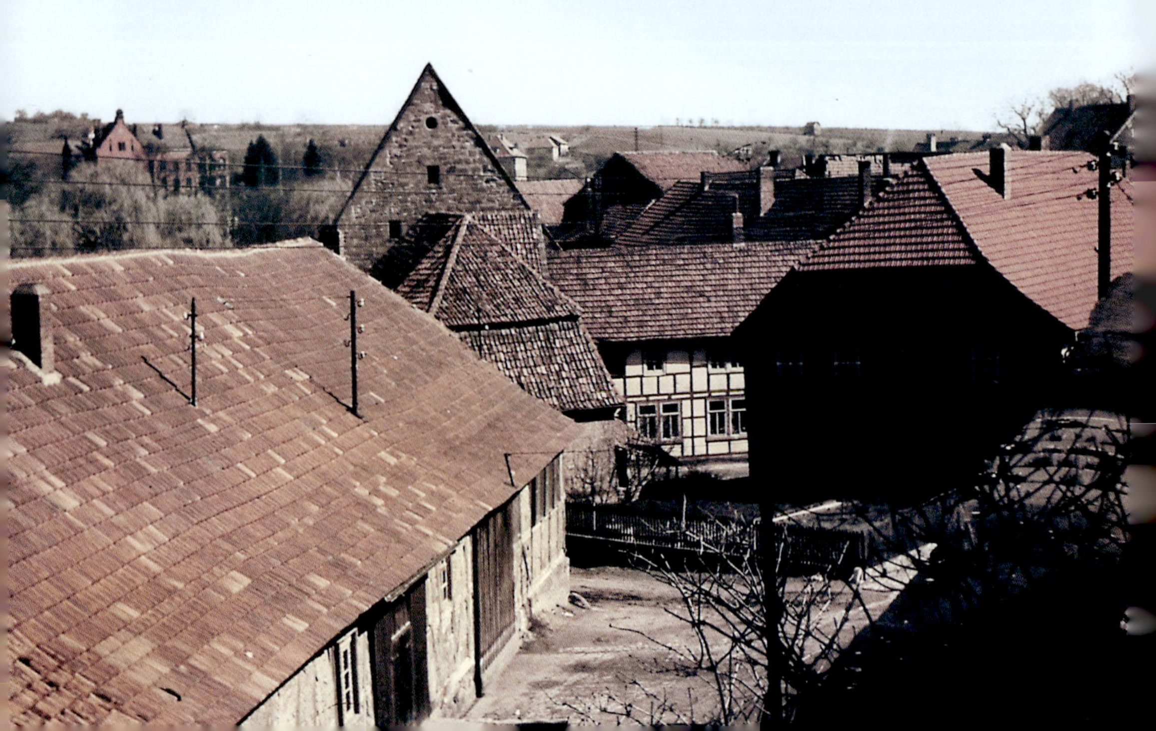

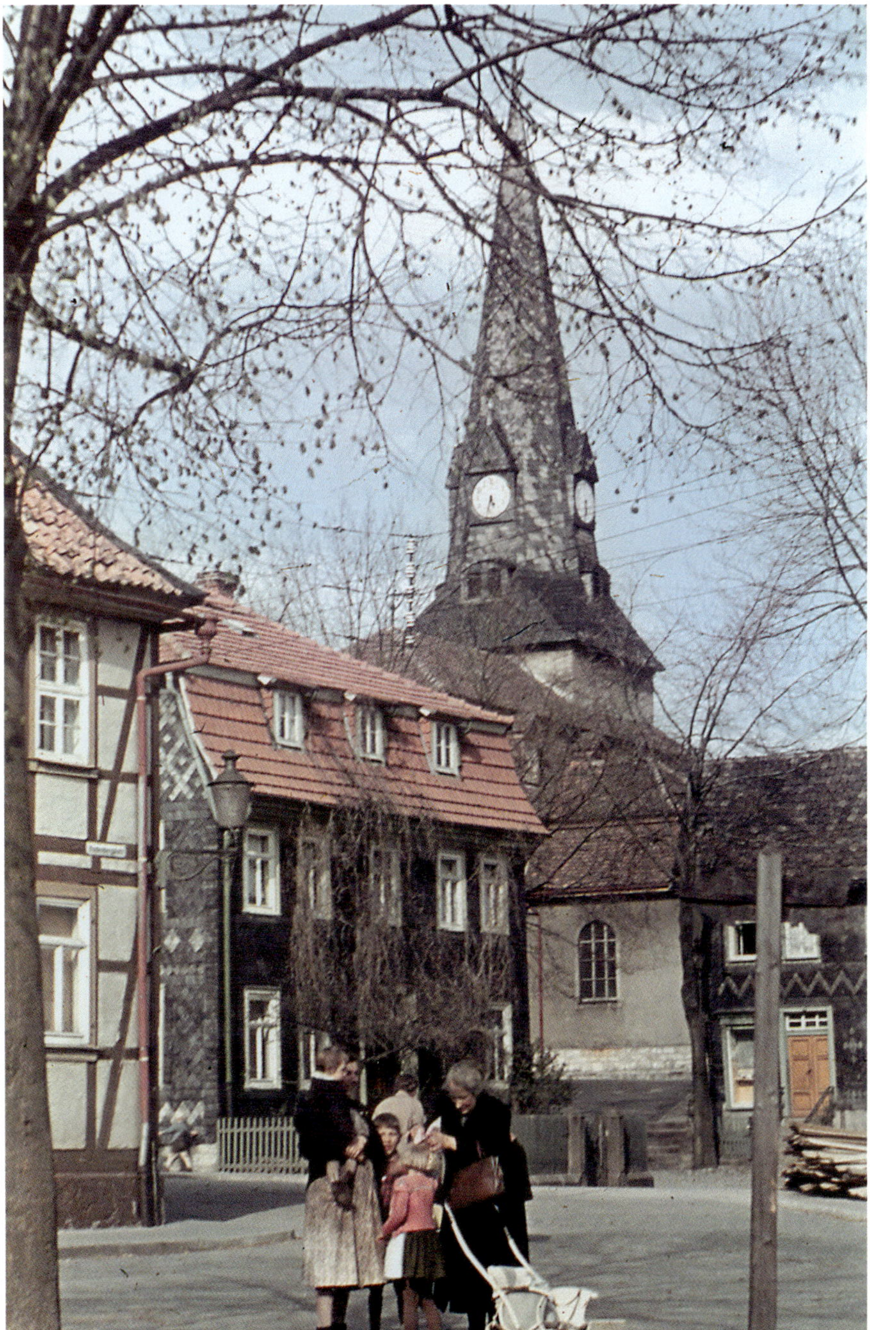

Mit dem Gnadenbild der schmerzhaften Mutter ist die Kirche Maria im Busch in Dingelstädt einer der beliebtesten Wallfahrtsorte des Eichsfeldes. Besonders lebendig wird es am Ostermontag, wenn die noch nicht schulpflichtigen Kinder Dingelstädts mit Steckenpferden um die Mauern des Kirchleins reiten.

Auf dem Marktplatz in Worbis befand sich eine Tankstelle. Rechts – etwas verdeckt durch zwei Linden – ist das Standbild des hl. Johannes Nepomuk aus der Mitte des 18. Jahrhunderts zu sehen, links das Kreiskriegerdenkmal von 1911. ▶

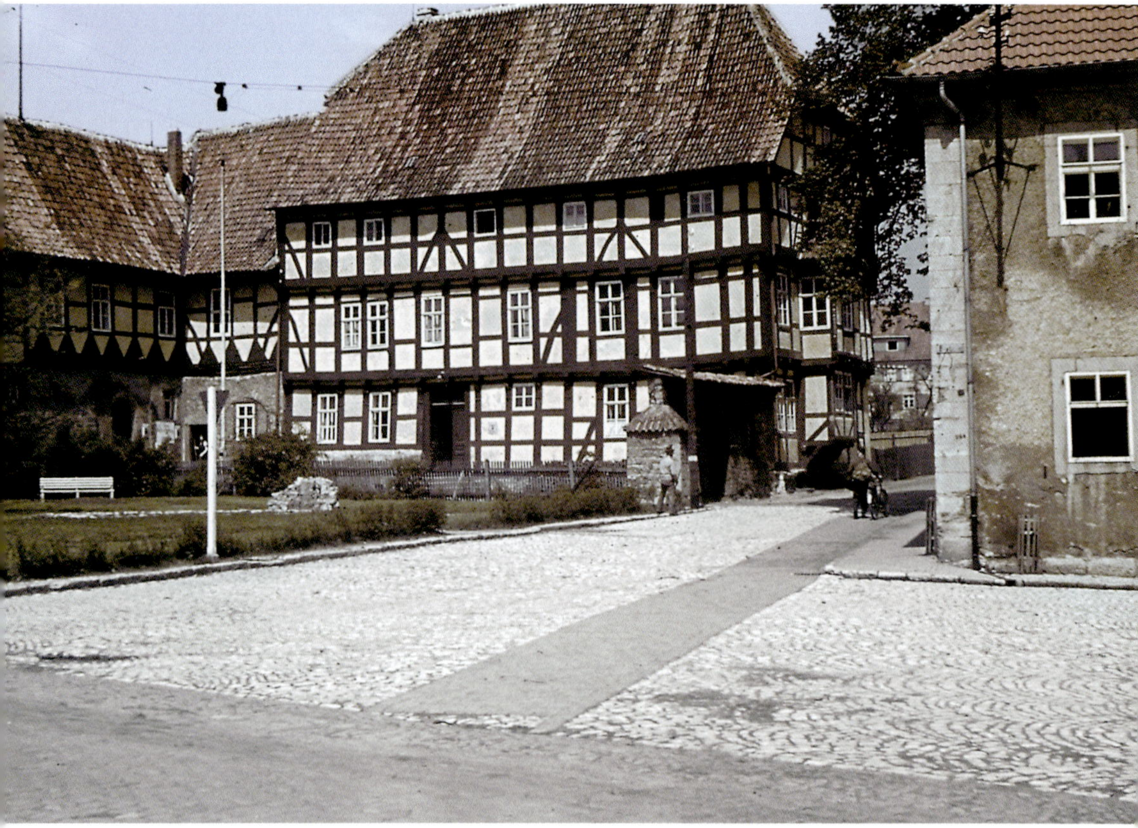

Im Zentrum von Worbis befindet sich das ehemalige Rentamt - ein imposanter Fachwerkbau, der damals Teile der Stadtverwaltung beherbergte. Der mittelalterliche Gewölbekeller wurde bis 1945 als Luftschutzkeller genutzt.

Die Lange Straße in Worbis ist die Hauptgeschäftsstraße der Kleinstadt. ▶

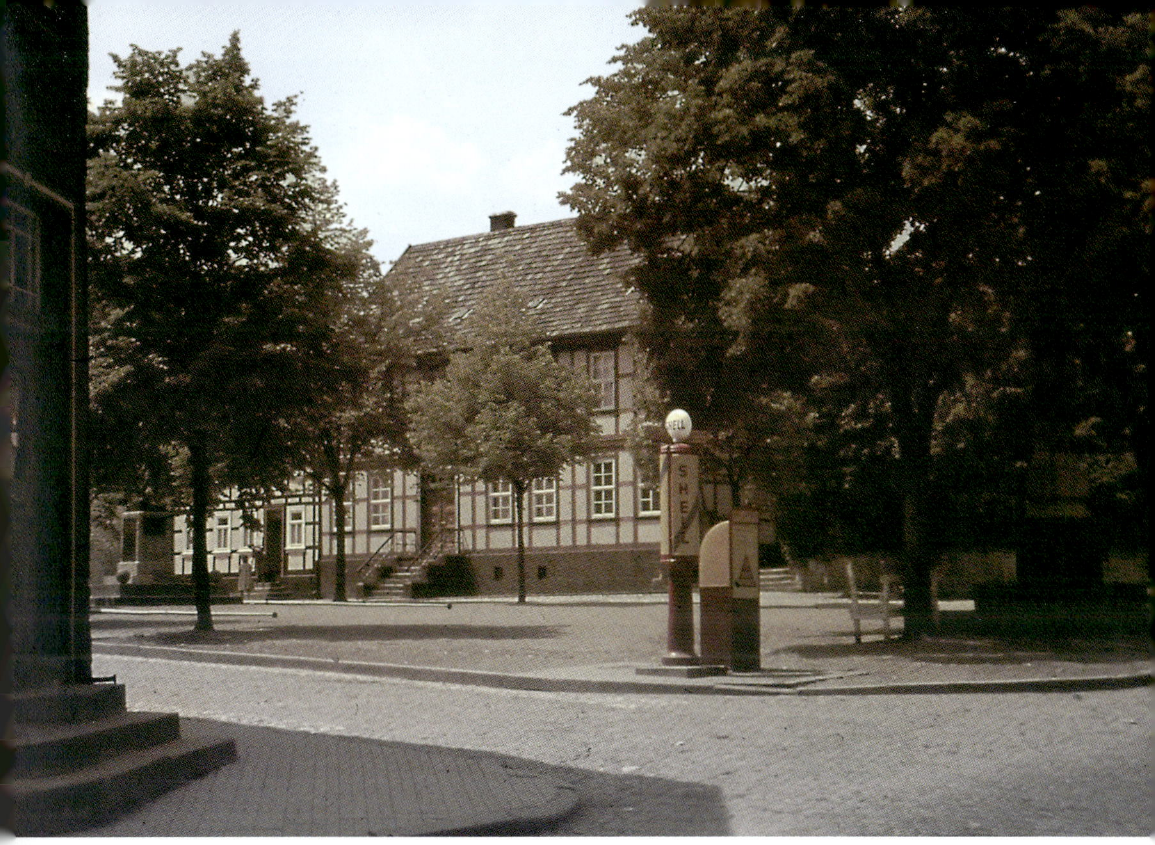

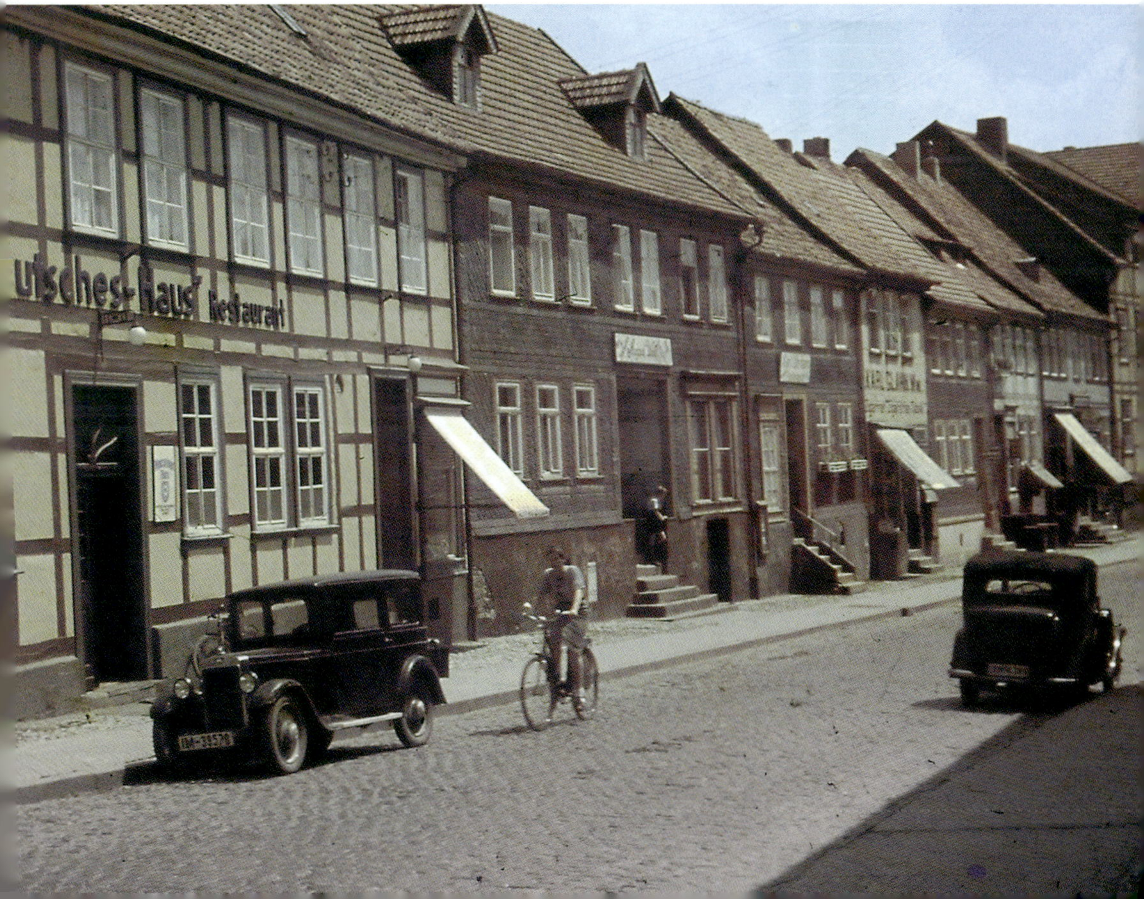
utsches-Haus" Restaurant

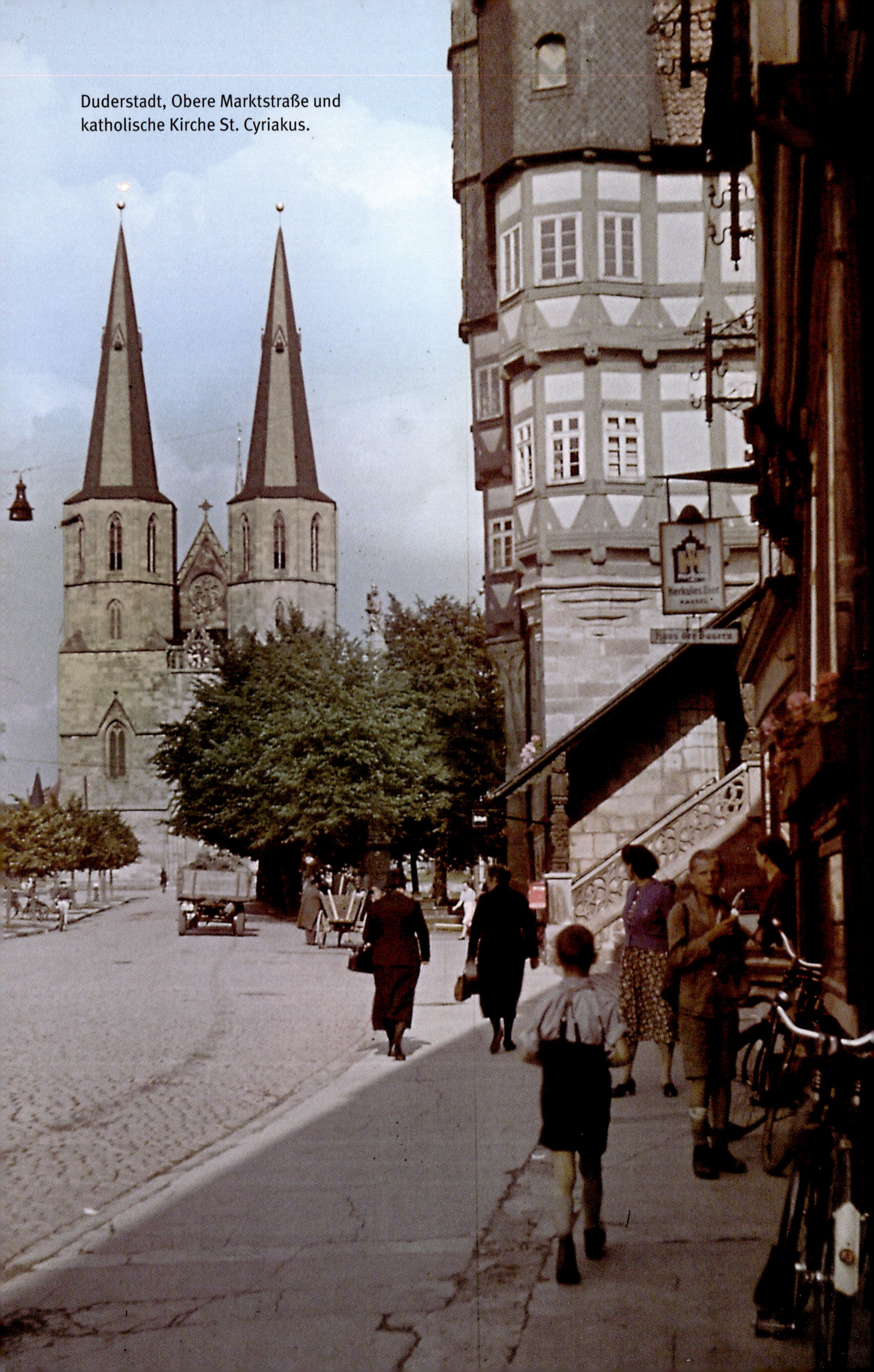

Duderstadt, Obere Marktstraße und katholische Kirche St. Cyriakus.

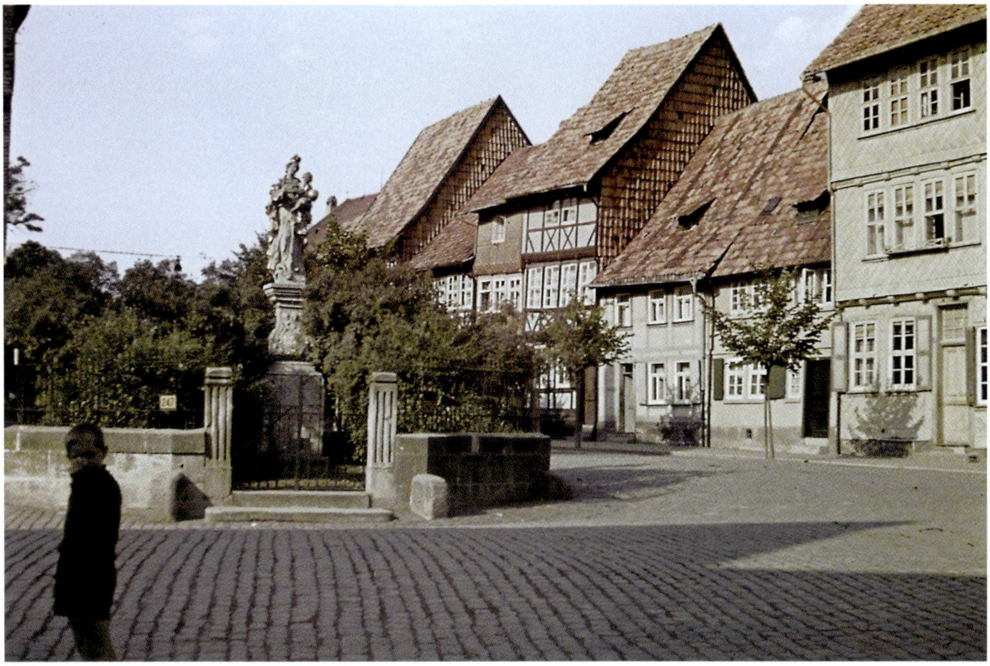

Im Jahr 1752 wurde die „Madonna im Lindenzaun“ in Duderstadt aufgestellt. Die barocke Statue der Himmelskönigin mit ihrem Sohn steht noch heute vor dem Westerturm.

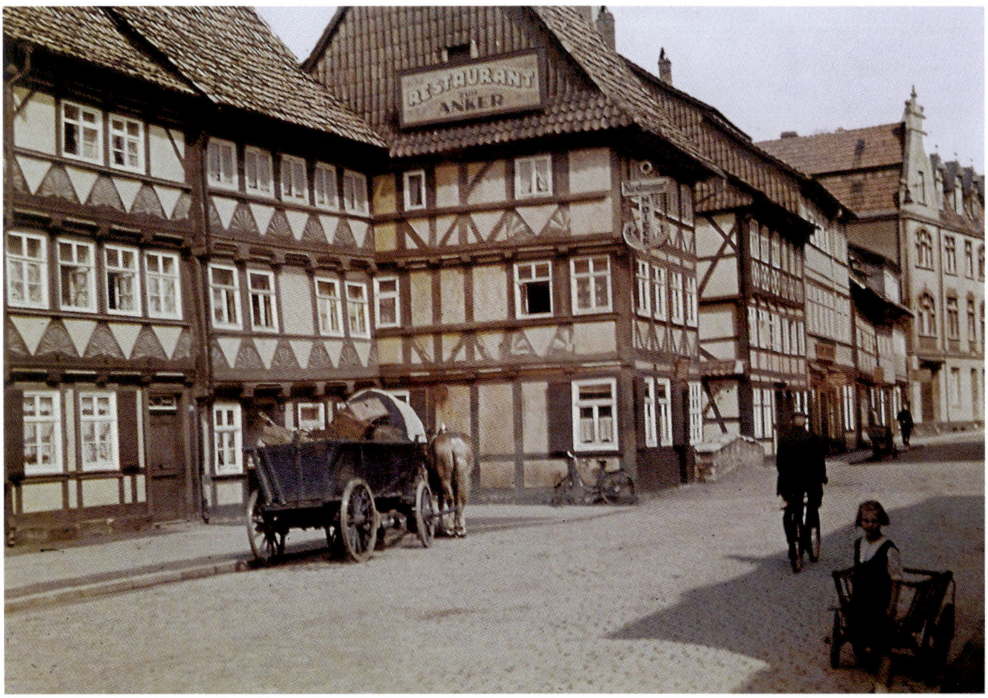

Partie in Duderstadt Am Steintor.

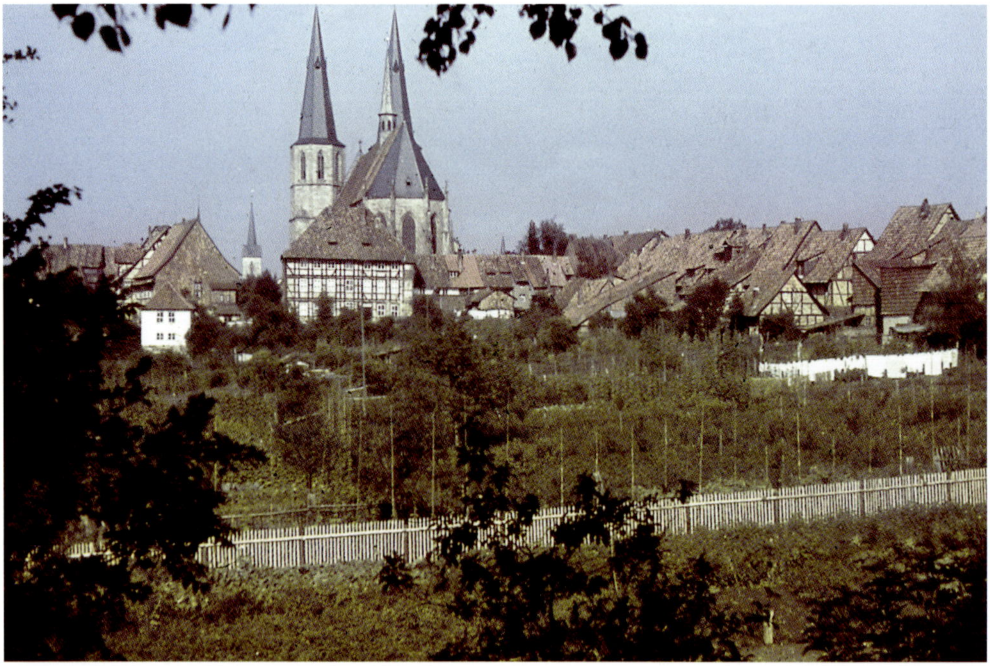

Duderstadt, Partie an der Oberen Kirche.

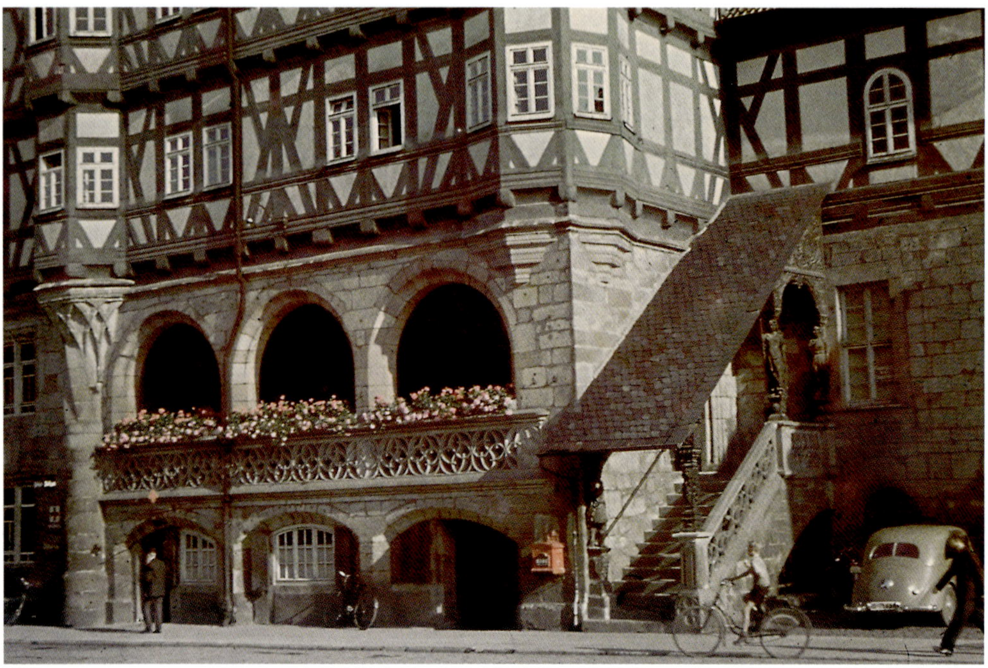

Das Duderstädter Rathaus ist eines der schönsten und ältesten Deutschlands. Bereits um 1300 wurde mit dem Bau begonnen. 1432 erfolgte die Erweiterung nach Süden hin. 1532 ließ der Rat die Fachwerkkonstruktion mit der Laube und den drei Türmen errichten.

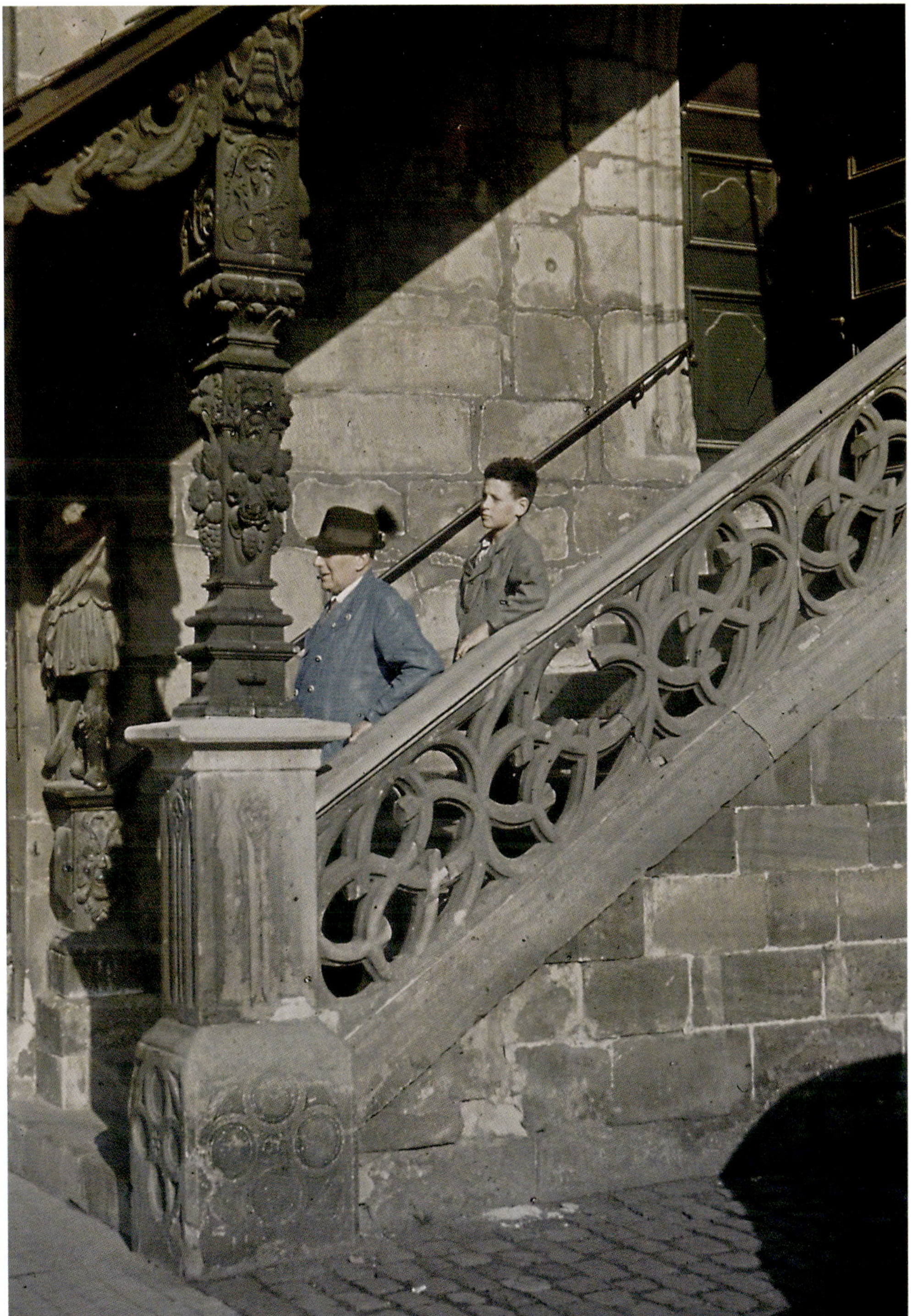

Vollendet wurde das Rathaus Duderstadts mit der Fertigstellung der barocken Freitreppe um 1674.

Duderstadt, Blick vom Wall auf die Propsteikirche St. Cyriakus.

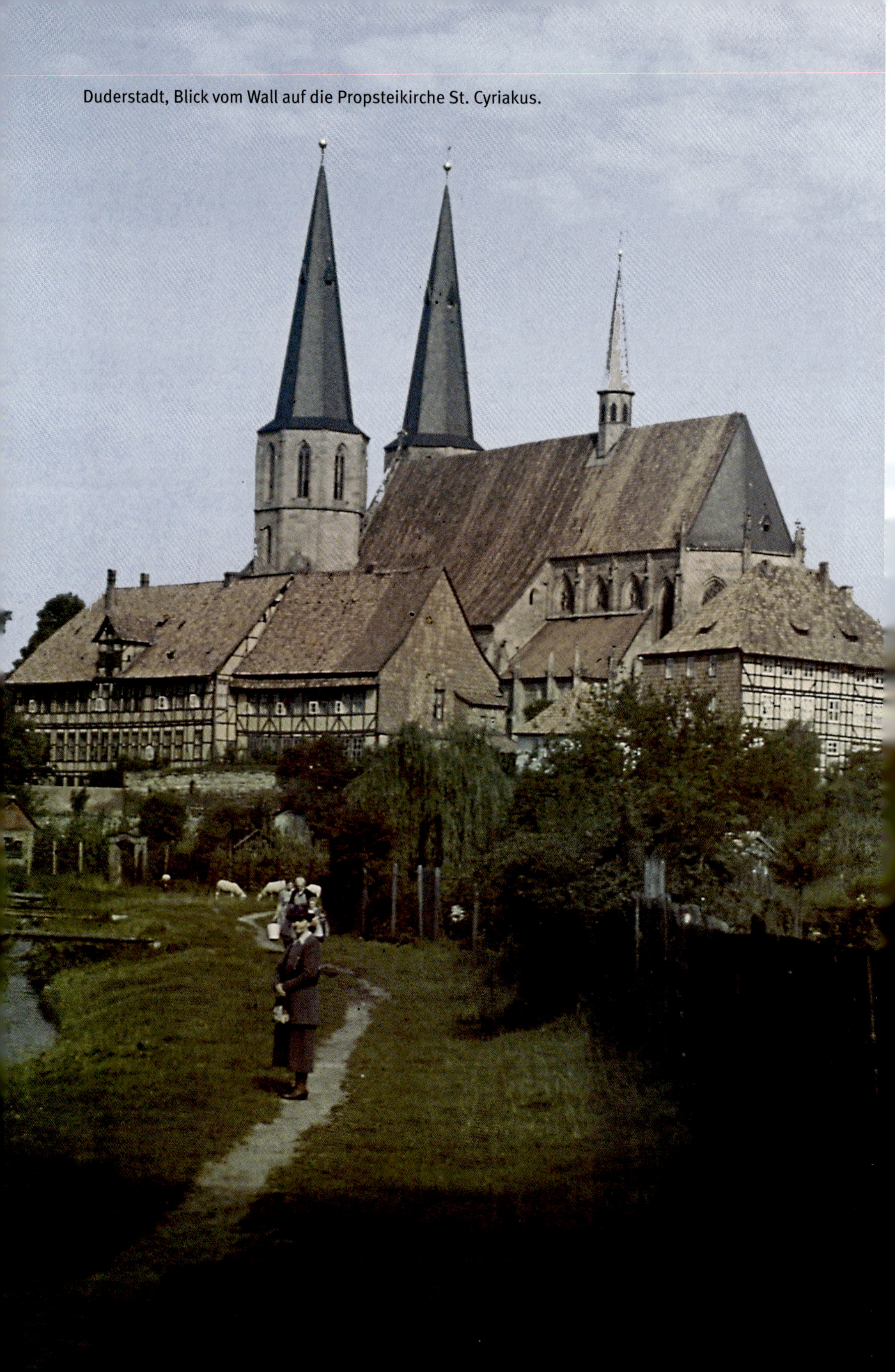

Die Dörfer

Das Eichsfeld ist bis heute eine ländliche Gegend geblieben. Rund 160 Dörfer prägen den Landstrich. Viele Fachwerkbauten, wie zweistöckige Bauerngehöfte, alte Torhäuser und gewaltige Scheunen, waren in den 1930er- und 1940er-Jahren noch mehr als heute anzutreffen. Einige kunstvoll gestaltete Haustüren weisen auf bescheidenen Wohlstand hin, den viele Eichsfelder durch die Hausweberei bis um 1840 erlangt hatten.

Ein Dorfanger ist in fast jeder Siedlung anzutreffen, den geistlichen Mittelpunkt bildet aber das Gotteshaus. Kirchliche Neubauten, gepflegte Bildstöcke und mehrere stark besuchte Wallfahrtsorte zeugen von einem gesteigerten Interesse der Bevölkerung an ihrem angestammten katholischen Glauben.

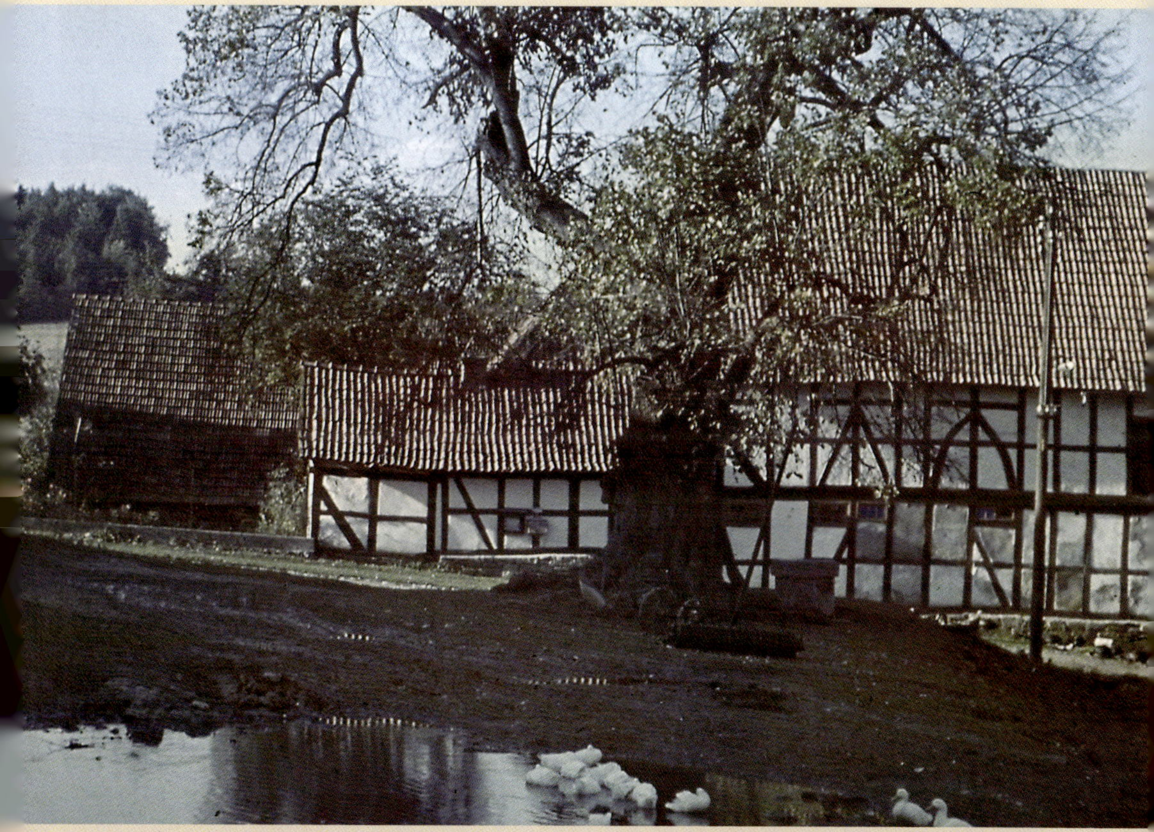

Der große Dorfplatz in Misserode umfasst eine Quelle mit Teich und die Angerlinde, unter der ein massiger Steintisch seinen Platz hat. Um diese Anlage gruppieren sich in weitem Bogen die Bauernhöfe.

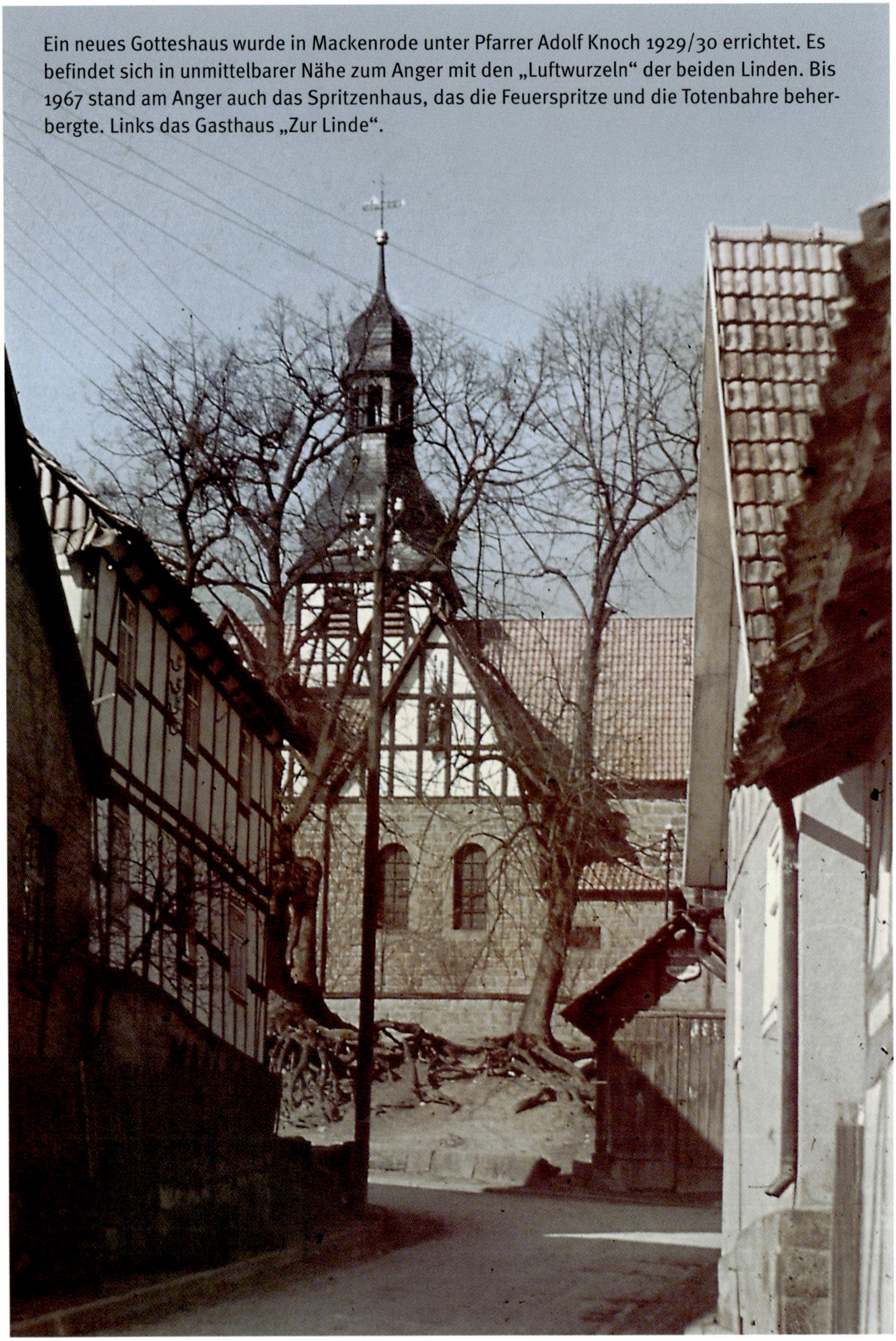

Ein neues Gotteshaus wurde in Mackenrode unter Pfarrer Adolf Knoch 1929/30 errichtet. Es befindet sich in unmittelbarer Nähe zum Anger mit den „Luftwurzeln“ der beiden Linden. Bis 1967 stand am Anger auch das Spritzenhaus, das die Feuerspritze und die Totenbahre beherbergte. Links das Gasthaus „Zur Linde“.

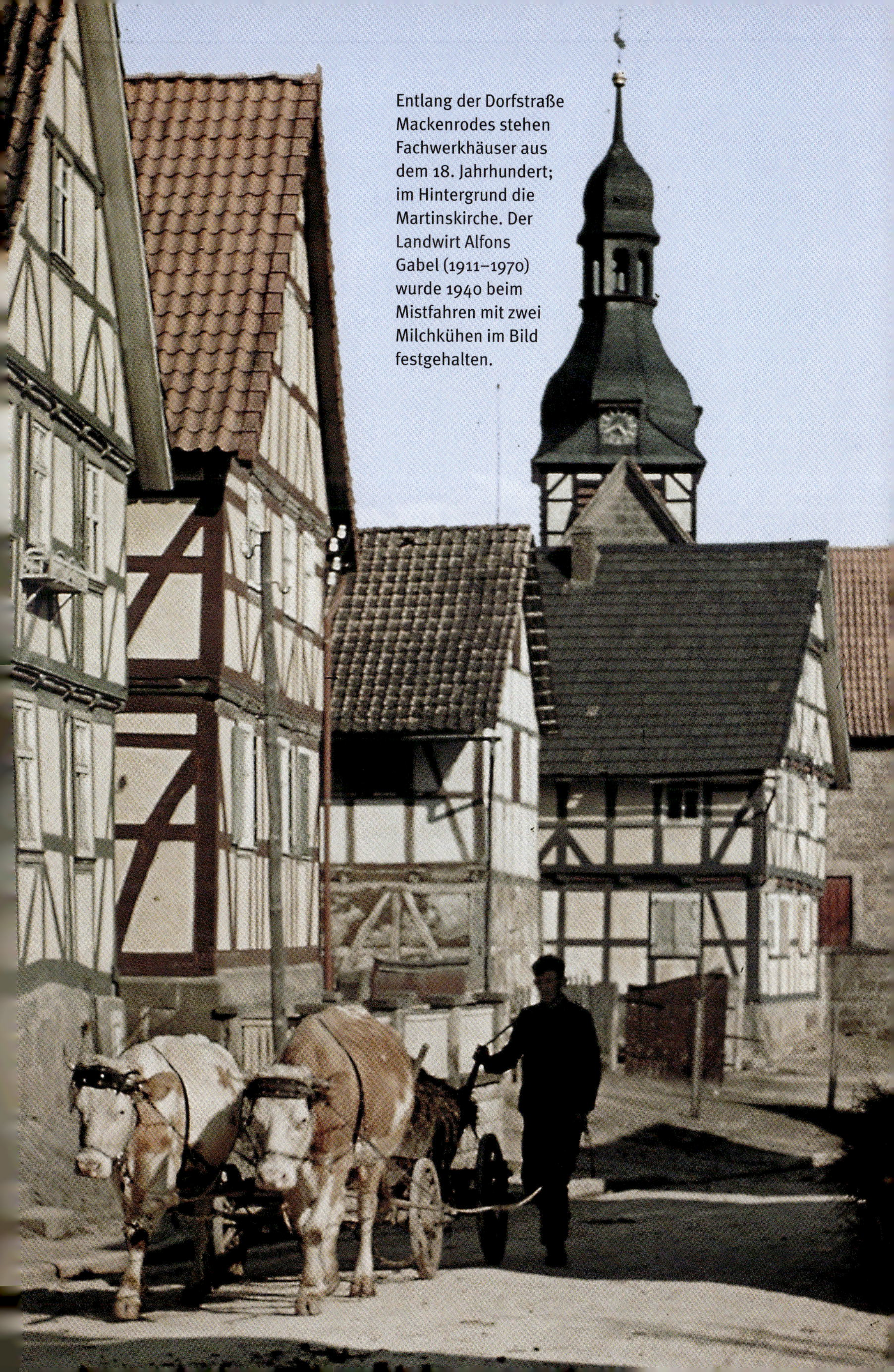

Entlang der Dorfstraße Mackenrodes stehen Fachwerkhäuser aus dem 18. Jahrhundert; im Hintergrund die Martinskirche. Der Landwirt Alfons Gabel (1911–1970) wurde 1940 beim Mistfahren mit zwei Milchkühen im Bild festgehalten.

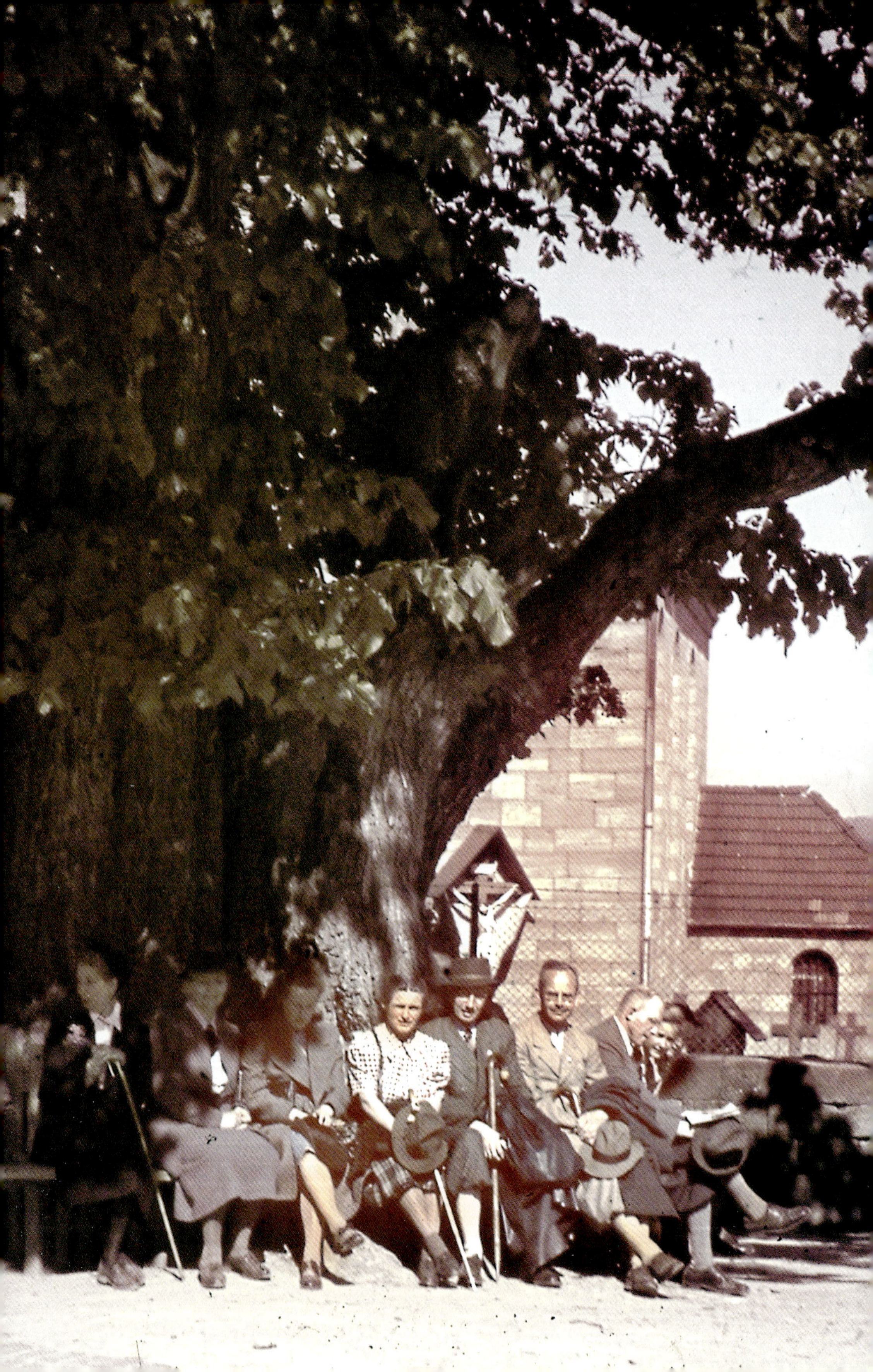

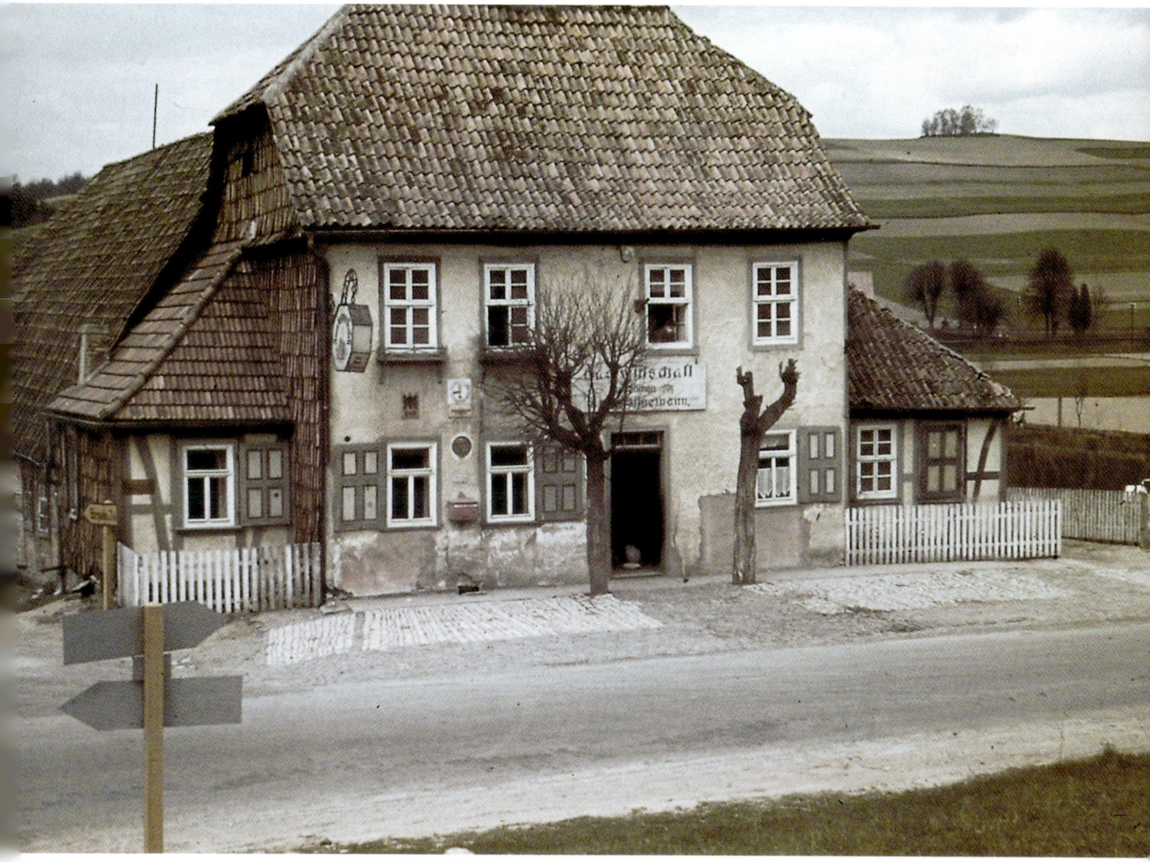

In Schönau bei Uder befand sich das „Gasthaus zum lahmen Frosch“, das der Familie Jünemann bis zu ihrer Zwangsaussiedlung durch die SED-Behörden 1961 gehörte. Als Lokal für Fernfahrer war das an der Reichsstraße 80 liegende Gasthaus sehr beliebt. 1975 wurde es abgerissen. Hier eine Aufnahme von 1943/44.

◂ Besucher rasten unter der Angerlinde in Krombach, die einen Umfang von 13 Metern hatte. 1972 wurde sie Opfer eines Sturmes. Im Hintergrund sieht man die Dorfkirche und den Friedhof. Zusammen mit der Gemeindeschenke und der alten Schule bildete dieser an erhöhter Stelle gelegene Dorfplatz den Mittelpunkt der Siedlung.

Mehrere gepflegte Dorfteiche gab es einst in Steinbach. Das Bild zeigt den Teich im Unterdorf, der 1938 mit neuen Weiden bepflanzt wurde. Das Fachwerkhaus existiert heute nicht mehr, und der Platz hinter dem Teich wird seit 1958 von der Schmiede der Familie Anhalt ausgefüllt.

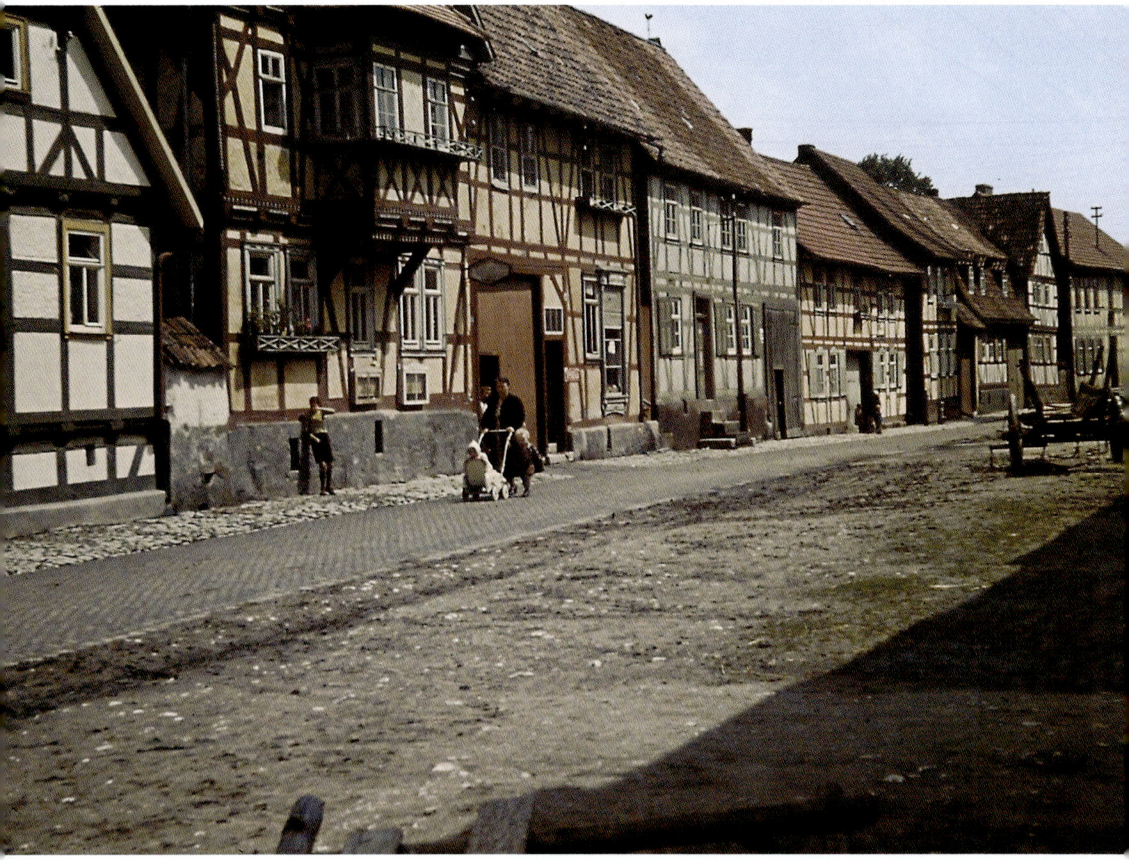

In der Marktstraße in Beuren befinden sich zahlreiche Fachwerkhäuser. Das zweite von links wurde im Jahr 1601 errichtet. Rechts ist die Dorfkirche St. Pankratius zu erkennen.

Vor dem Pfarrhaus in Schachtebich steht das Automobil des Pfarrers August Gremler (1883–1958), der neben Schachtebich auch die Filiale Burgwalde betreute. Gremler besaß sehr früh einen Fotoapparat und war einer der ersten Eichsfelder, die Farbdias aufnahmen.

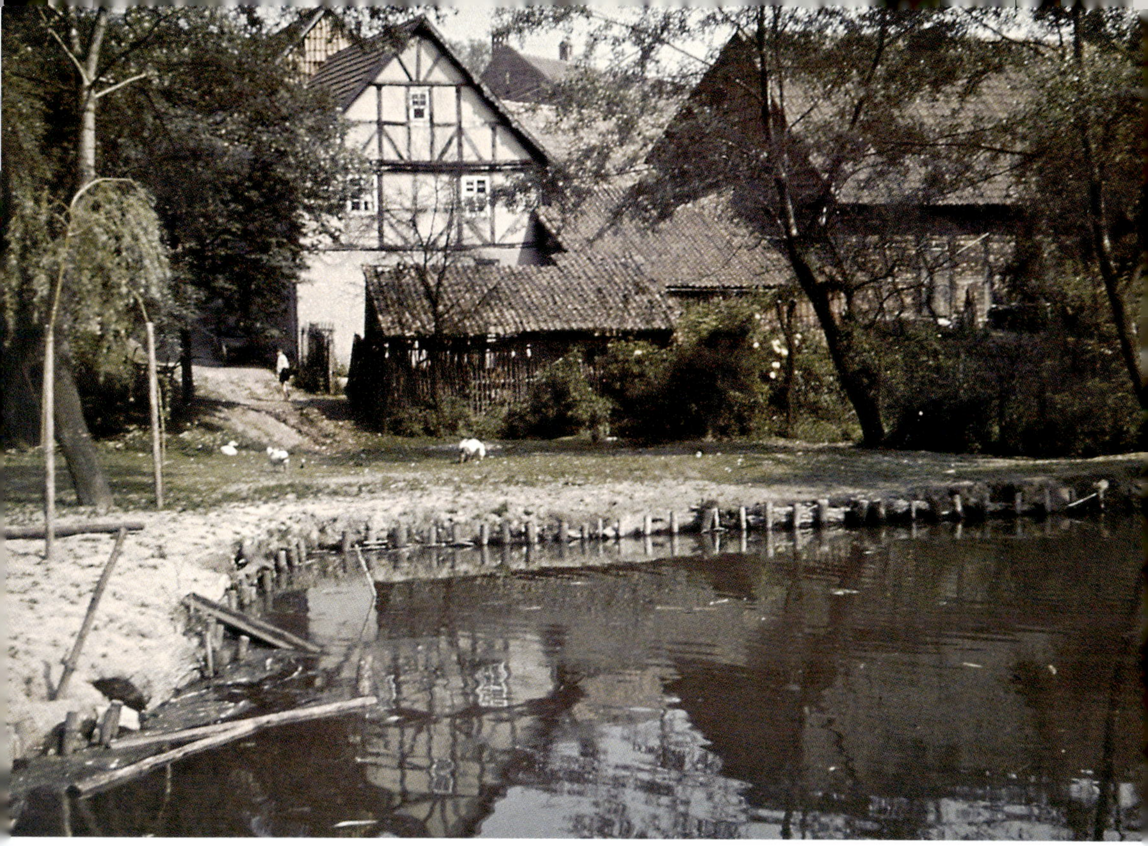

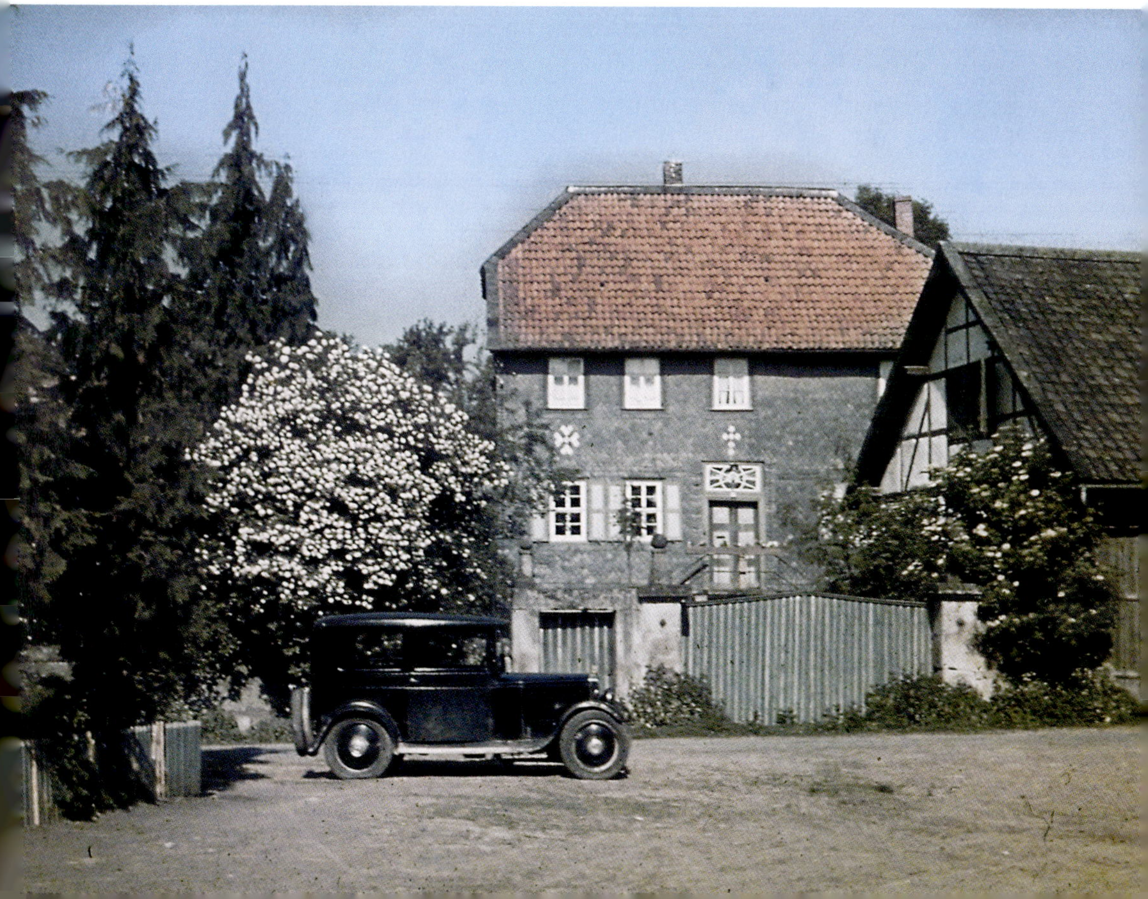

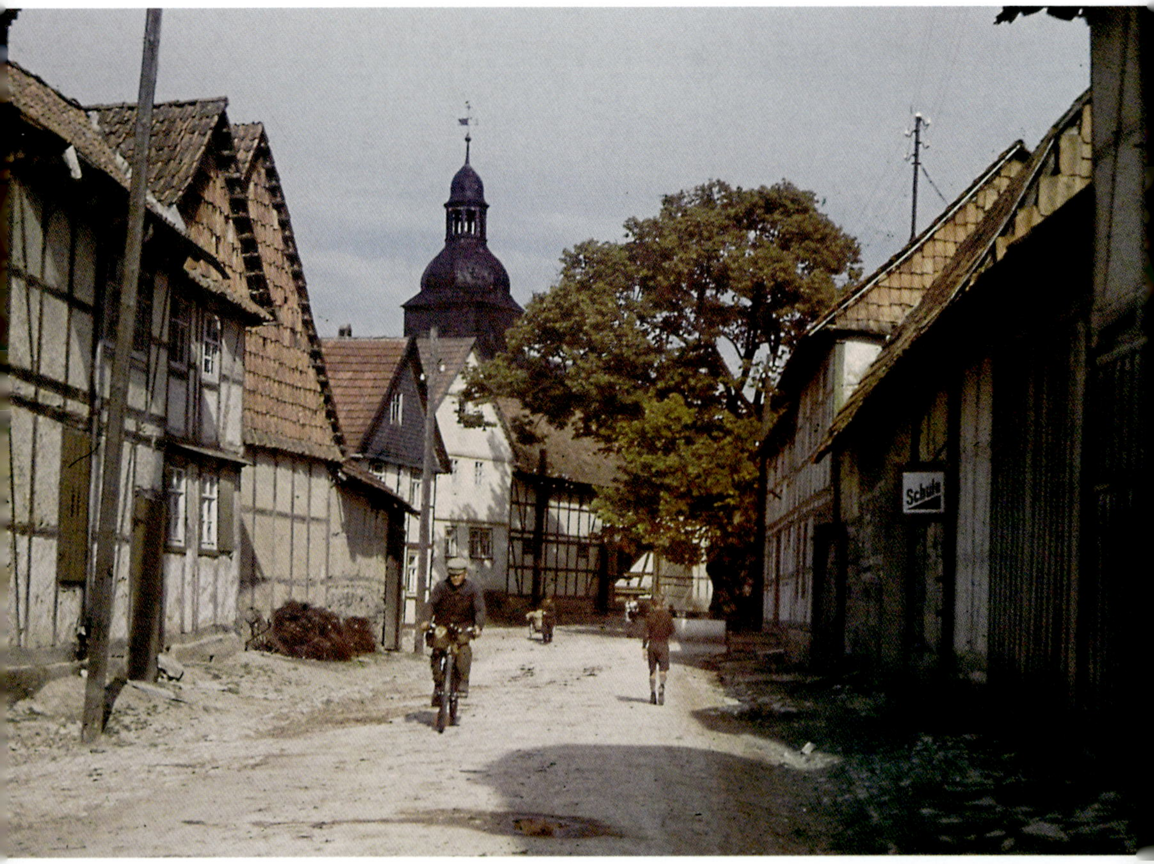

Die Mittelstraße in Kalteneber, im Hintergrund die alte Angerlinde mit ihrer weit ausladenden Krone. Vor der Kirche ist das Bauerngehöft der Familie Hennemeyer zu sehen.

Auf dem Anger in Kalteneber spielen im Jahr 1939 Kinder. Rechts sieht man den alten Angertisch. Die Linde wurde 1990 gefällt. Im Hintergrund das Wohnhaus des Schulzen Franz Köhler.

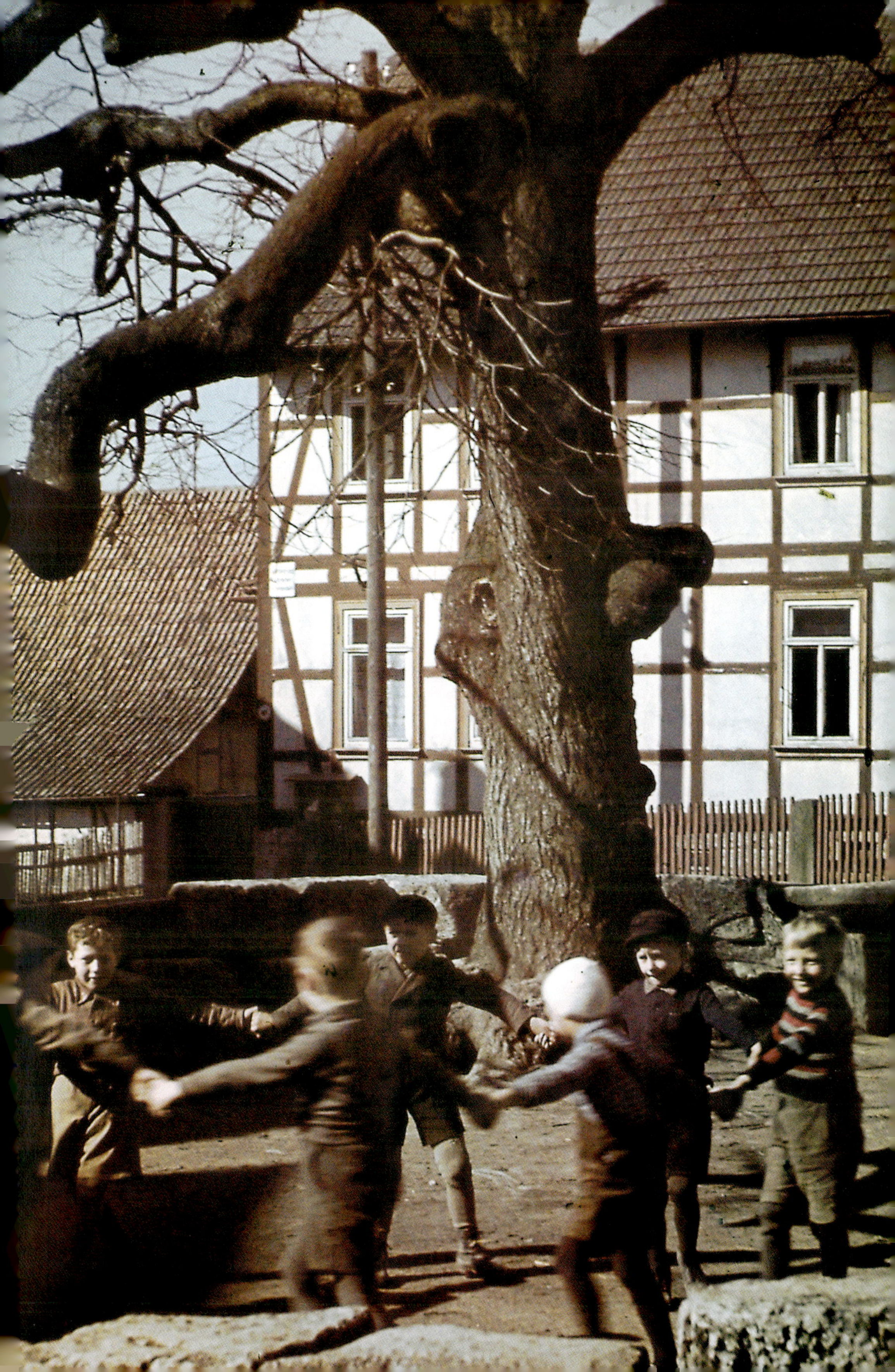

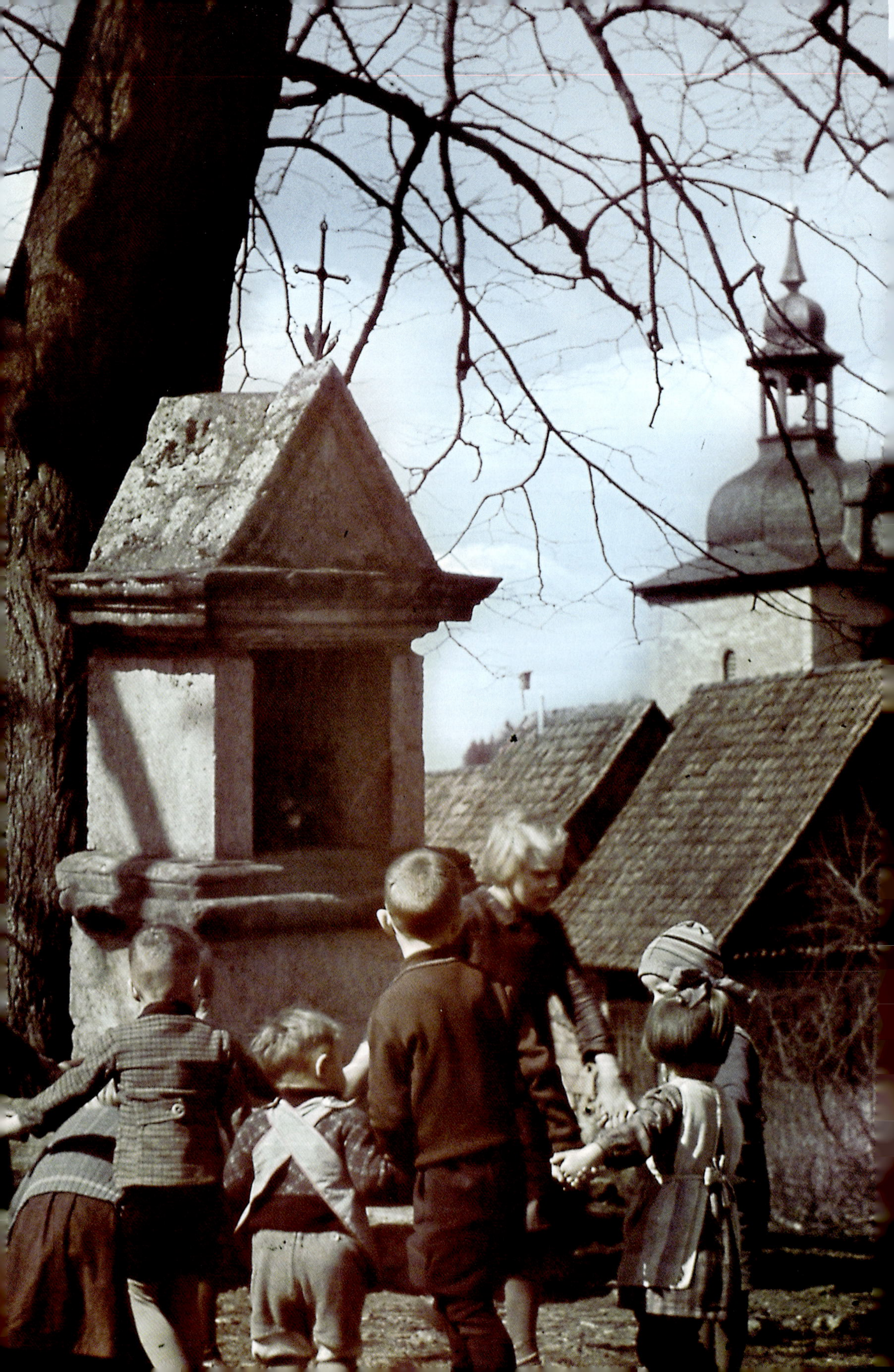

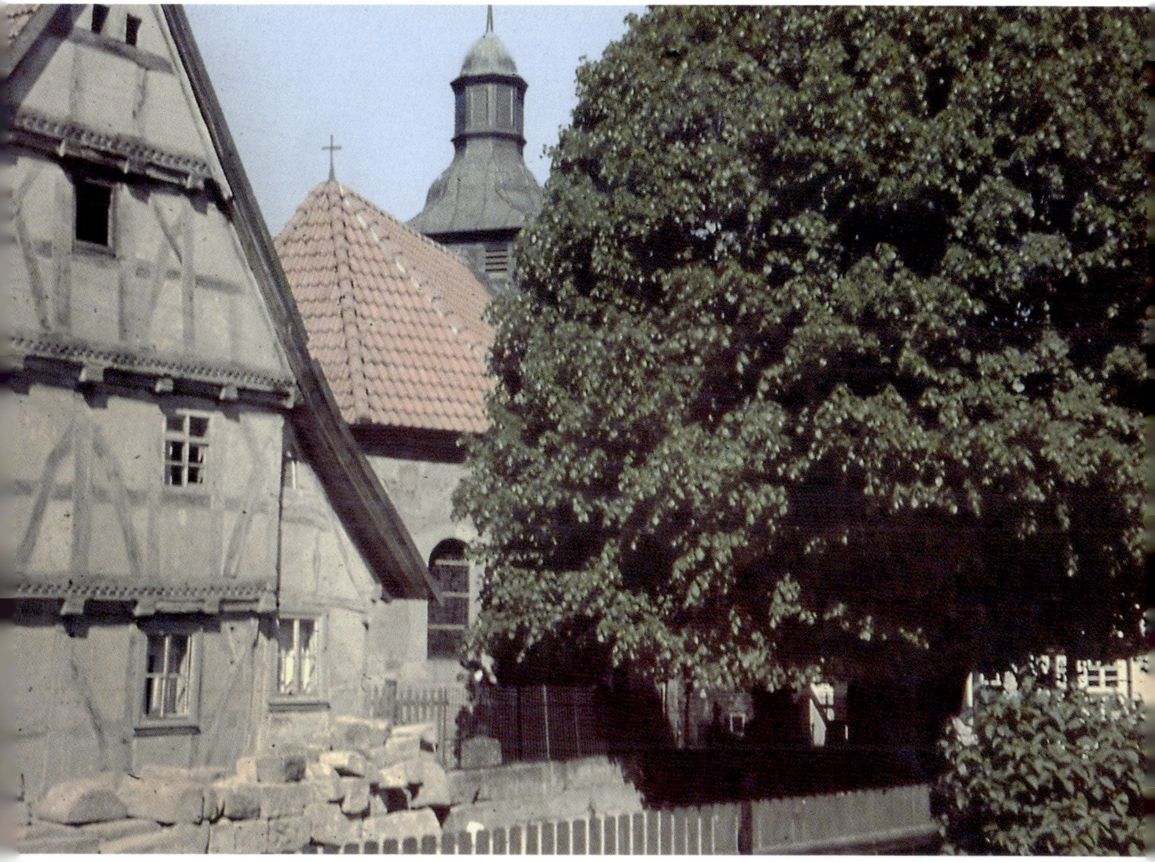

Im Zentrum von Dieterode befanden sich die St.-Georgs-Kirche und die alte Angerlinde, die einen Umfang von sechs Metern aufwies und 1986 gefällt wurde. Um die Kirche wurden bis 1943 die Toten des Dorfes begraben. Links ein um 1630 errichtetes Fachwerkhaus, das heute ein Gourmetrestaurant beherbergt.

◀ Am Angerberg unter der Linde in Kreuzebra, 1940.

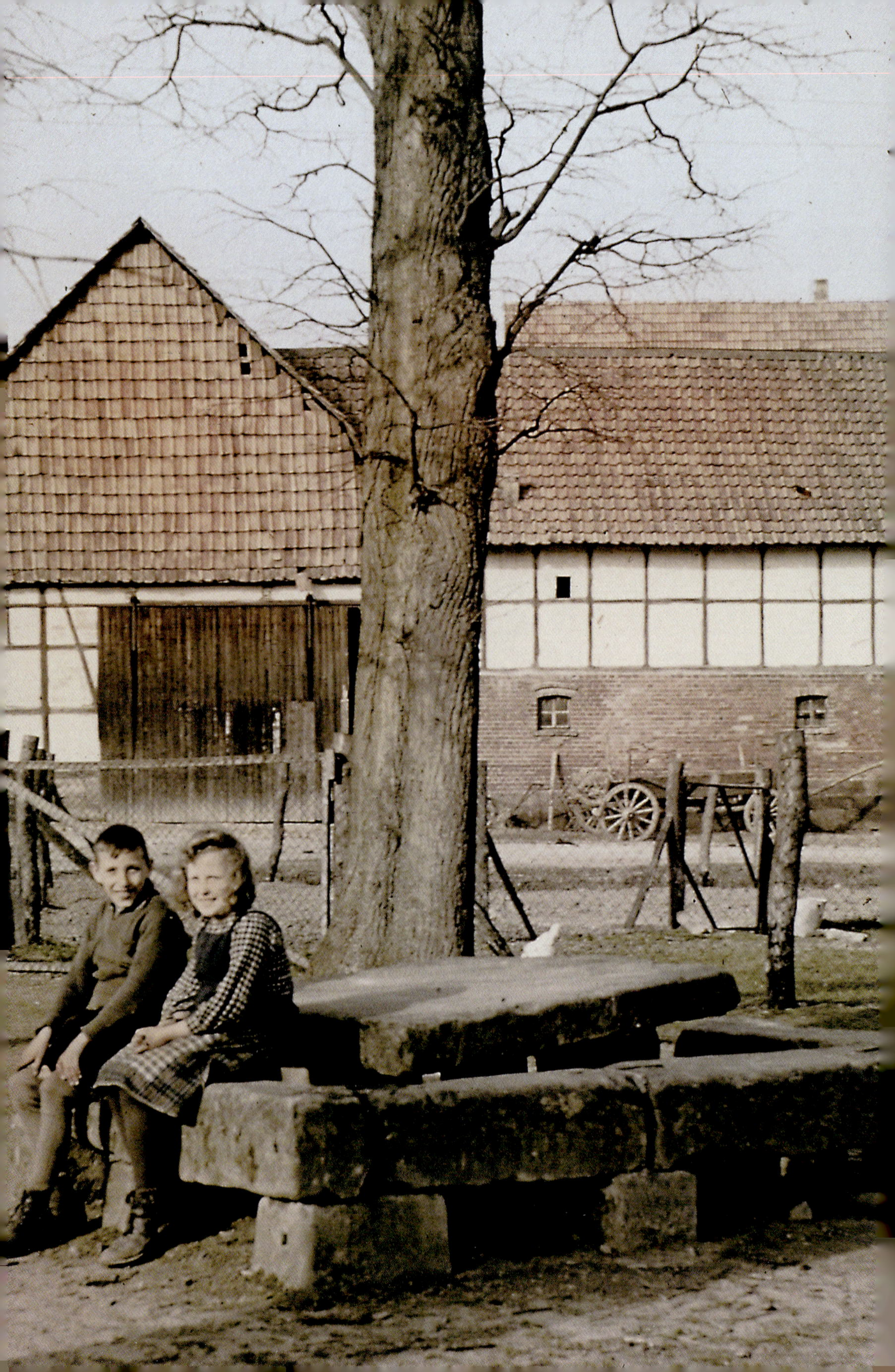

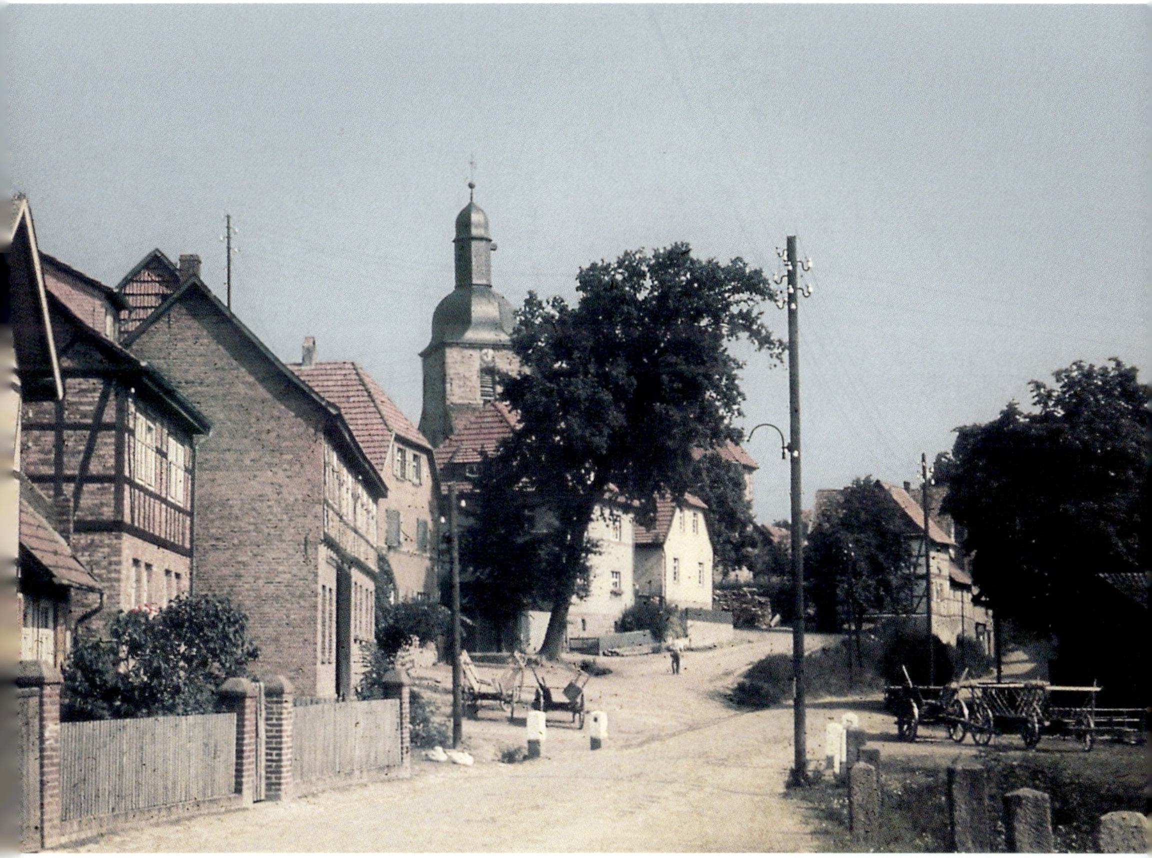

Eine Straßenszene in Reinholterode mit der katholischen Dorfkirche St. Petrus in Ketten, 23. August 1949.

◂ Der Anger in Schwobfeld zeigt noch die alte Steinbank, den Tisch und vier Linden. Die Hansteiner hielten seit 1534 in diesem Dorf zusätzliche Gerichtsverhandlungen ab, die vermutlich auf dem Anger stattfanden.

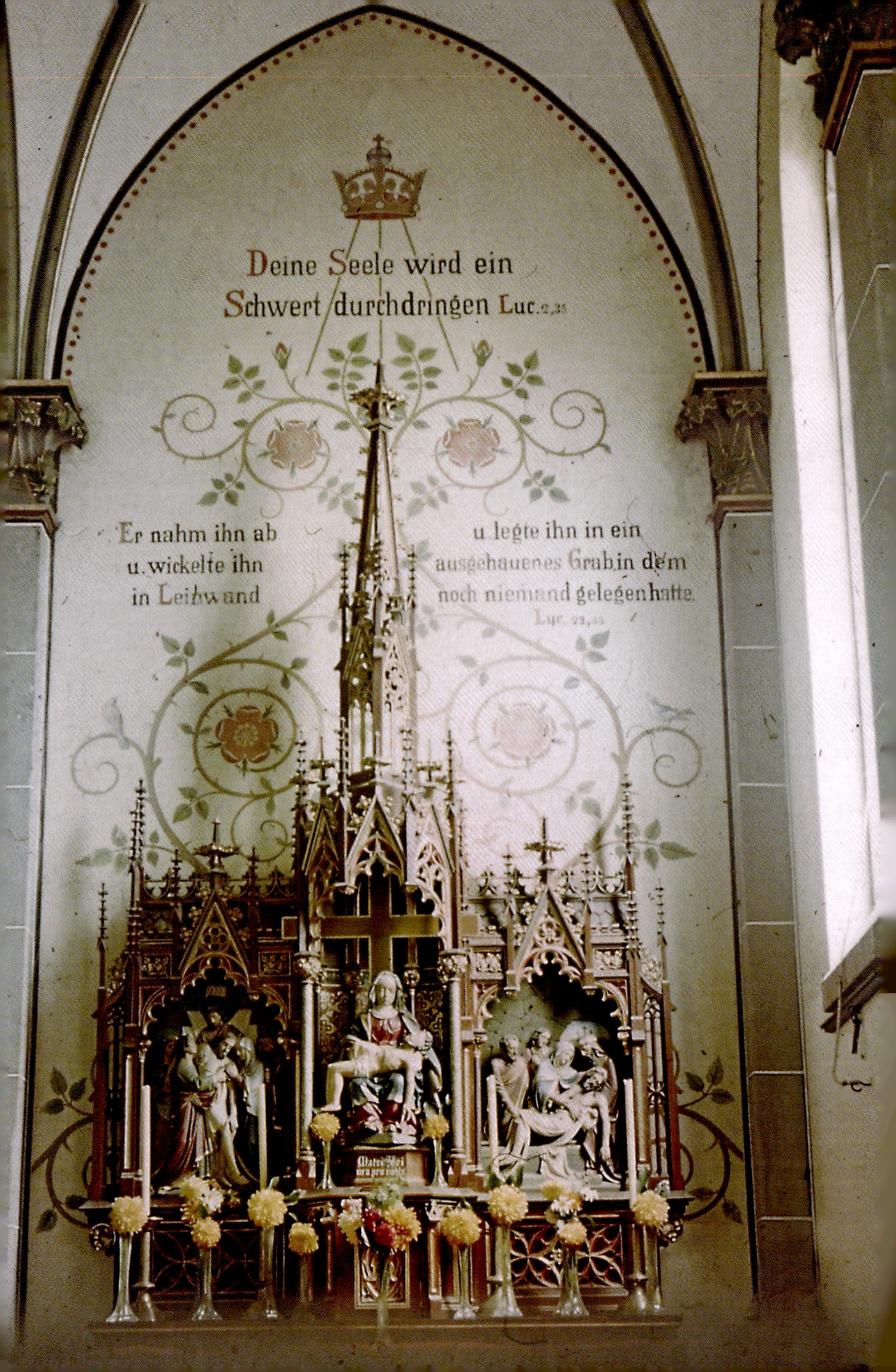
Deine Seele wird ein
Schwert durchdringen Luc. 2,35
Er nahm ihn ab
u. wickelte ihn
in Leinwand
u. legte ihn in ein
ausgehauenes Grab, in dem
noch niemand gelegen hatte.

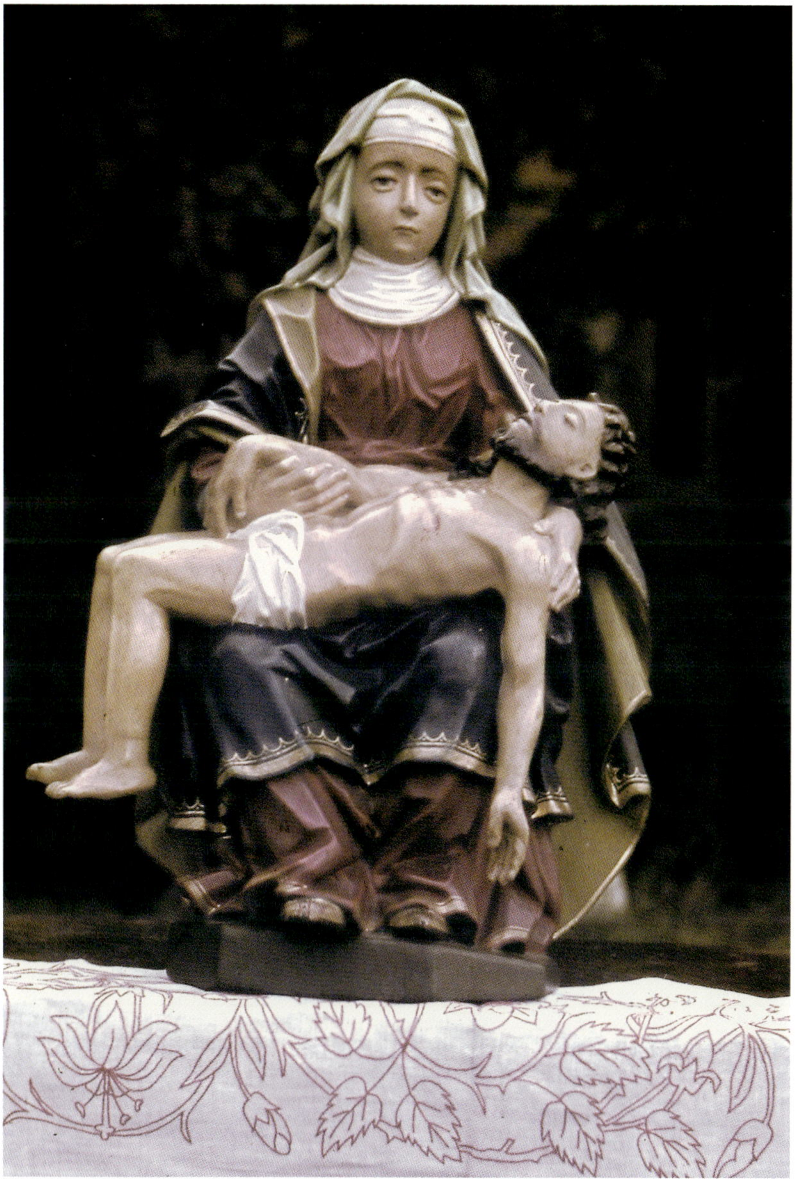

Das Gnadenbild und Wallfahrtsziel vieler Pilger in Etzelsbach ist eine leidende Maria, die ihren toten Sohn hält. Das Meditationsbild ist eine Besonderheit, denn die Seitenwunde Jesu ist nicht erkennbar; diese liegt am Körper seiner Mutter, die den Betrachter direkt anblickt. Die Aufnahme vom 17. August 1944 ist die älteste Farbaufnahme der berühmten Pieta.

◂ In der Wallfahrtskapelle Etzelsbach befand sich das Gnadenbild der Pieta von 1906 bis 1972 in einem neogotischen Seiten-Altar. Verse aus dem Lukasevangelium und eine entsprechende Bemalung erklärten das Bildprogramm des Altares. Hier eine Aufnahme vom 17. August 1944.

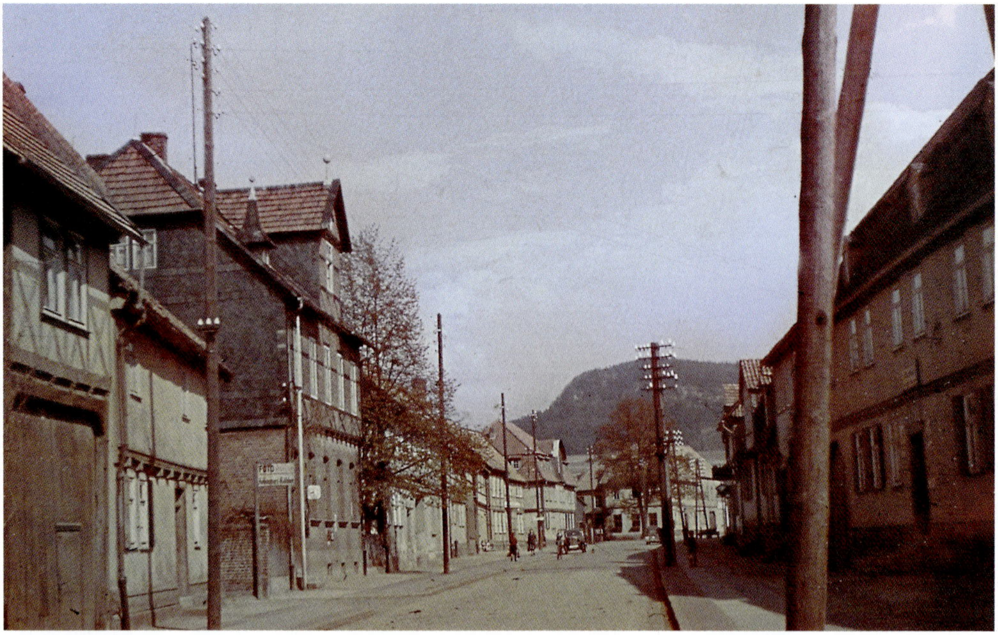

Die Hauptdurchfahrtsstraße durch Uder, die damals Reichsstraße 80 hieß, in einer Aufnahme von 1941. Hinten der Anger des Dorfes mit der Linde.

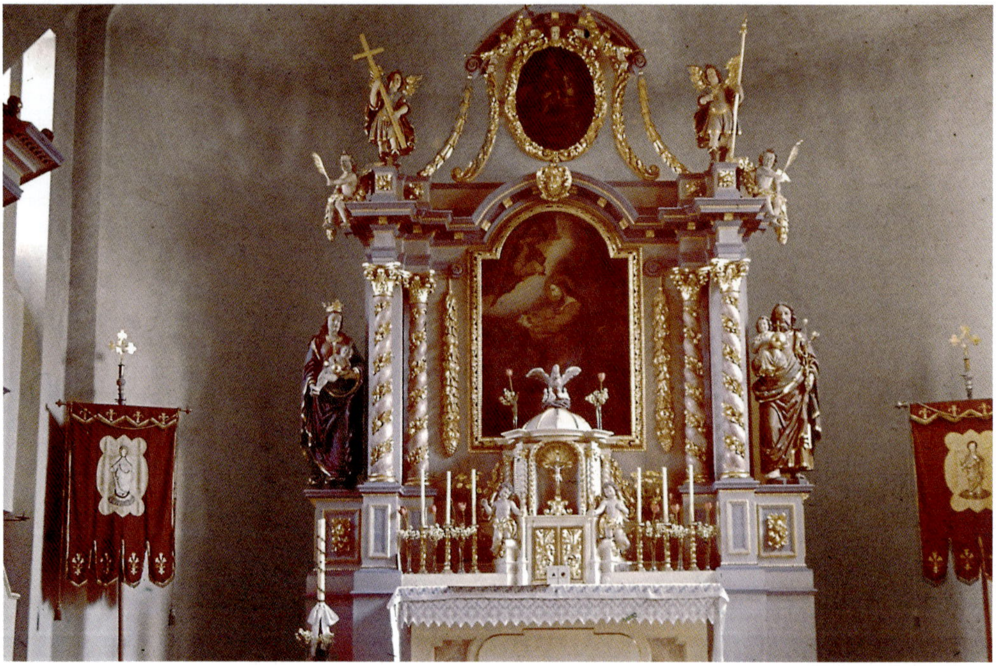

Die Martinskirche in Kirchgandern wurde 1930 bedeutend erweitert und 1933 konsekriert. Der Hochaltar stammt aus dem Jahr 1691. Das Altarblatt ist jünger und zeigt Christus am Ölberg. Hier eine Aufnahme von 1944.

Am Bahnhof Fürstenhagen erreichte die Bahnstrecke von Heiligenstadt nach Schwebda ihren höchsten Punkt. Zur Wasserversorgung der Dampflokomotiven wurde ein 19 m hoher Turm mit Wasserbehälter errichtet. Sämtliche Anlagen wurden 1947 demontiert und als Reparationsleistungen in die UdSSR geliefert.

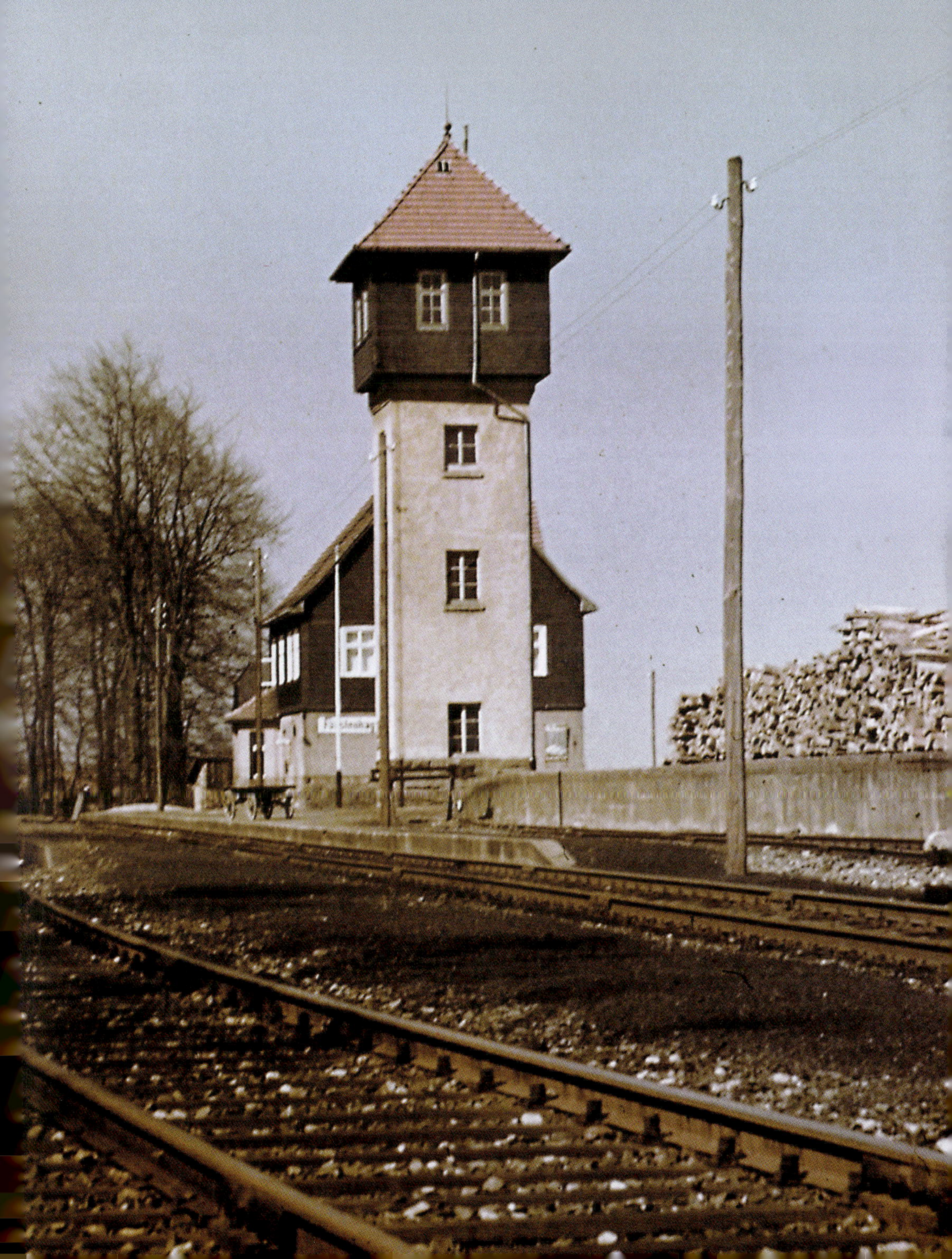

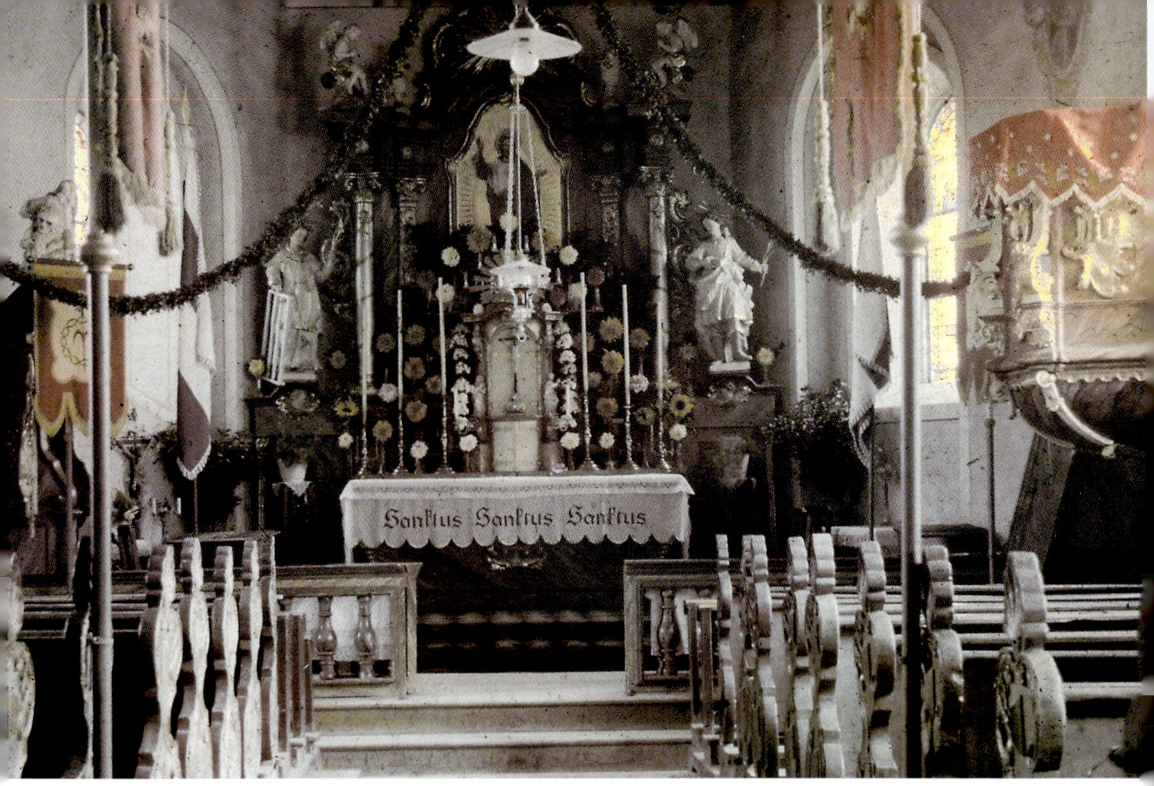

Die Dorfkirche in Rohrberg im festlichen Schmuck zur Einführung eines neuen Pfarrers, 1937. Das Altarbild zeigt eine Herz-Jesu-Darstellung zwischen den heiligen Laurentius und Pankratius, dem Kirchenpatron.

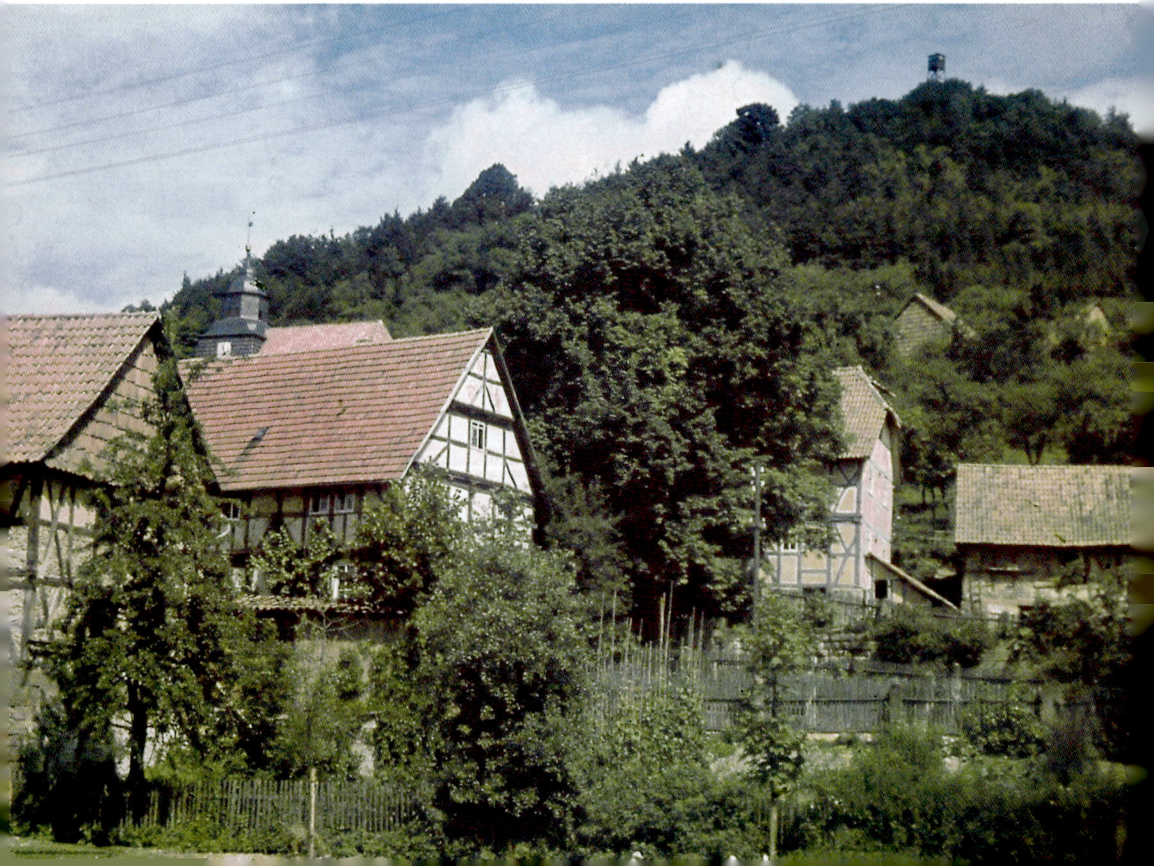

Das Bauerngehöft der Familie Döring steht im Zentrum des Dorfes Rüstungen an der Wegegabelung der Straßen nach Krombach und Dieterode.

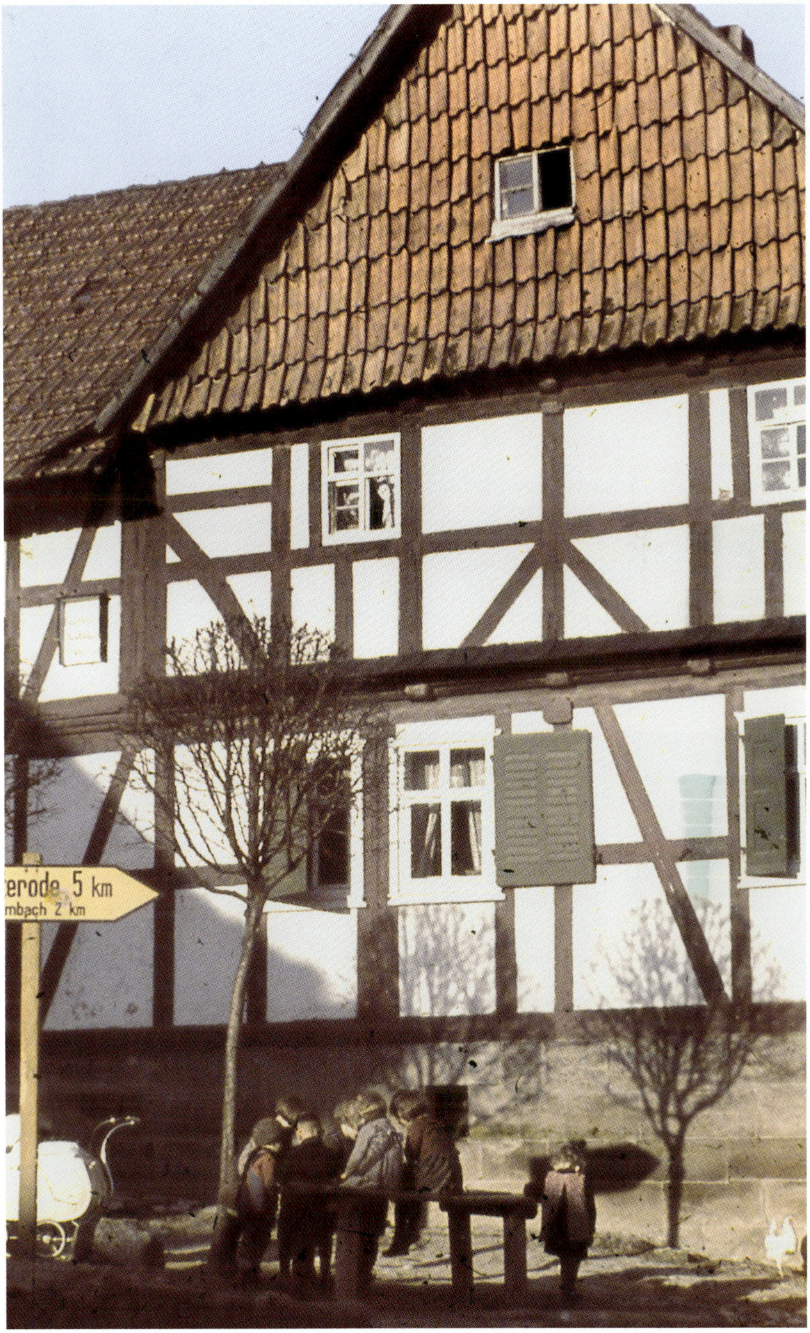

◄ Das Dorf Marth wurde in seiner Entwicklung entscheidend durch den Rusteberg geprägt. Die Gemeinde hatte sich in der Nähe des Berges zu einem kleinen Markt entwickelt. Die Kirche ist dem hl. Ägidius geweiht. Aufnahme aus dem Jahr 1941.

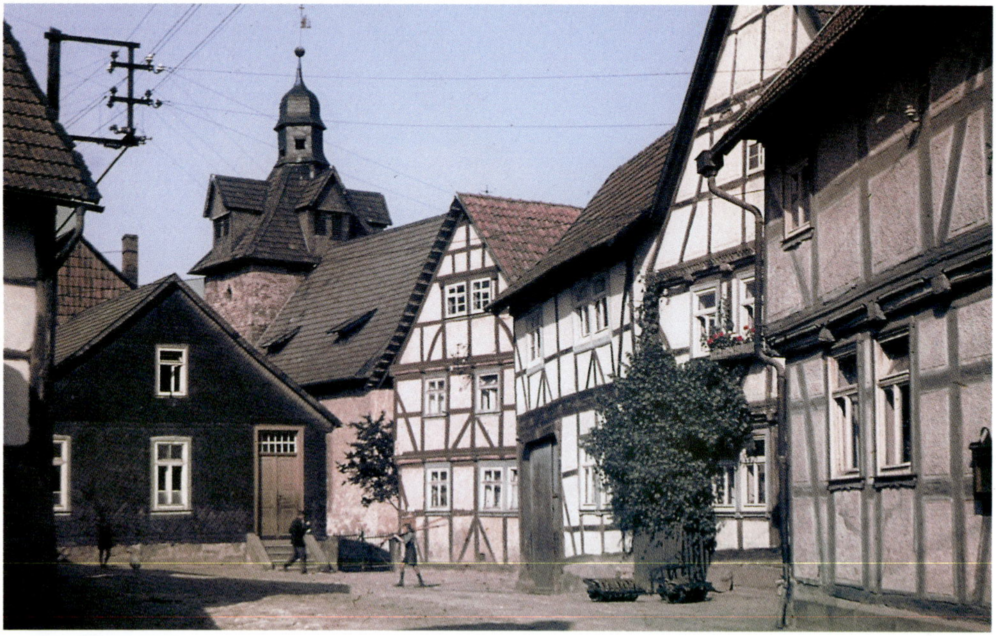

Fachwerkhäuser prägen das Dorfbild von Bodenrode, 1949. Links steht die alte Schule, die 1989 abgerissen wurde. Im Hintergrund die St.-Laurentius-Kirche des Dorfes.

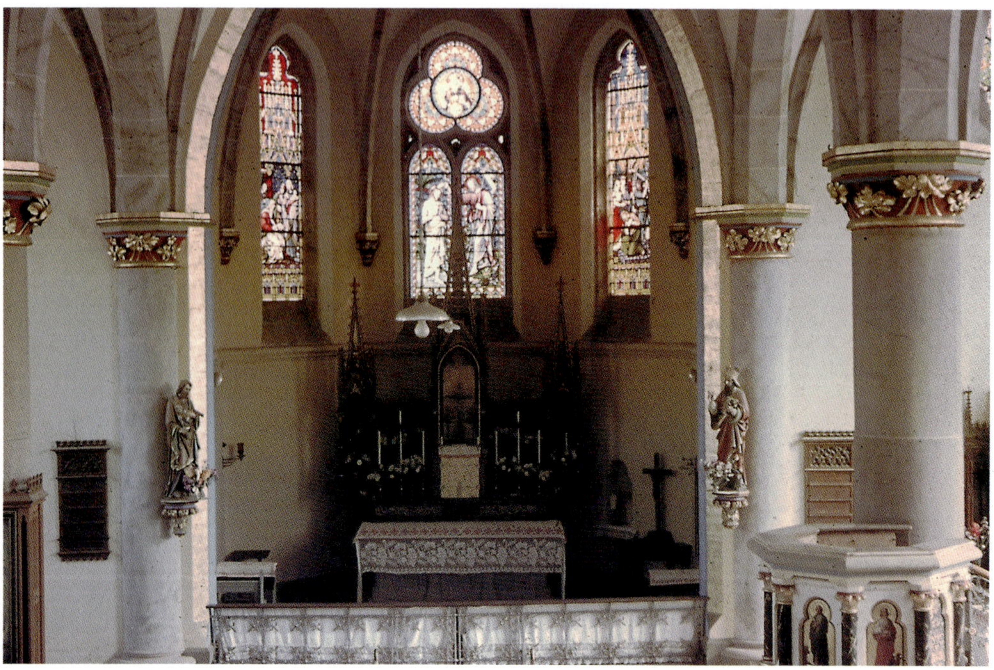

Die dem hl. Johannes dem Täufer geweihte Dorfkirche in Birkungen wurde 1885–1886 neu erbaut. Die Aufnahme zeigt den neogotischen Hochaltar und die 1895 eingesetzten Buntglasfenster am 3. Oktober 1949. Der Altar wurde nach der Liturgiereform entfernt.

Oberhalb des Dorfes Wachstedt befand sich einst ein Wetterkreuz, das dem strengen Winter 1962/1963 zum Opfer fiel. Die Straße war bis zu drei Meter hoch verweht, weshalb die Rote Armee einen Räumpanzer zur Beseitigung der Schneemassen einsetzte, der das Kreuz beschädigte. Danach wurde es nicht wieder aufgestellt.

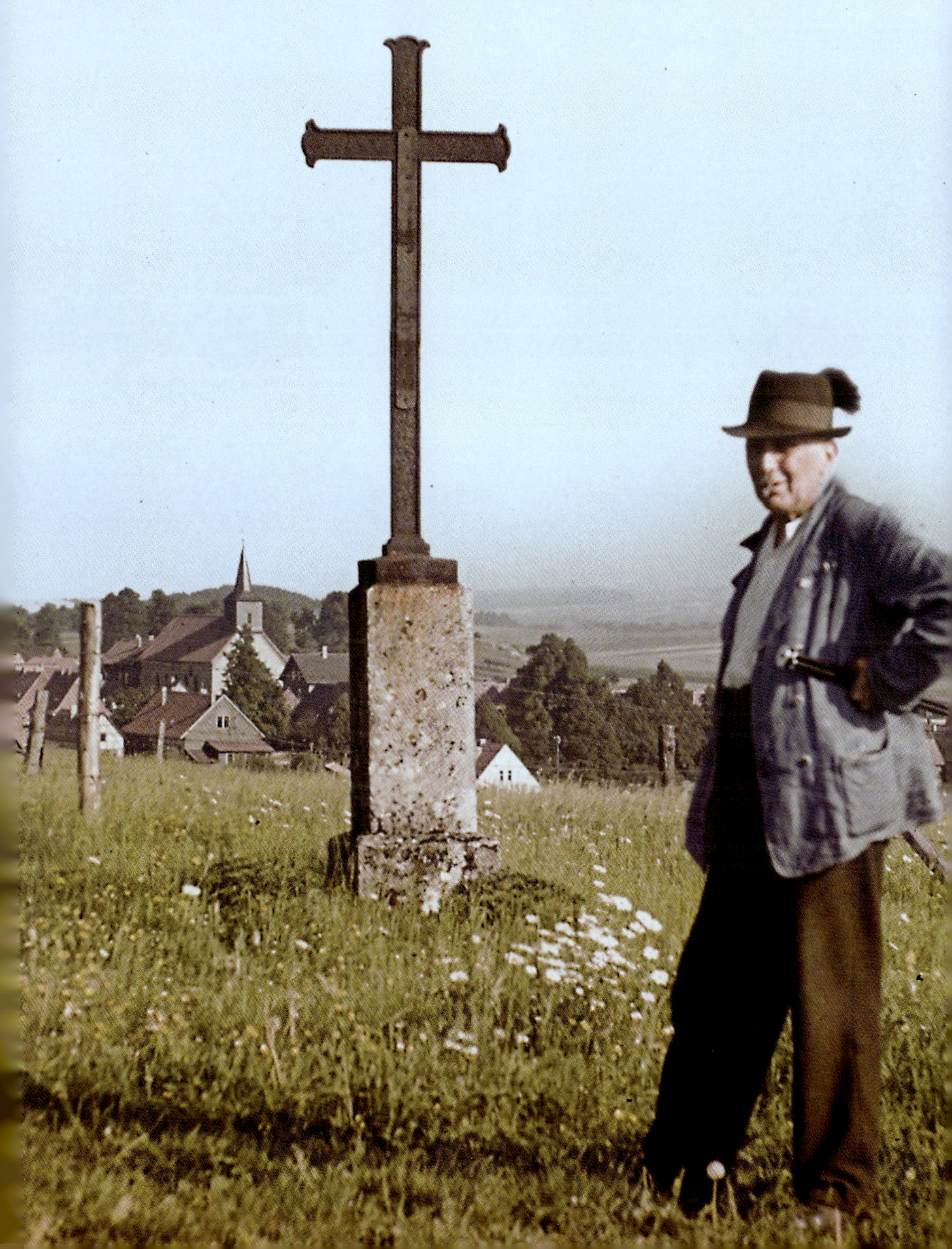

Breitenholz ist weithin als Wallfahrtsort bekannt. Das Gnadenbild in der Dorfkirche ist eine Marienfigur mit Jesusknaben aus dem 15. Jahrhundert. Hier die St.-Marien-Kirche in Breitenholz, 1944.

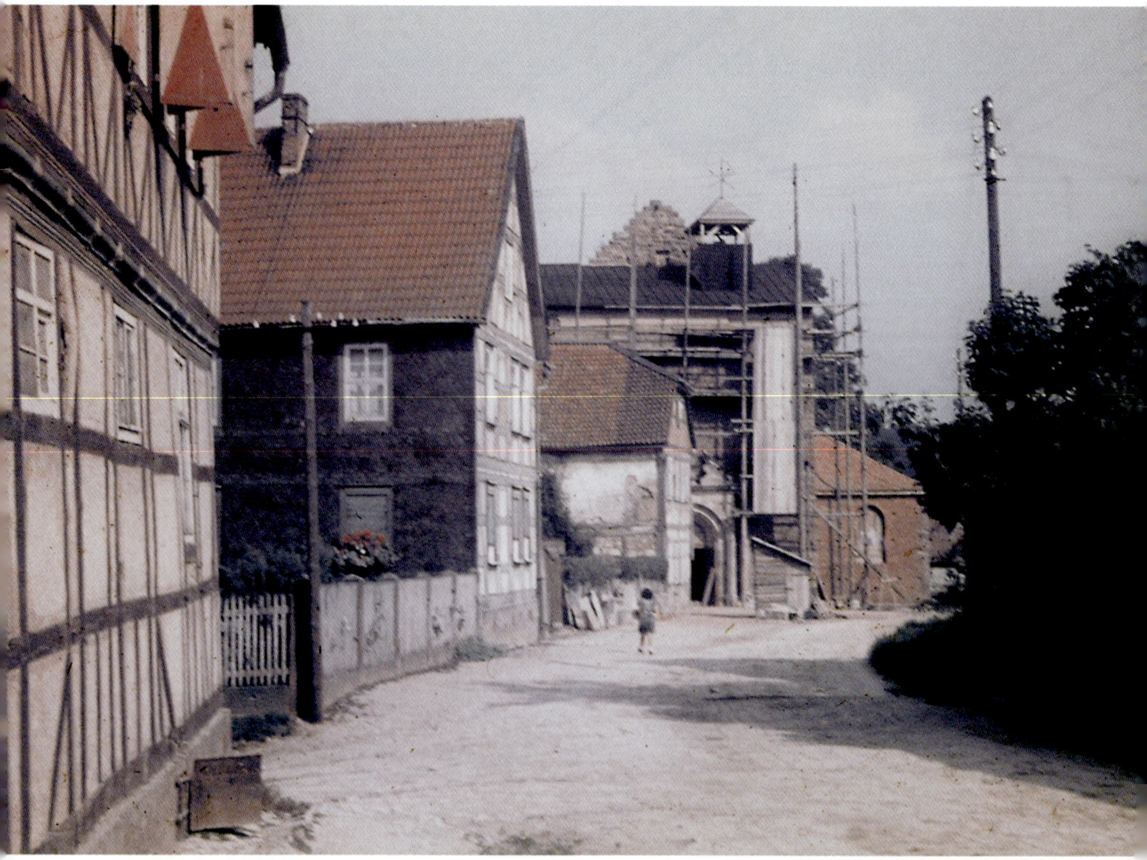

Unmittelbar vor den Turm der Dorfkirche in Siemerode fiel 1945 eine amerikanische Fliegerbombe, die das Gotteshaus fast vollständig zerstörte. Danach begann der Wiederaufbau. Hier eine Aufnahme vom Pfarrhaus und der im Bau befindlichen Kirche, 1949.

Das Eichsfelddorf Gernrode erhielt 1932 ein neues Gotteshaus. Das Innere – hier 1949 – schmückt ein barocker Hochaltar, der schon in der Vorgängerkirche stand. Die Orgel ist auf der rechten Seitenempore untergebracht.

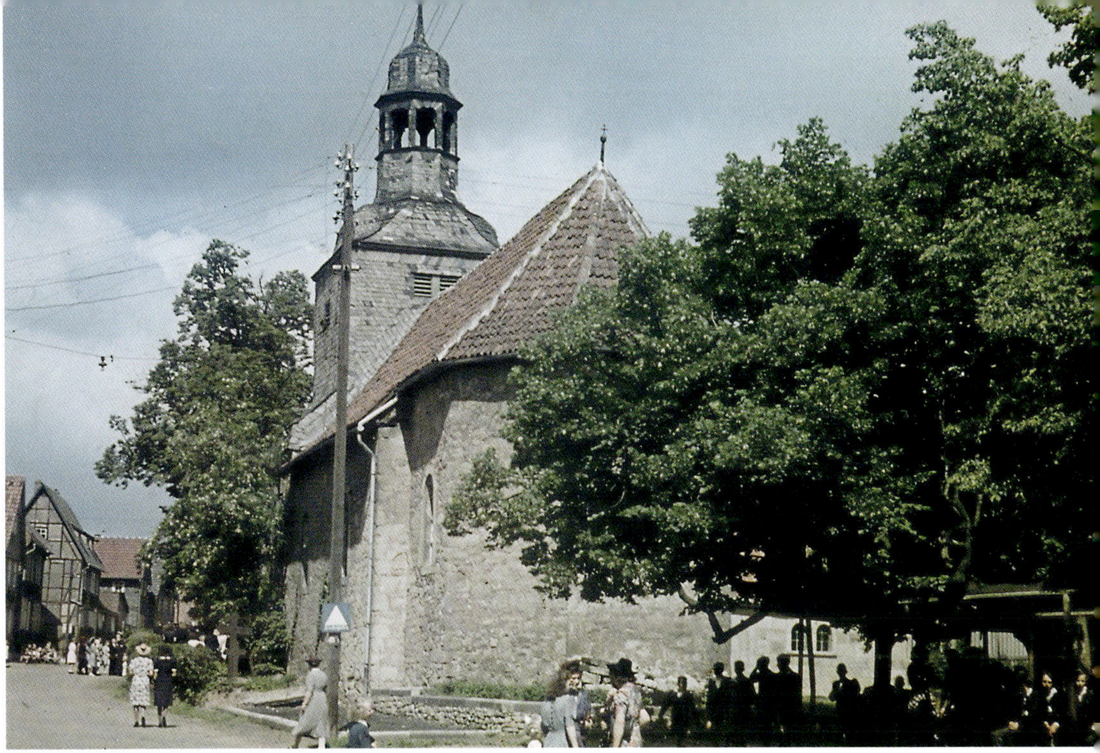

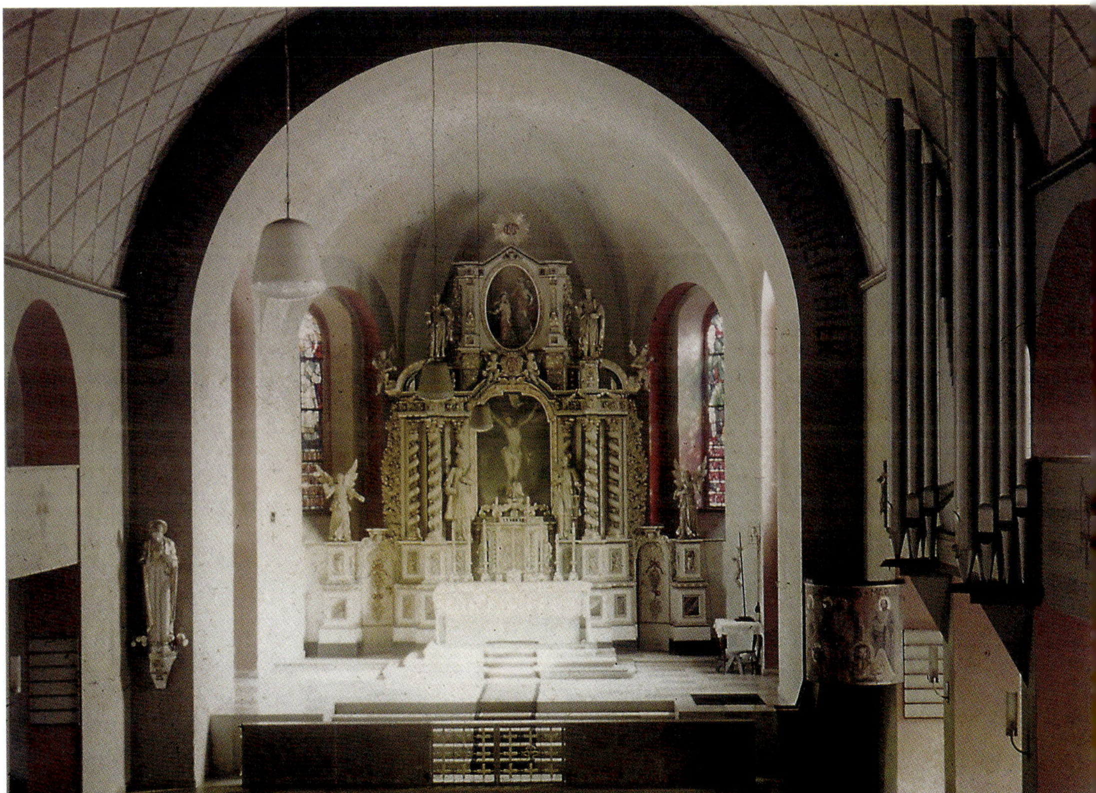

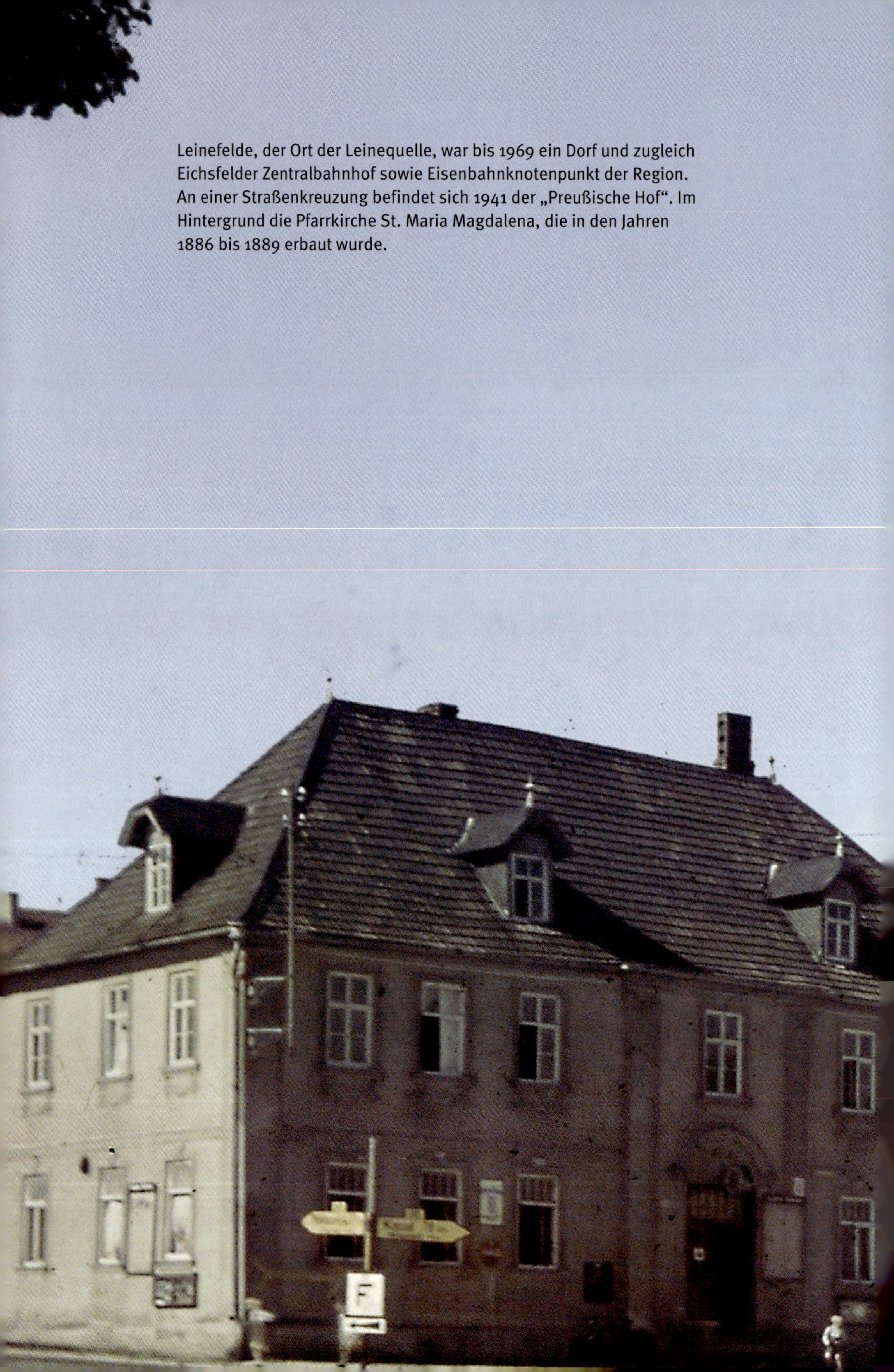

Leinefelde, der Ort der Leinequelle, war bis 1969 ein Dorf und zugleich Eichsfelder Zentralbahnhof sowie Eisenbahnknotenpunkt der Region. An einer Straßenkreuzung befindet sich 1941 der „Preußische Hof". Im Hintergrund die Pfarrkirche St. Maria Magdalena, die in den Jahren 1886 bis 1889 erbaut wurde.

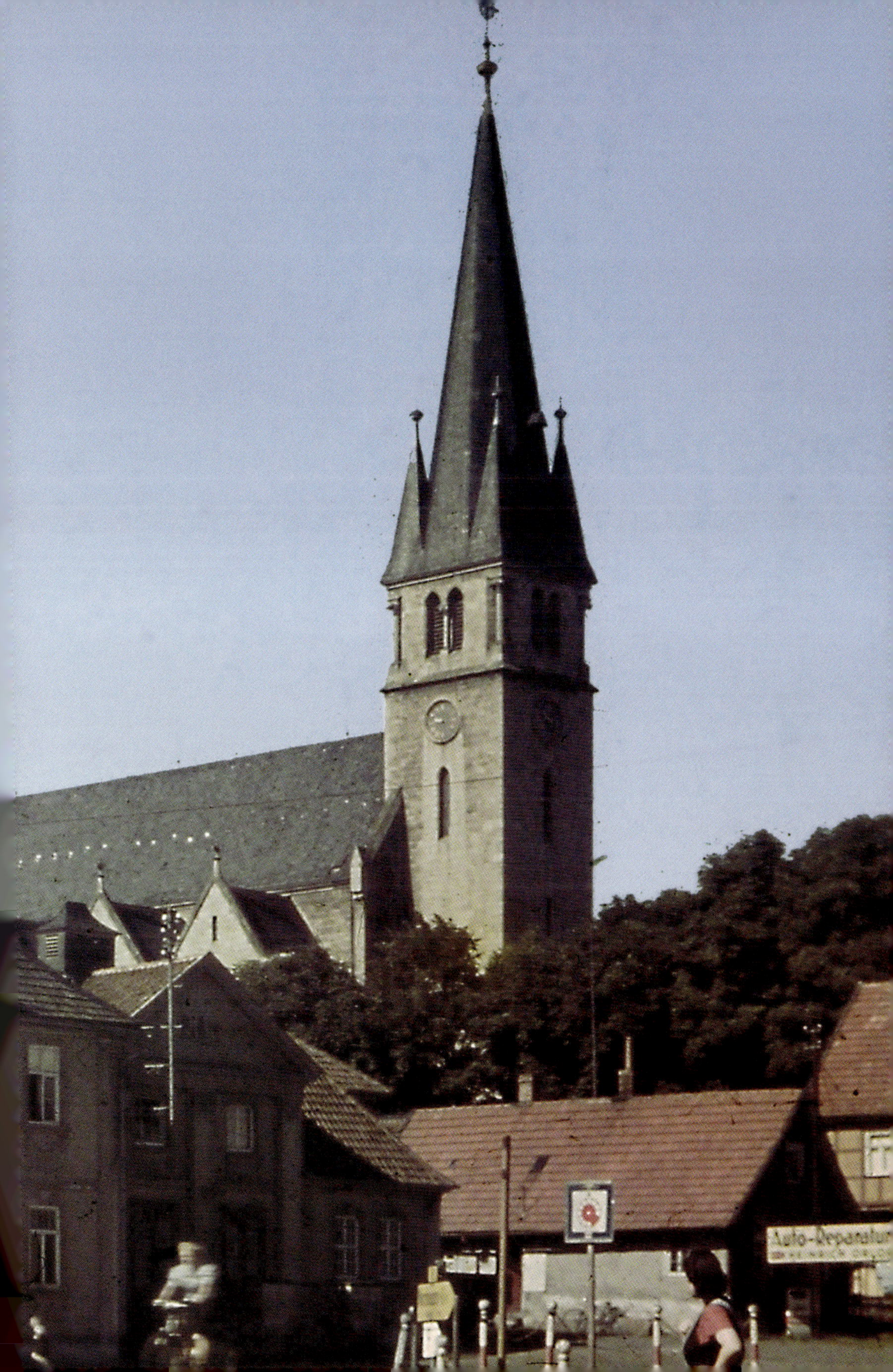

Die hochgelegene Marienkirche in Bischofferode erhielt 1938 ihre Konsekration durch Bischof Johannes Dietz aus Fulda. Oben sind das erneuerte Kirchenschiff und der alte Kirchturm zu erkennen. Am Gebäude unterhalb der Kirche ist ein Stürmerkasten angebracht mit der antisemitischen Aufschrift „Die Juden sind unser Unglück.“

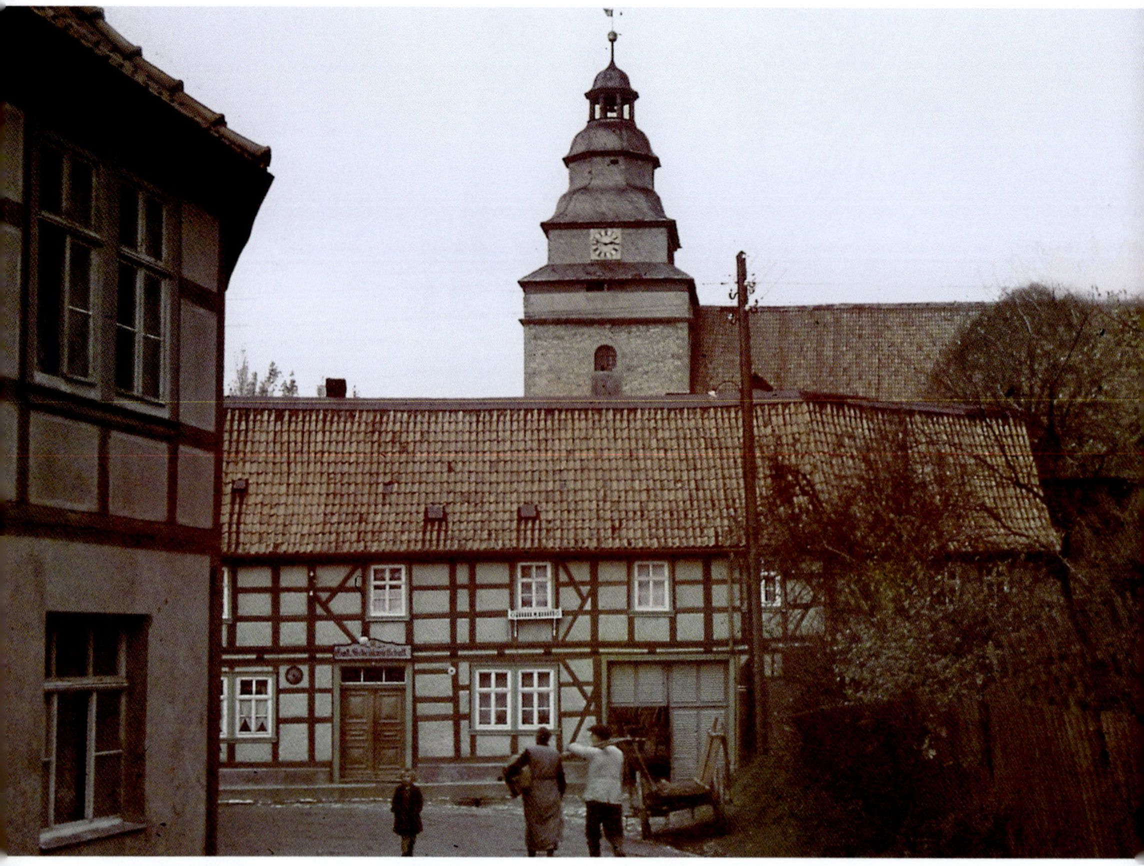

Ein Blick über das Gasthaus in Niederorschel auf die Dorfkirche Mariä Geburt, die in ihrem Inneren einen wertvollen barocken Hochaltar birgt.

In der Nähe der Kirche von Bischofferode befand sich 1944 noch die Gemeindeschenke, ein stattlicher Fachwerkbau aus der Zeit um 1600. Das Gebäude wurde 1966 abgerissen.

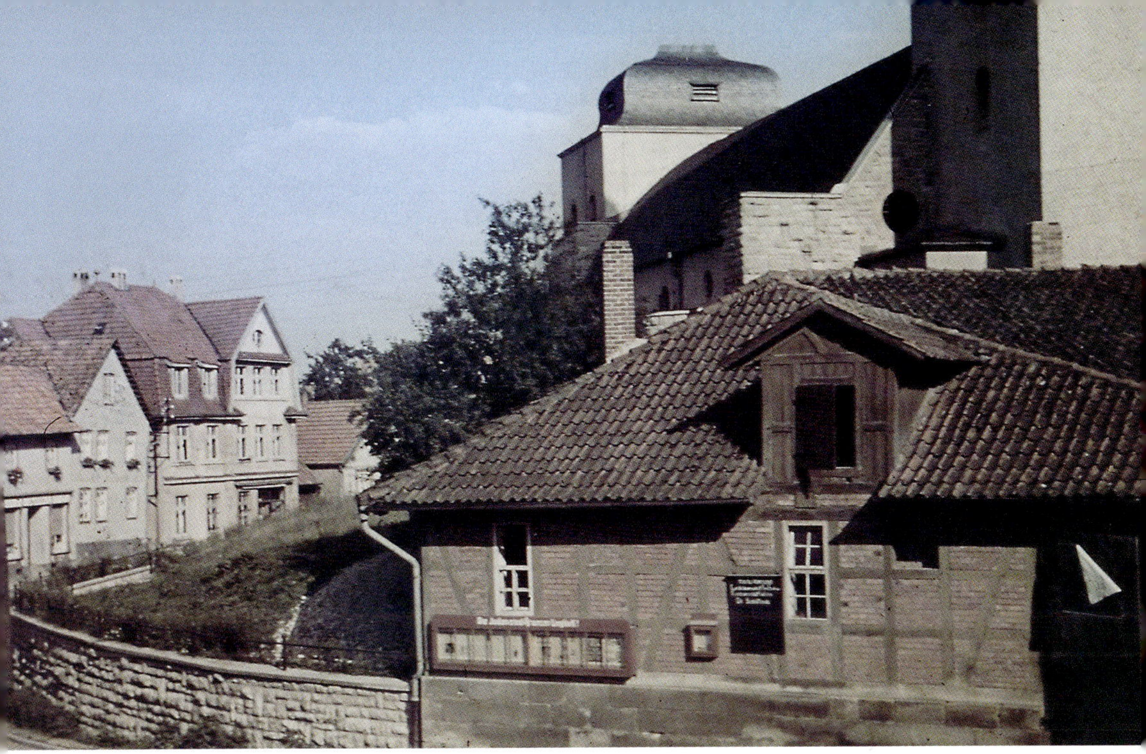

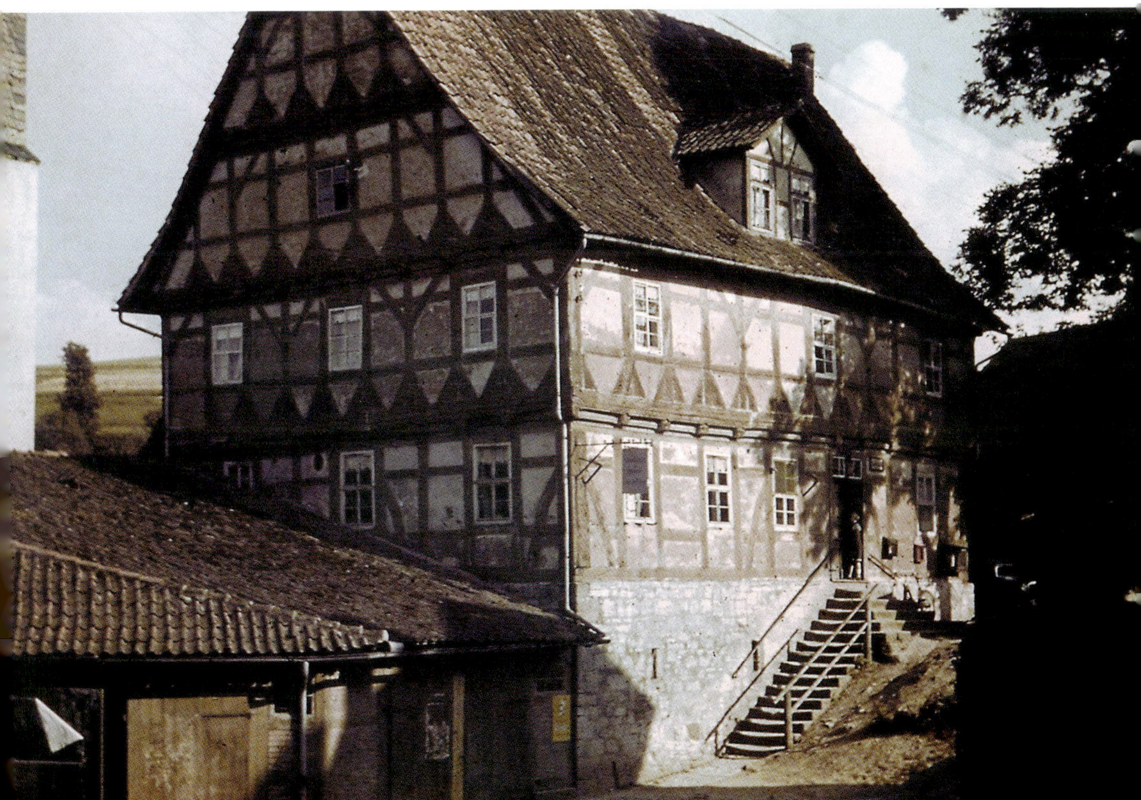

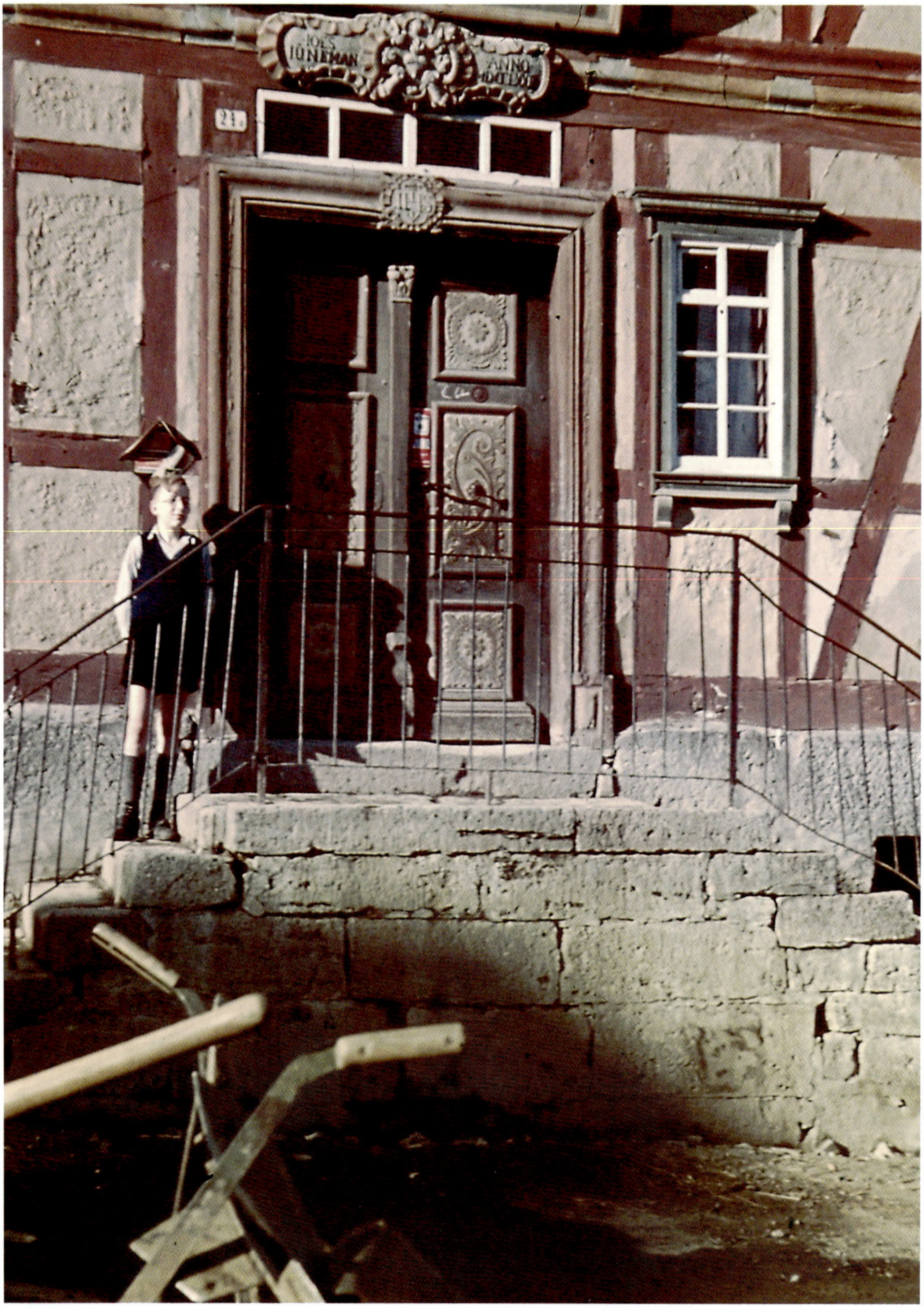

Eine reich geschmückte Haustür finden wir in Heuthen an einem Wohnhaus beim Anger, das einst als Gasthaus „Zur Krone“ diente. Vor der barocken zweiflügeligen Eingangstür steht der Oberschüler Egon Stadler aus Heuthen, 1939/1940.

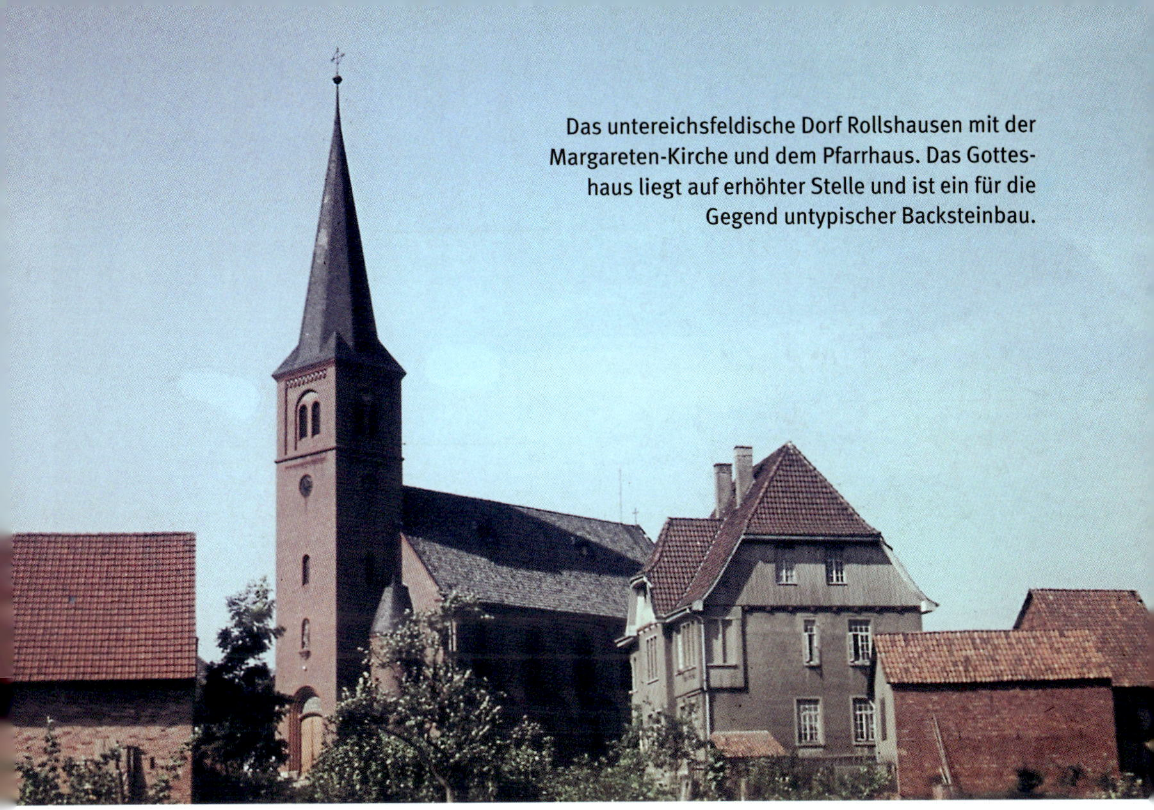

Das untereichsfeldische Dorf Rollshausen mit der Margareten-Kirche und dem Pfarrhaus. Das Gotteshaus liegt auf erhöhter Stelle und ist ein für die Gegend untypischer Backsteinbau.

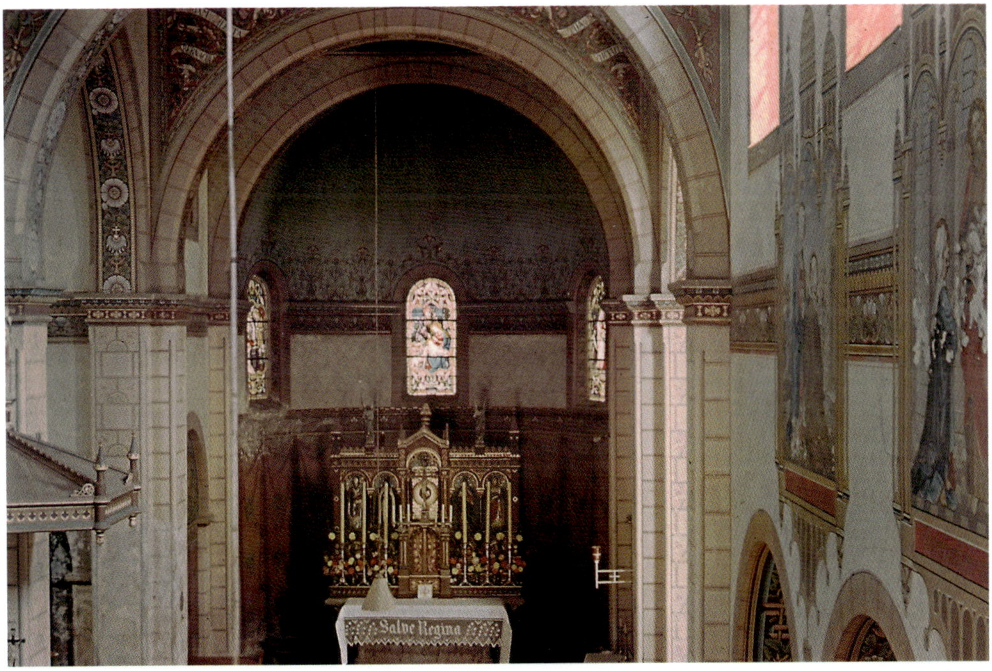

Die Wallfahrtskirche „Maria in der Wiese“ in Germershausen wurde mehrfach umgestaltet. Das Bild aus dem Jahr 1944 zeigt die neoromanische Ausstattung. Der Hochaltar war 1888 vom Heiligenstädter Bildhauer Christoph Staender geschaffen worden und fiel 1965 einem „Bildersturm“ zum Opfer.

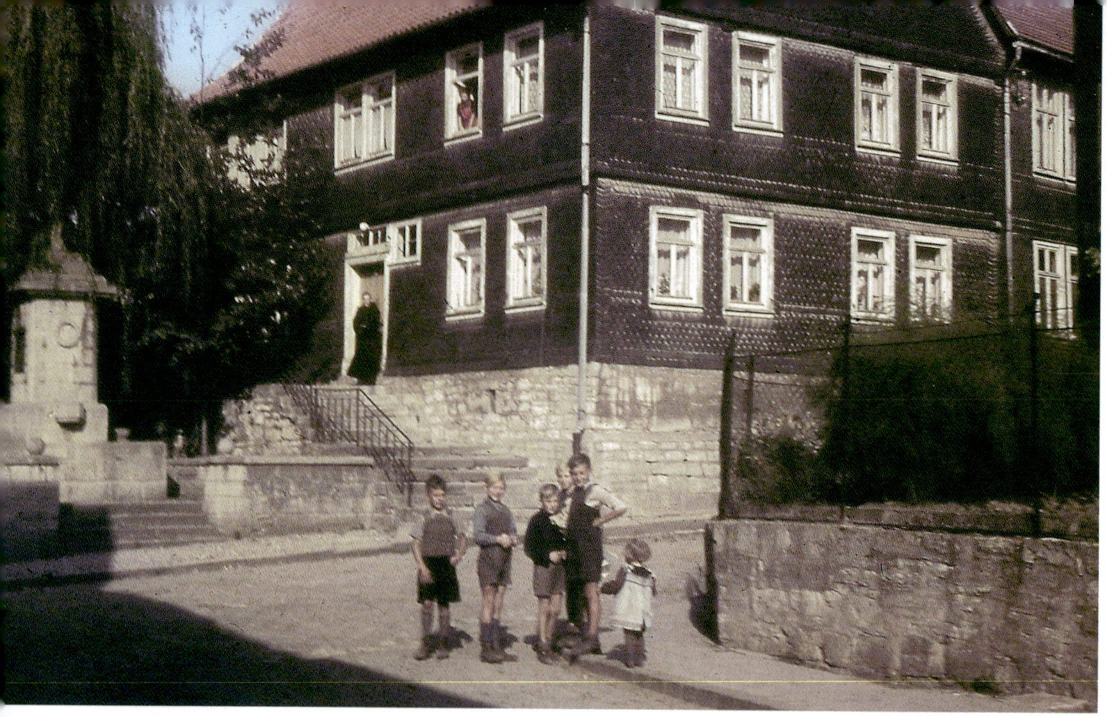

Kirchworbis gehört zu den Urpfarreien des Eichsfeldes. Neben der St.-Martins-Kirche befindet sich das 1922 errichtete Kriegerdenkmal für die 71 Gefallenen des Ersten Weltkrieges aus der Gemeinde. Rechts das Pfarrhaus.

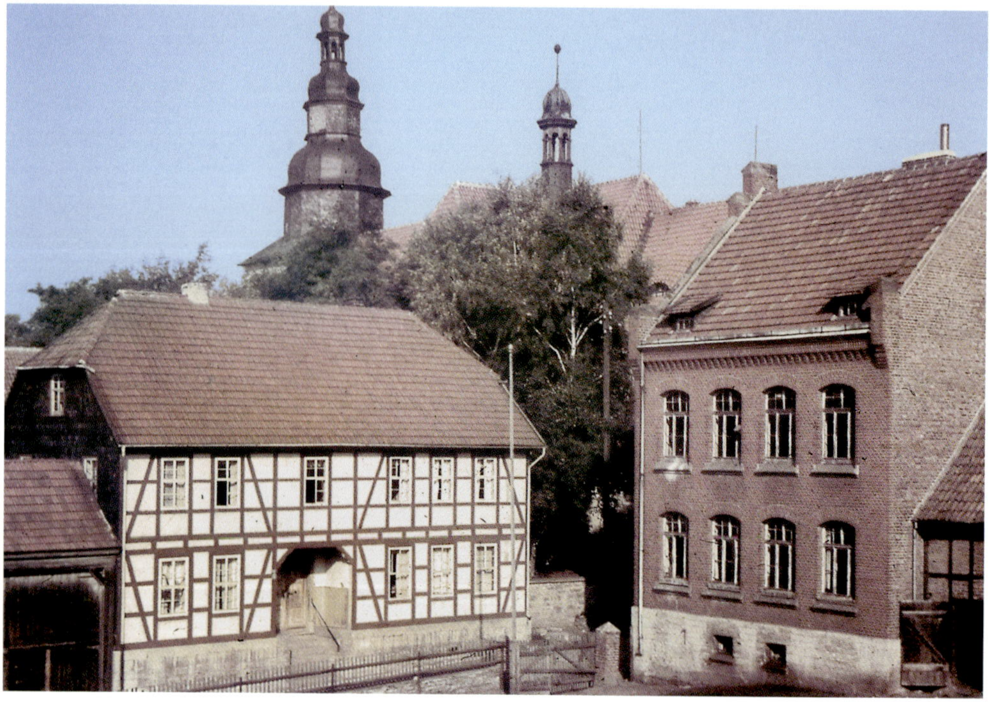

Vor der St.-Martins-Kirche in Kirchworbis stehen 1949 das Bauernhaus der Familie Schwerdt und die Schule (rechts). Das Dachgeschoss des Schulgebäudes wurde später ausgebaut.

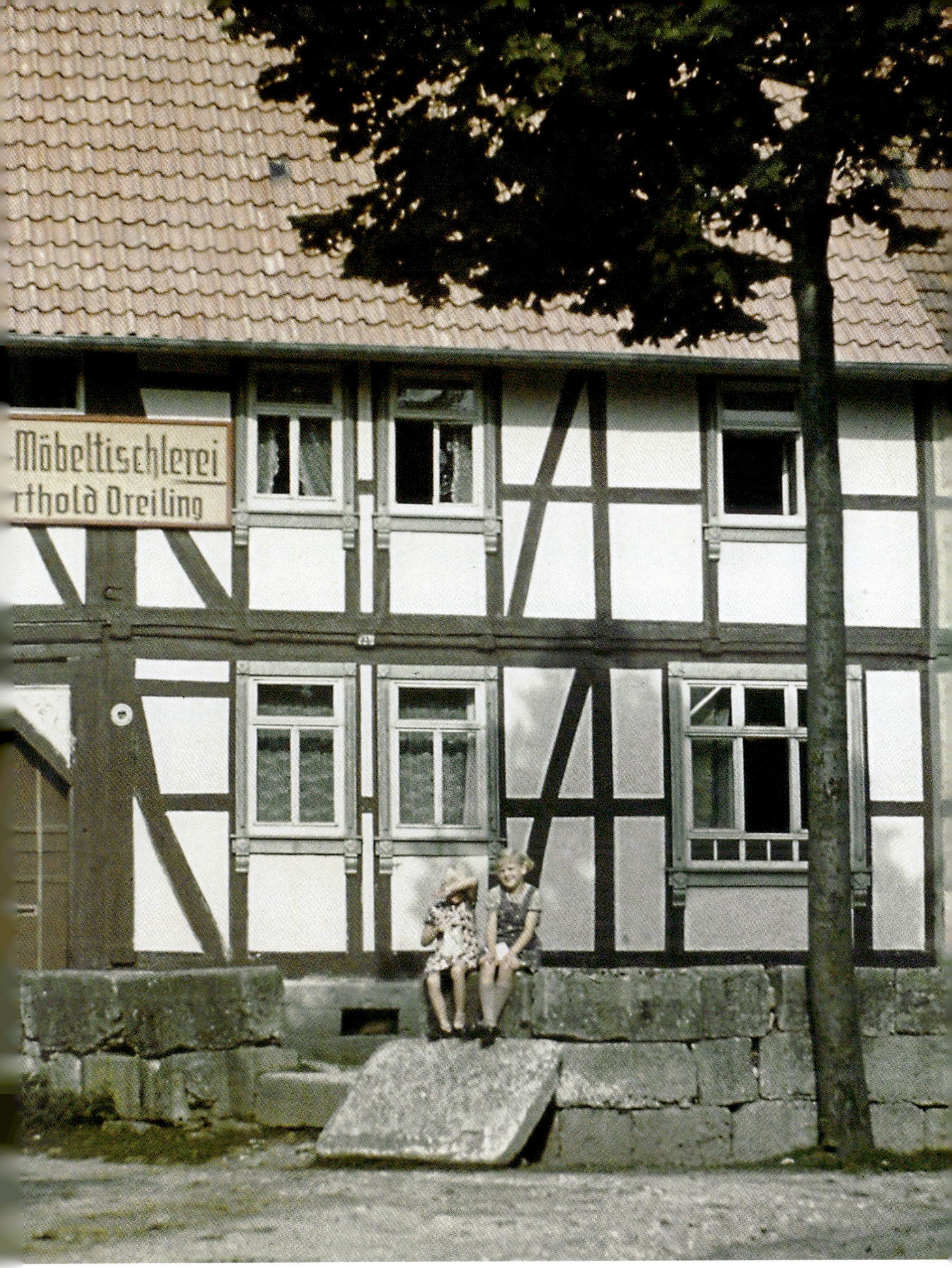

In Bernterode bei Heiligenstadt findet man einen interessanten Anger vor: Hufeisenförmig grenzt die Umfassungsmauer den Anger ab. Die Angerlinde steht außerhalb der Mauer.

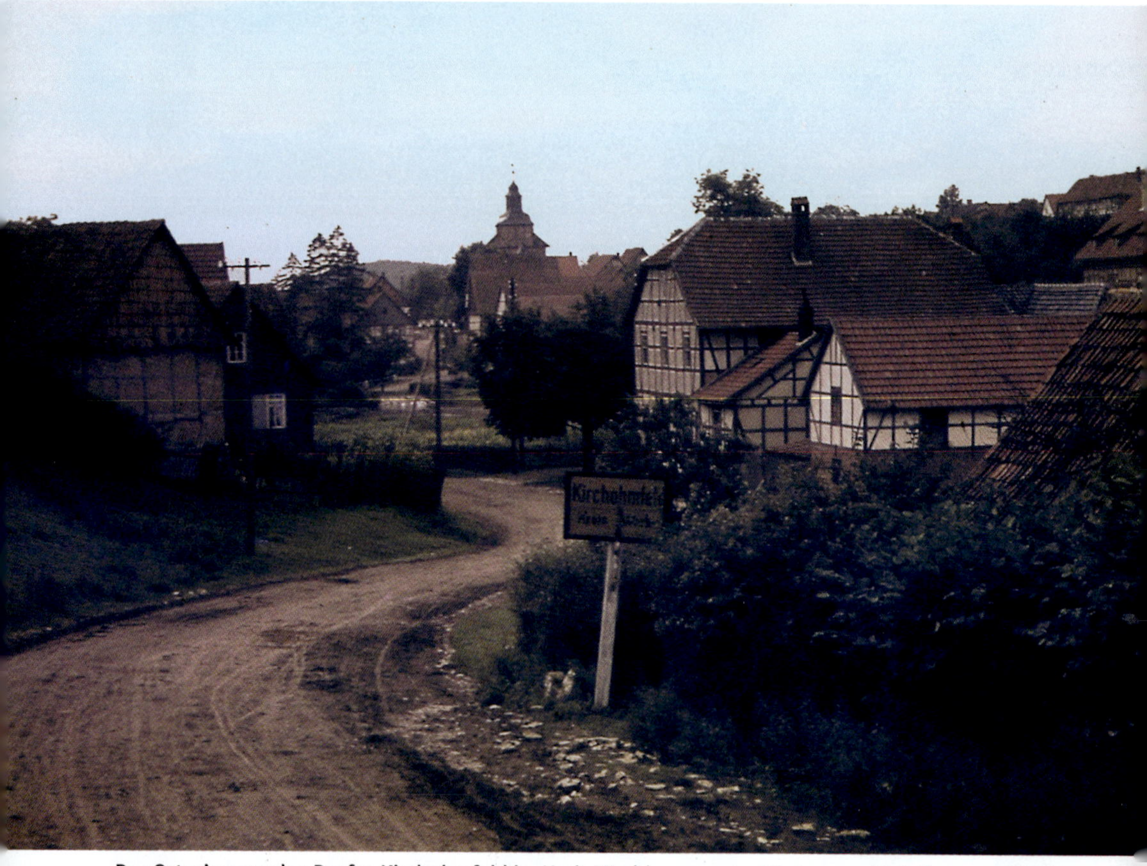

Der Ortseingang des Dorfes Kirchohmfeld im Kreis Worbis, 1944. Im Hintergrund ist die evangelische Kirche St. Judas Thaddäus zu sehen.

Die heilige Ursula ist die Kirchenpatronin in Martinfeld. Der Turm des Gotteshauses stammt aus dem Mittelalter und könnte vermutlich eine ehemalige Kemenate eines Hansteiner Herrensitzes gewesen sein.

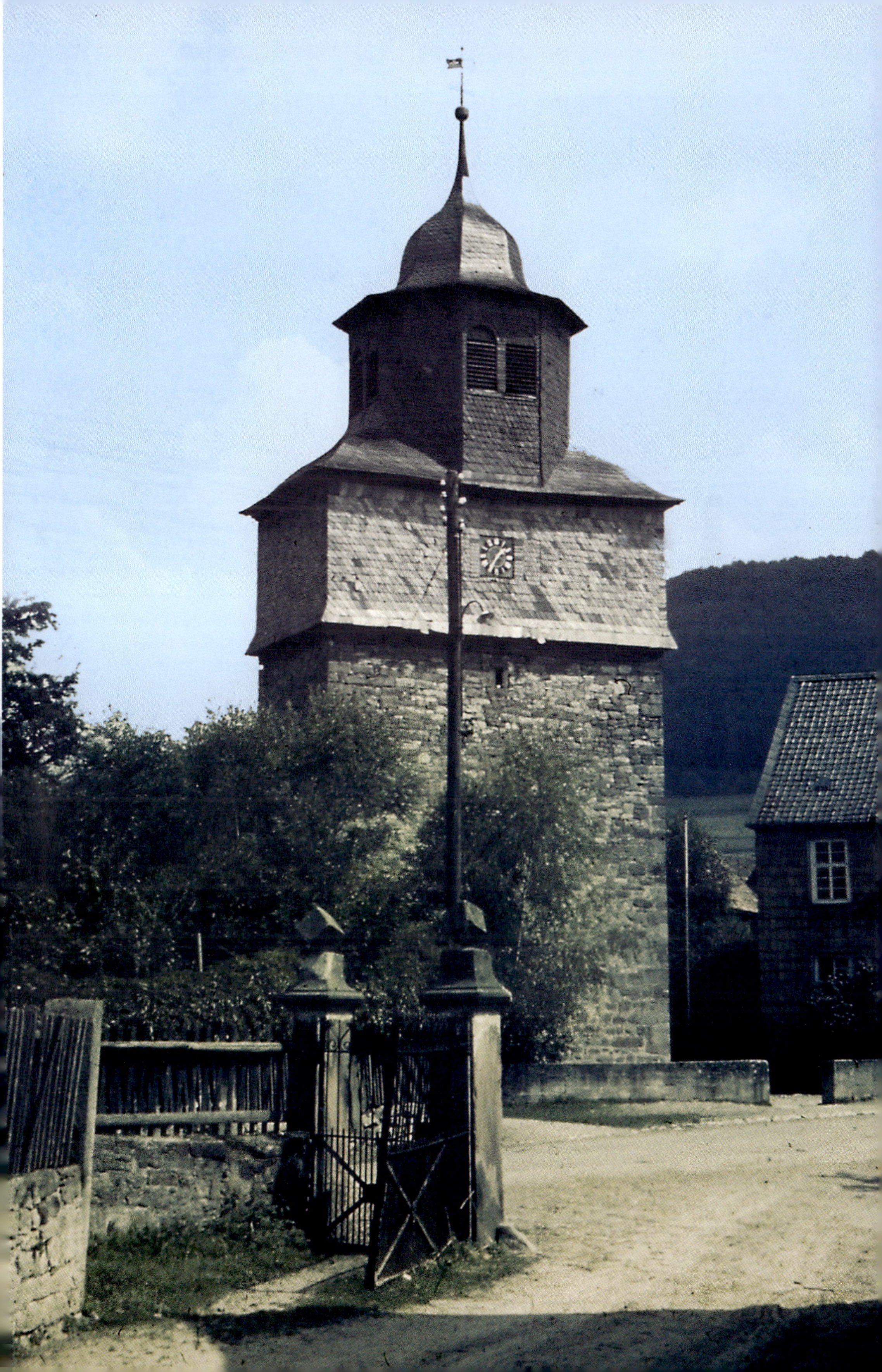

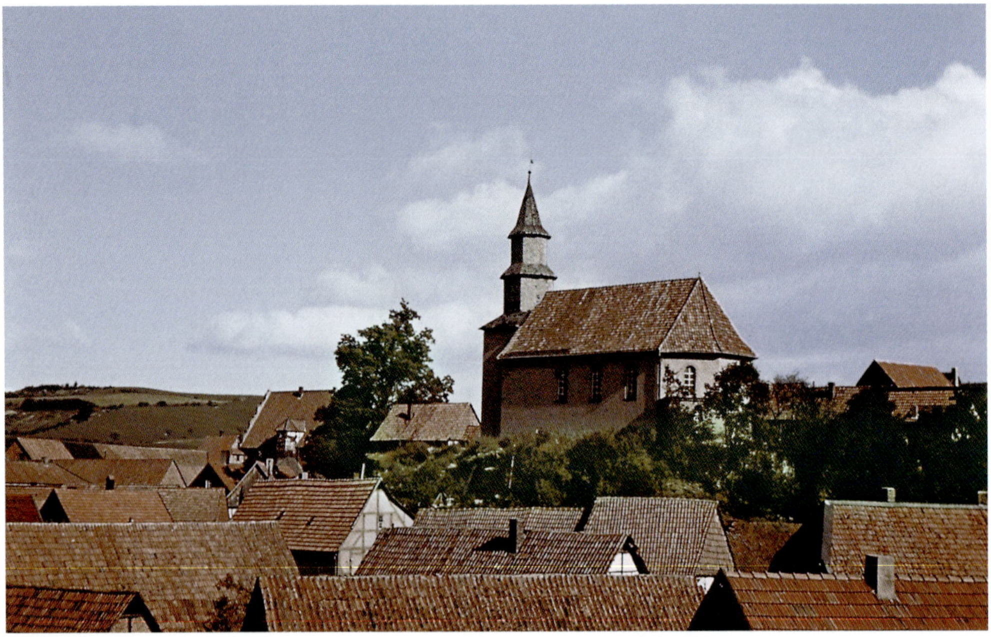

Hoch über dem Dorf Birkenfelde liegt die St.-Leonhard-Kirche, die im Mittelalter Teil einer Kirchhofsbefestigung gewesen ist. Links hinten unter dem Baum ist der stattliche Steinerhof zu erkennen, der 1555 von denen von Linsingen errichtet und von den Kommunisten 1948 abgerissen wurde.

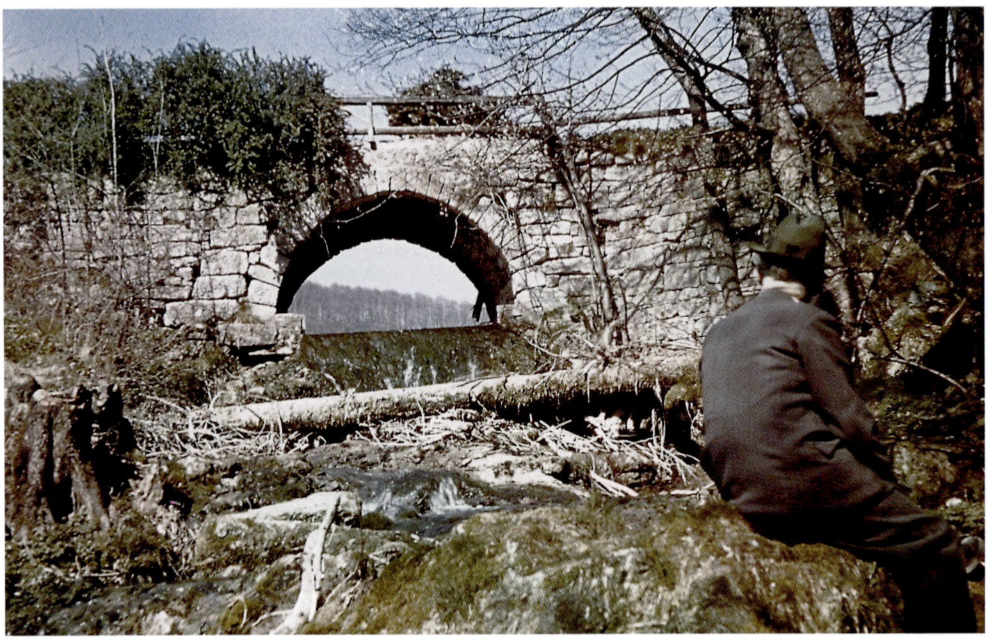

Oberhalb des Wasserfalls in Großbartloff sieht man eine steinerne Rundbogenbrücke über den Lutterbach. Ein umgestürzter Baum auf dem Kalktufffelsen ist typisch für dieses Areal. Die Brücke wurde im Jahr 2004 restauriert. Unten beginnt der acht Meter hohe Wasserfall.

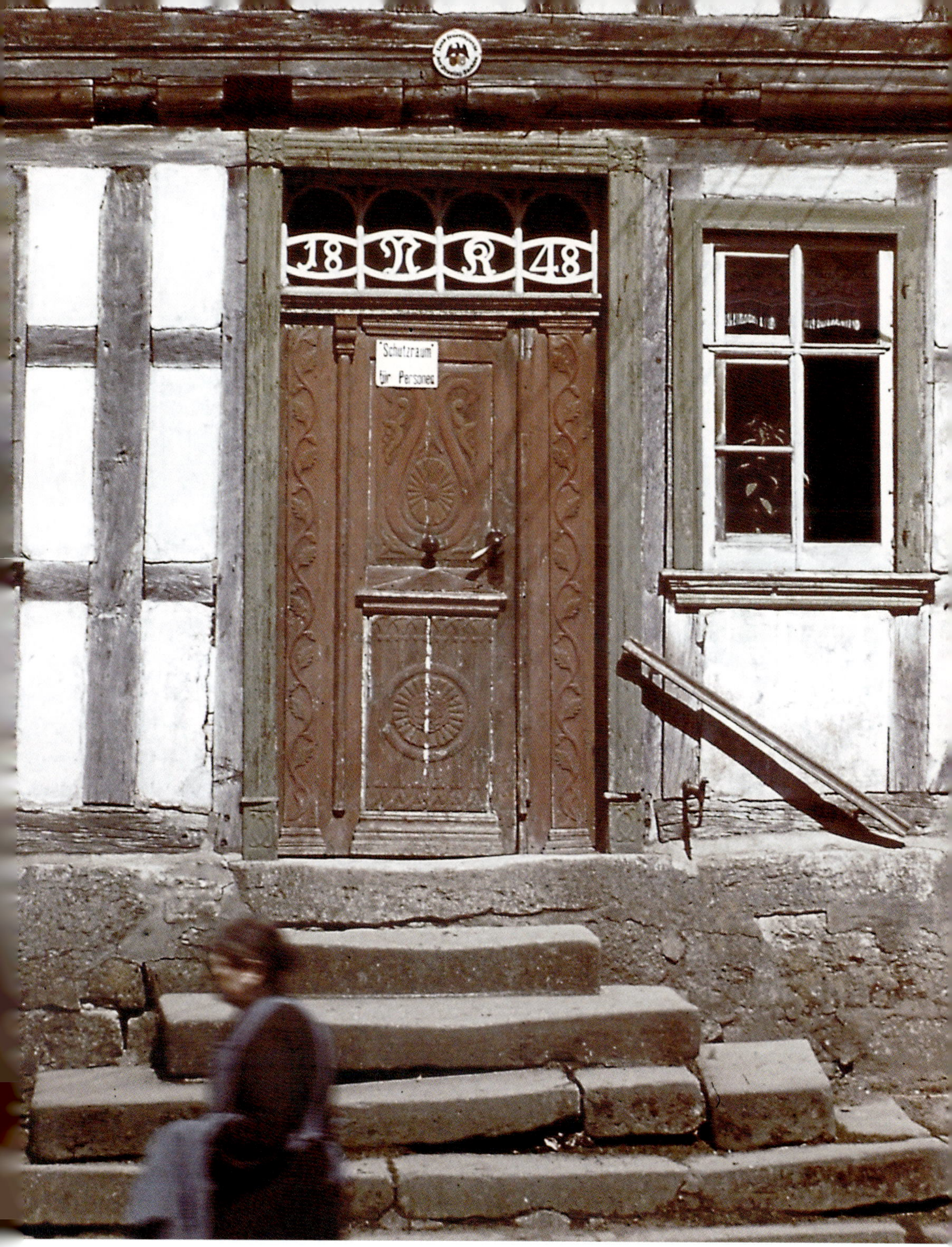

Die alte Haustür der Familie Nachtwey in Kreuzebra, 1940. Das runde Blechschild zeigt die Versicherung in der Land-Feuersozietät der Provinz Sachsen an. Das rechteckige Schild „Schutzraum für Personen" deutet auf einen Luftschutzkeller hin, der bei Tieffliegerangriffen den Bewohnern Schutz bieten sollte.

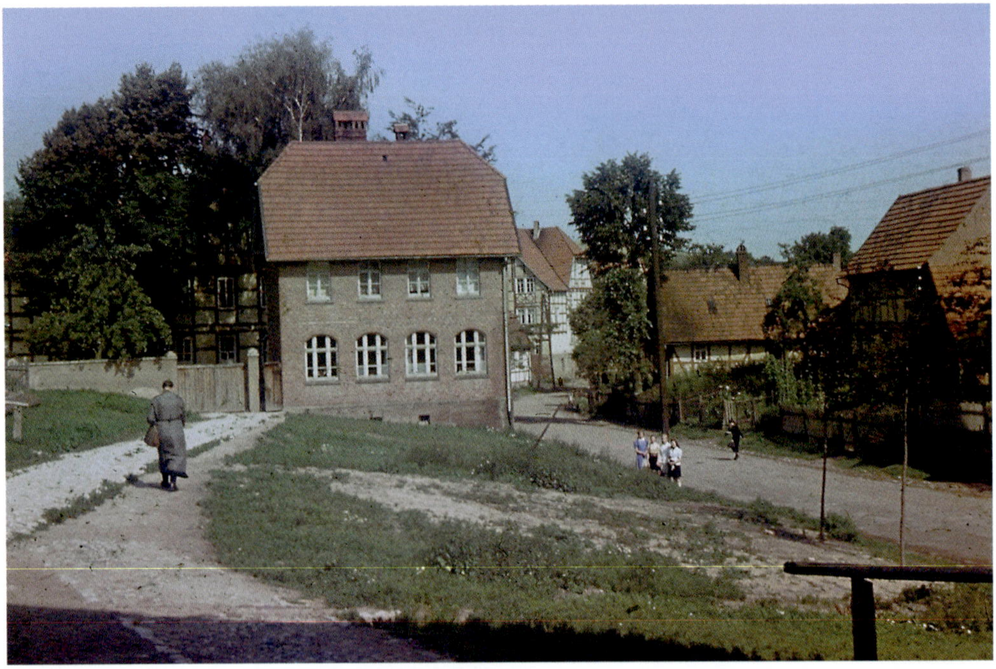

In Hundeshagen blickt man 1948 vom Glockenturm auf die 1903 errichtete Dorfschule. Im Vordergrund befindet sich heute das Kriegerdenkmal.

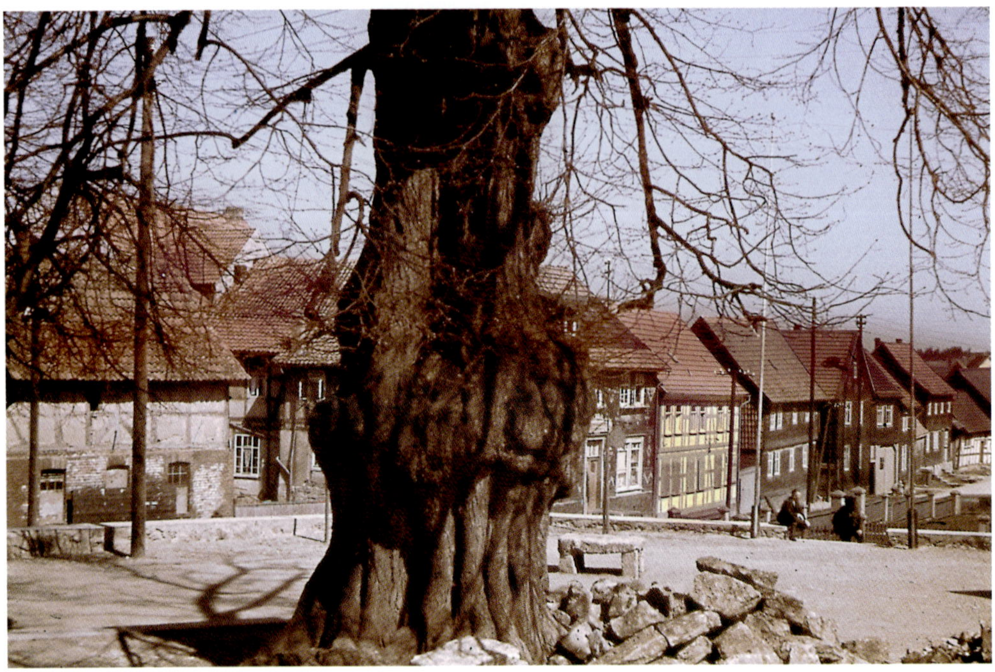

Im Zentrum des Dorfes Kefferhausen, gleich neben der Kirche, finden wir den Anger mit einer mächtigen Linde und dem alten Angertisch, 1940.

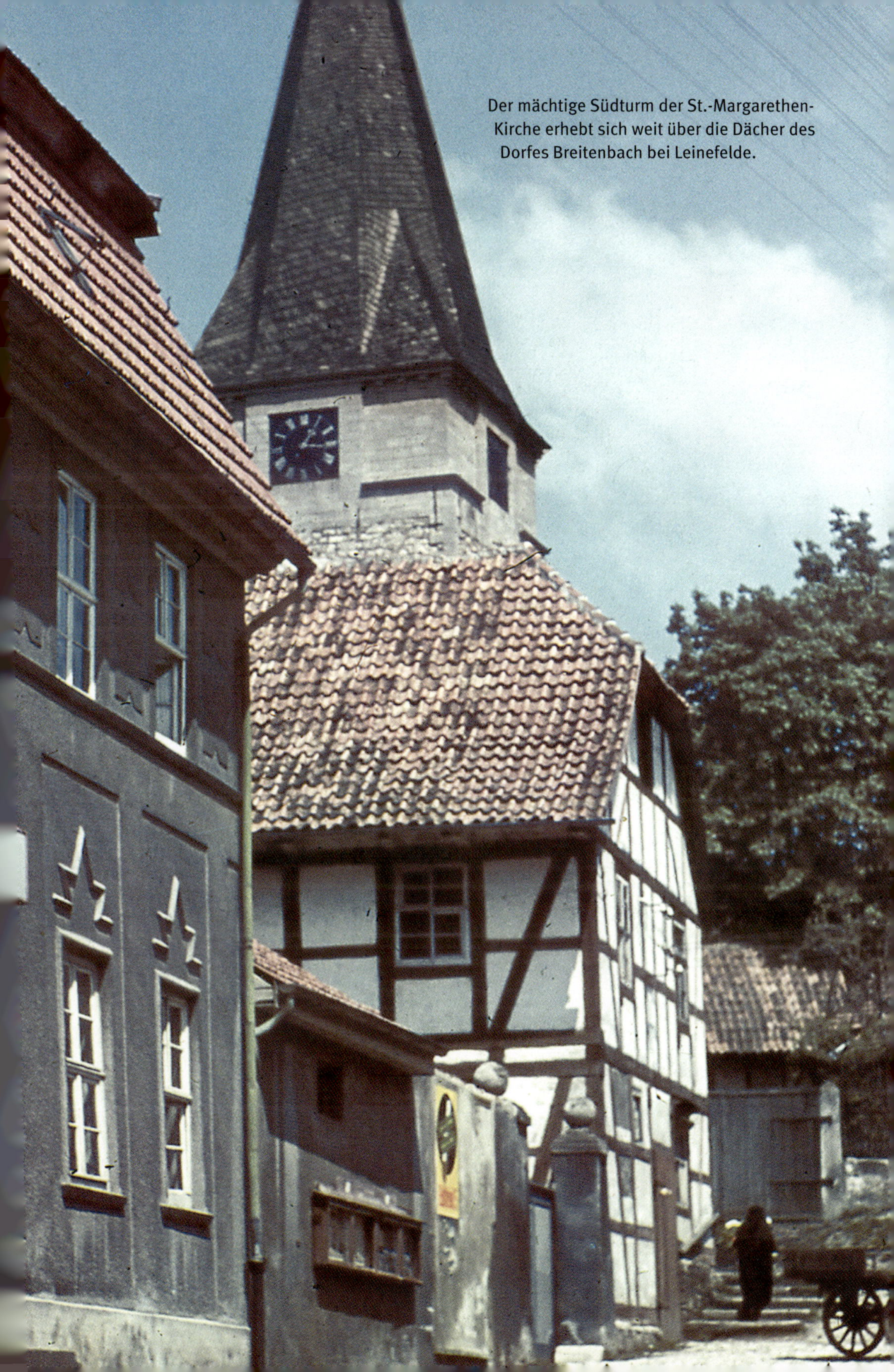

Der mächtige Südturm der St.-Margarethen-Kirche erhebt sich weit über die Dächer des Dorfes Breitenbach bei Leinefelde.

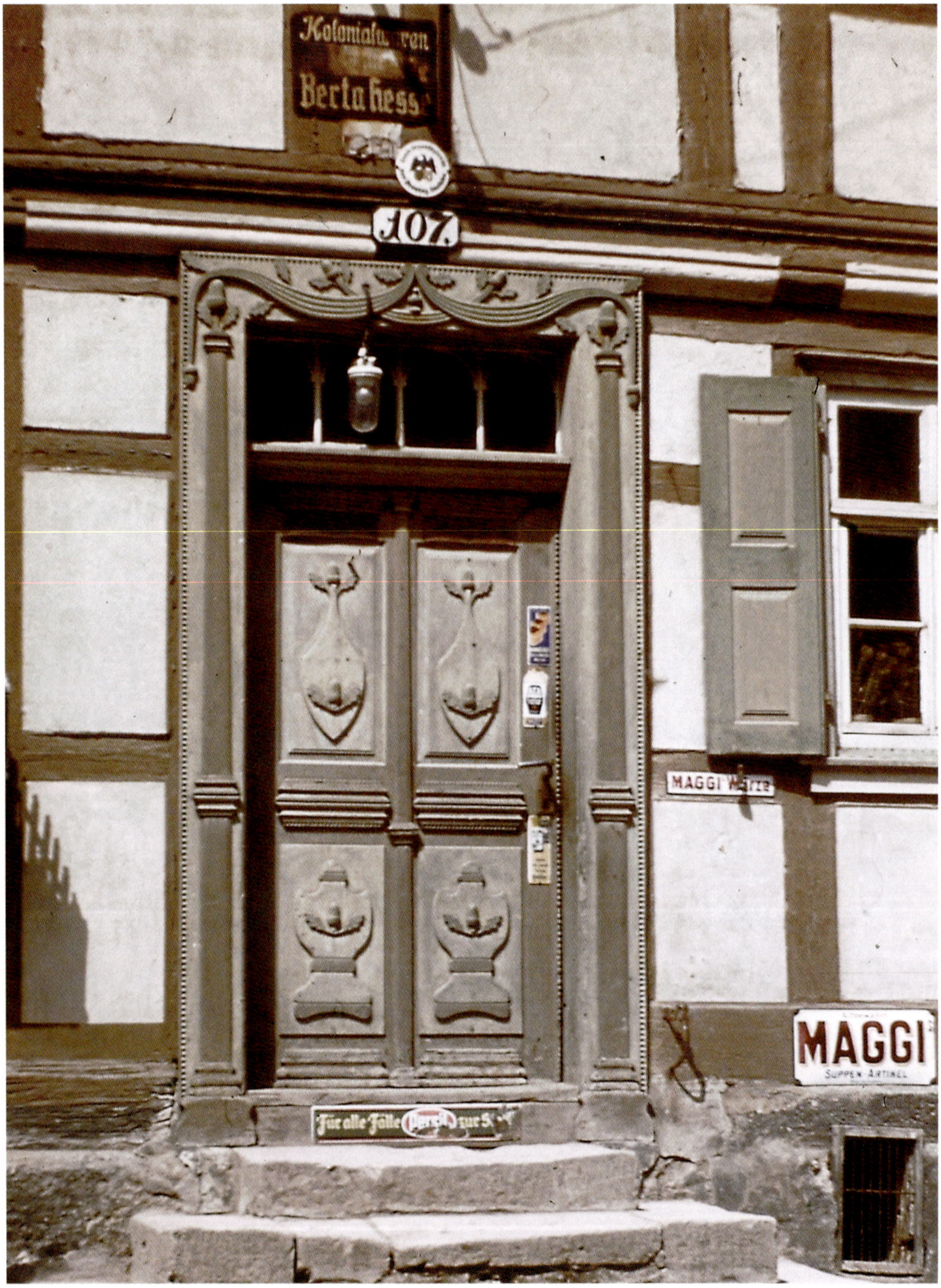

Das evangelisch geprägte Dorf Haynrode gehörte nicht zum historischen Eichsfeld, gelangte aber in administrativer Hinsicht 1816 zum Kreis Worbis hinzu. Die Haustür des Kolonialwarenladens der Berta Hesse zeigt eine besonders reichhaltige Ausschmückung, 1941.

Die Baudenkmale

Das Eichsfeld ist reich an Kulturdenkmalen, die als stumme Zeugen von der langen Kurmainzer Vergangenheit, von adliger Gerichtsbarkeit oder von einstiger monastischer Blüte berichten.

Im Zuge der Säkularisation wurden von 1803 bis 1825 sämtliche alten Klöster der Region vom preußischen bzw. westphälischen Staat aufgehoben, enteignet und zugunsten der Staatskasse verkauft oder verpachtet. Die Burgen der Region sind zum Großteil erhalten geblieben. Die weithin bekannteste dürfte wohl die Burgruine Hanstein sein. Viele Edelhöfe, Gutshäuser und Rittersitze zerfielen nach 1945 oder wurden im Zuge der Bodenreform, der Grenzsicherung oder der Zwangskollektivierung in der Landwirtschaft im SED-Staat vernichtet.

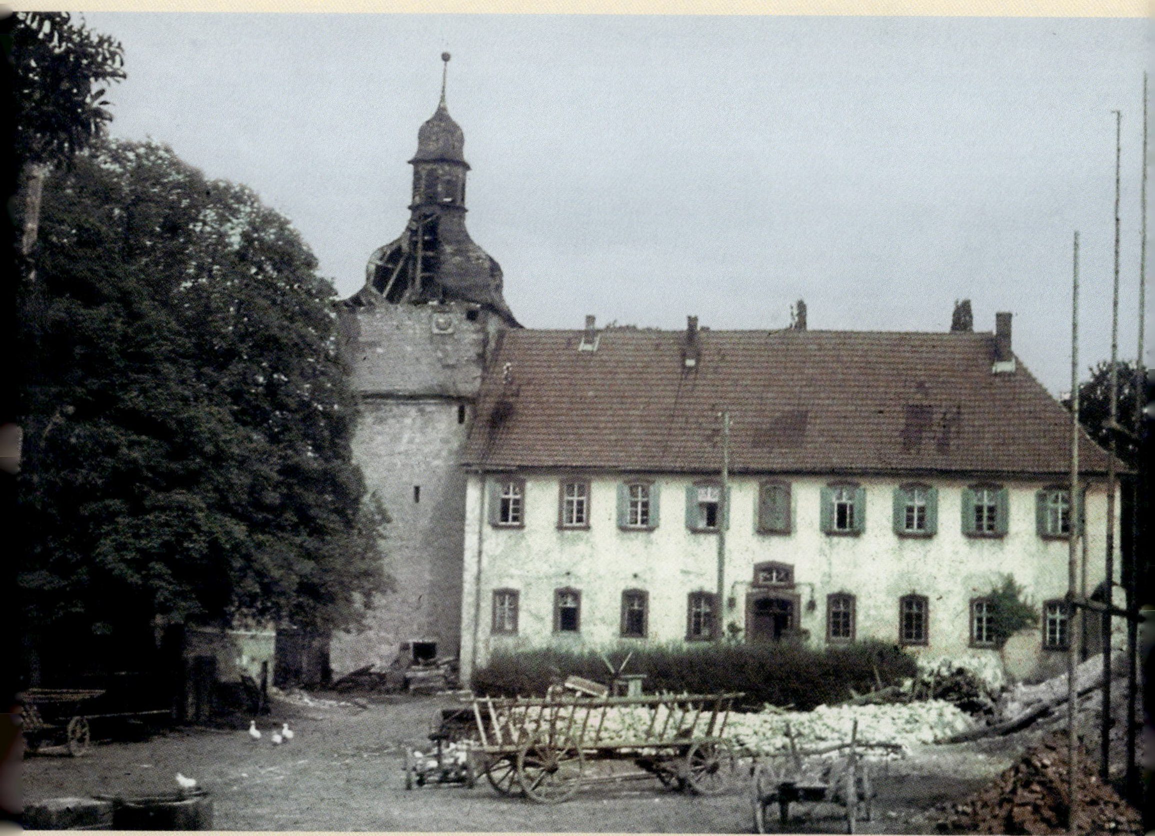

Das Zisterzienserinnenkloster Beuren wurde im Zuge der Säkularisation 1810 aufgehoben und gelangte in Privathand. Die Aufnahme vom Juli 1948 zeigt den Turm der Klosterkirche und den Westflügel der Klosteranlage. Der Kirchturm wurde infolge der Sprengung der nahen Eisenbahnbrücke im April 1945 stark beschädigt.

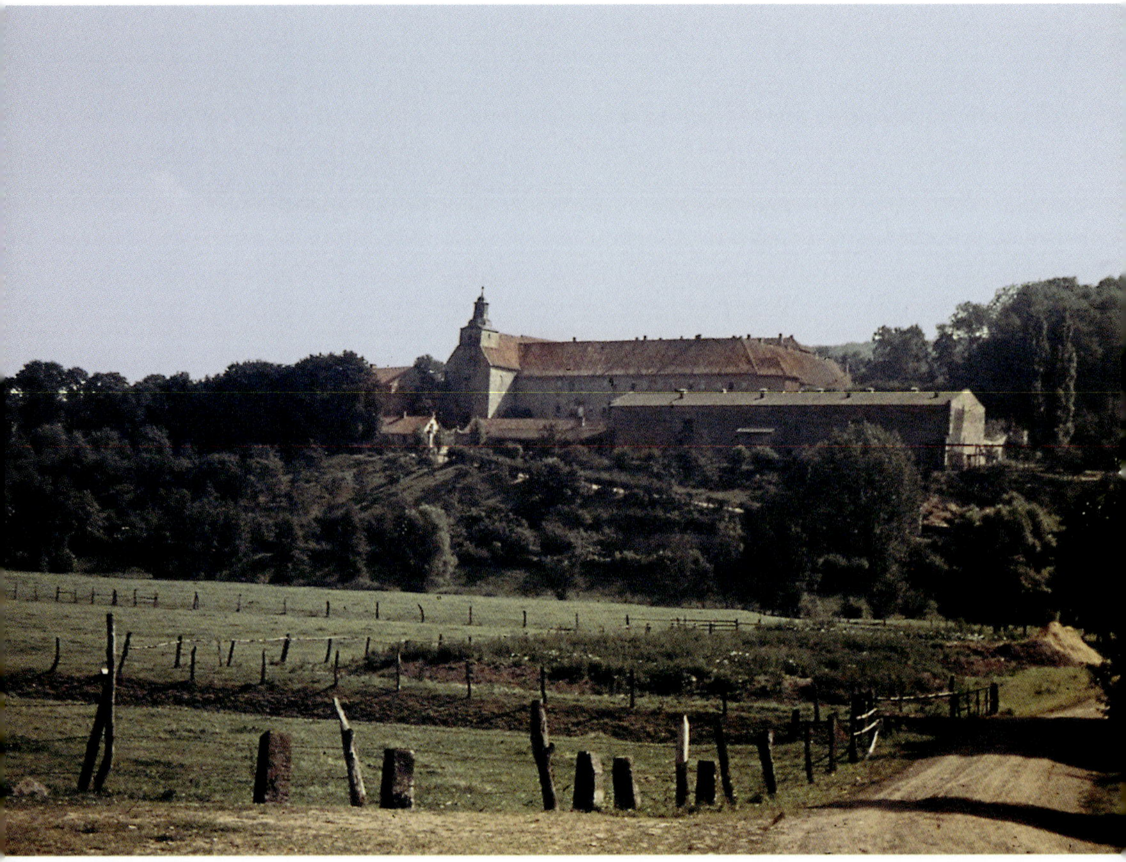

1809 wurde das Zisterzienserinnenkloster Teistungenburg, das zwölf Nonnen und fünf Laienschwestern bewohnten, aufgelöst. Das Areal gelangte in Privathand. Der Abriss der Kirche erfolgte 1963, der Abriss der Kloster- und der Wirtschaftsgebäude 1975.

Der einzige äußere Schmuck des Heiligenstädter Jesuitenkollegs ist das reichverzierte Rokoko-Hauptportal von 1740/41 mit Wappen über einem Jesus-Monogramm (IHS), welches oft an Bauwerken der Jesuiten zu finden ist. Seit 1932 befindet sich in dem Gebäude das Eichsfelder Heimatmuseum.

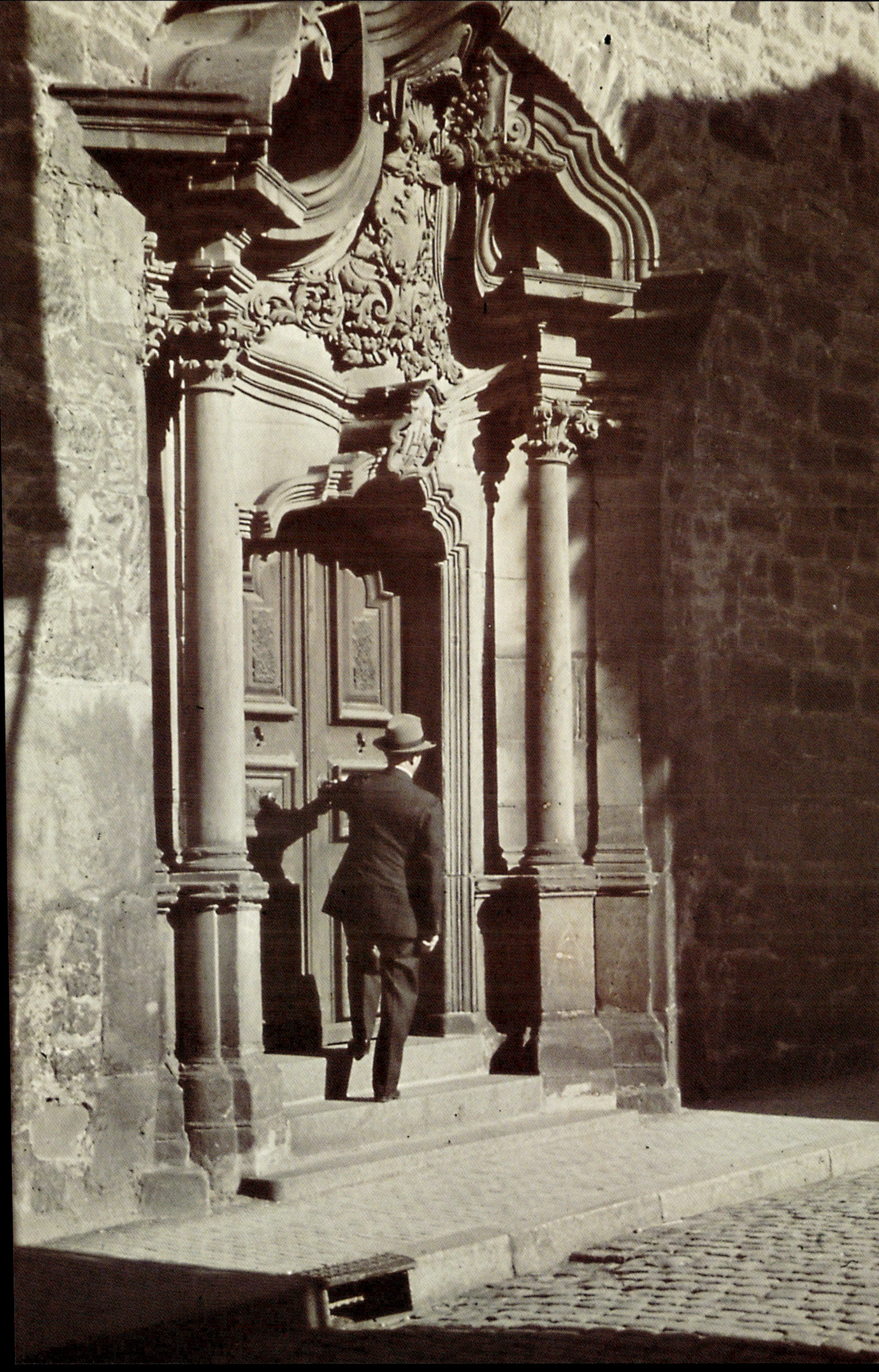

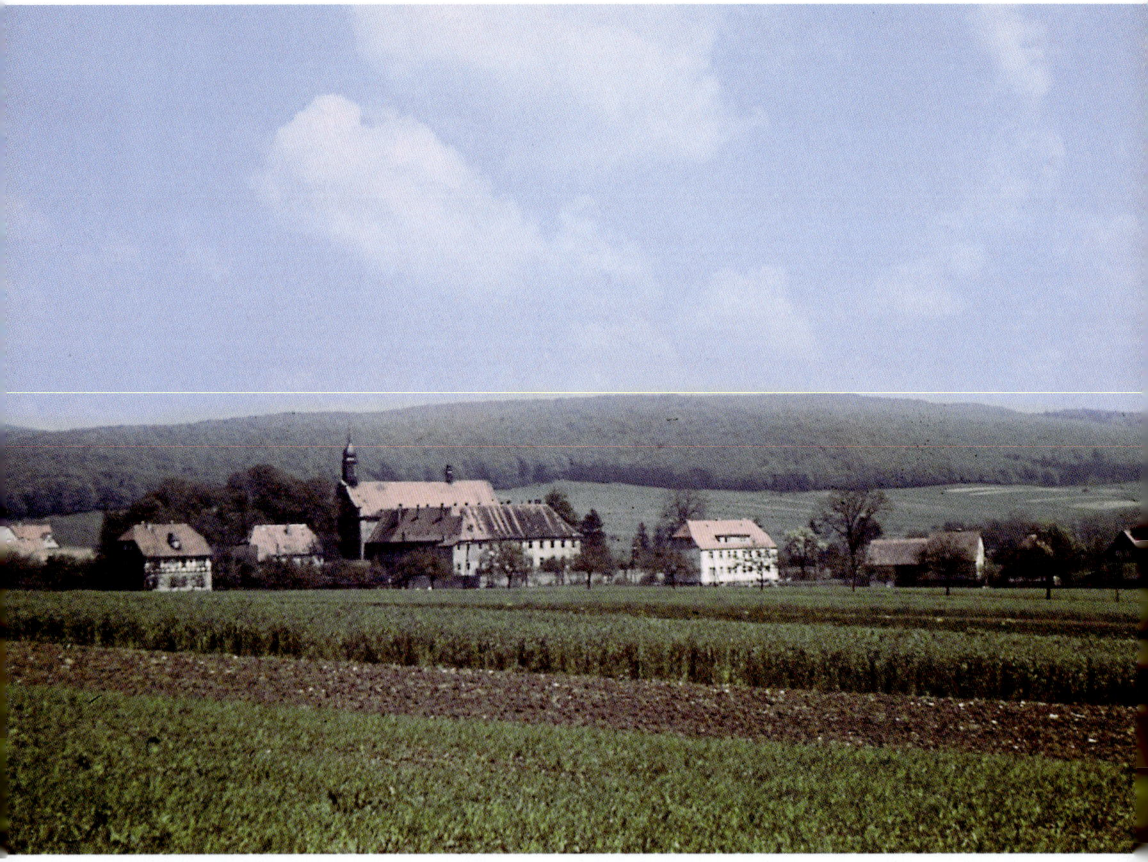

In Worbis errichteten Franziskanermönche 1670–1677 ein eigenes Kloster und später die St.-Antonius-Kirche mit reicher barocker Ausstattung. Das Franziskanerkloster wurde 1825 vom preußischen Staat aufgehoben. Hier eine Aufnahme der Klostergebäude von 1939.

Der barocke Hochaltar der Worbiser Antonius-Kirche trägt das Altarbild „Die Verherrlichung des hl. Antonius von Padua" aus dem Jahr 1775. Das Ewige Licht hängt noch – einer kirchlichen Vorschrift entsprechend – von der Decke herab vor dem Tabernakel.

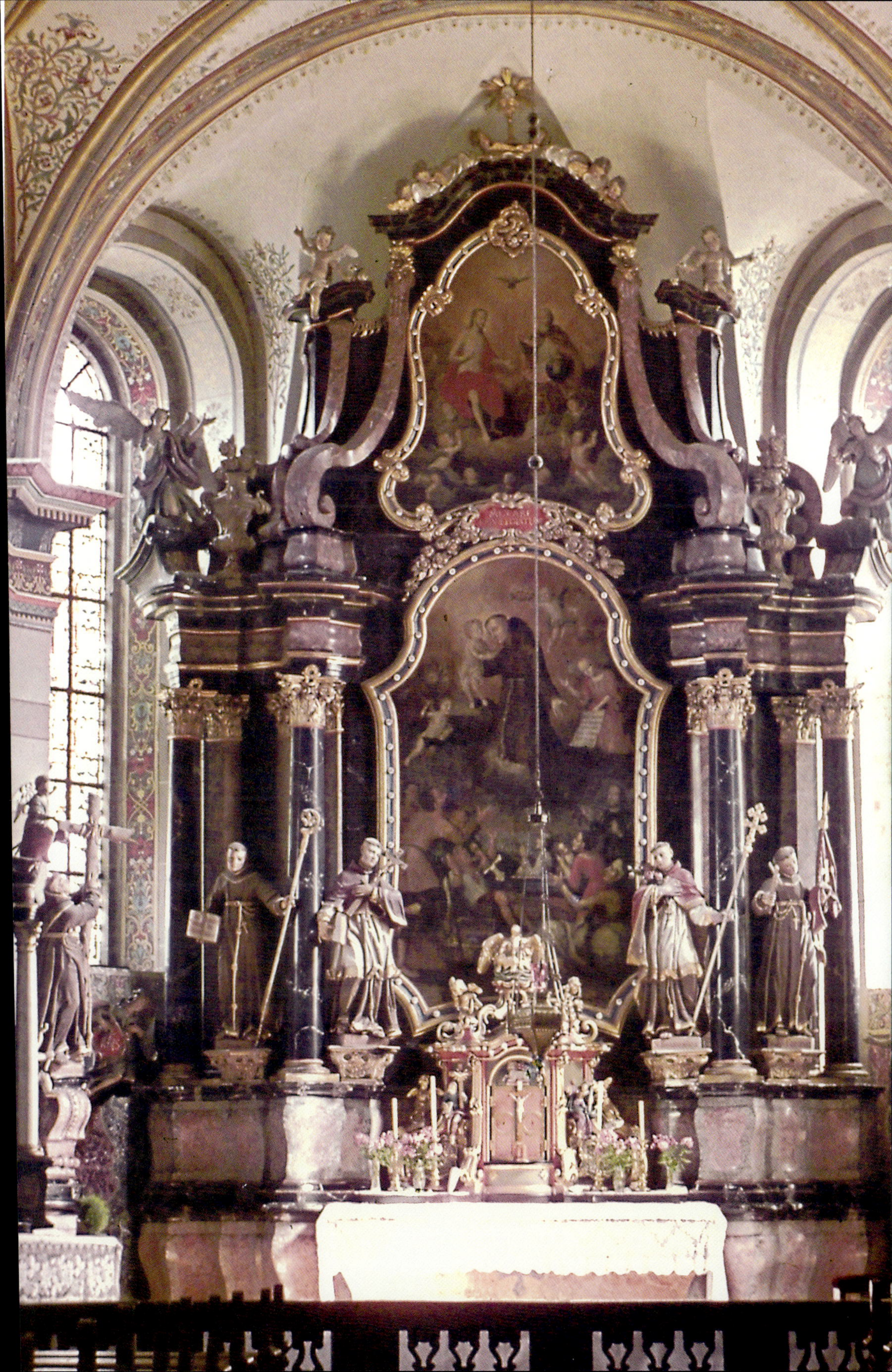

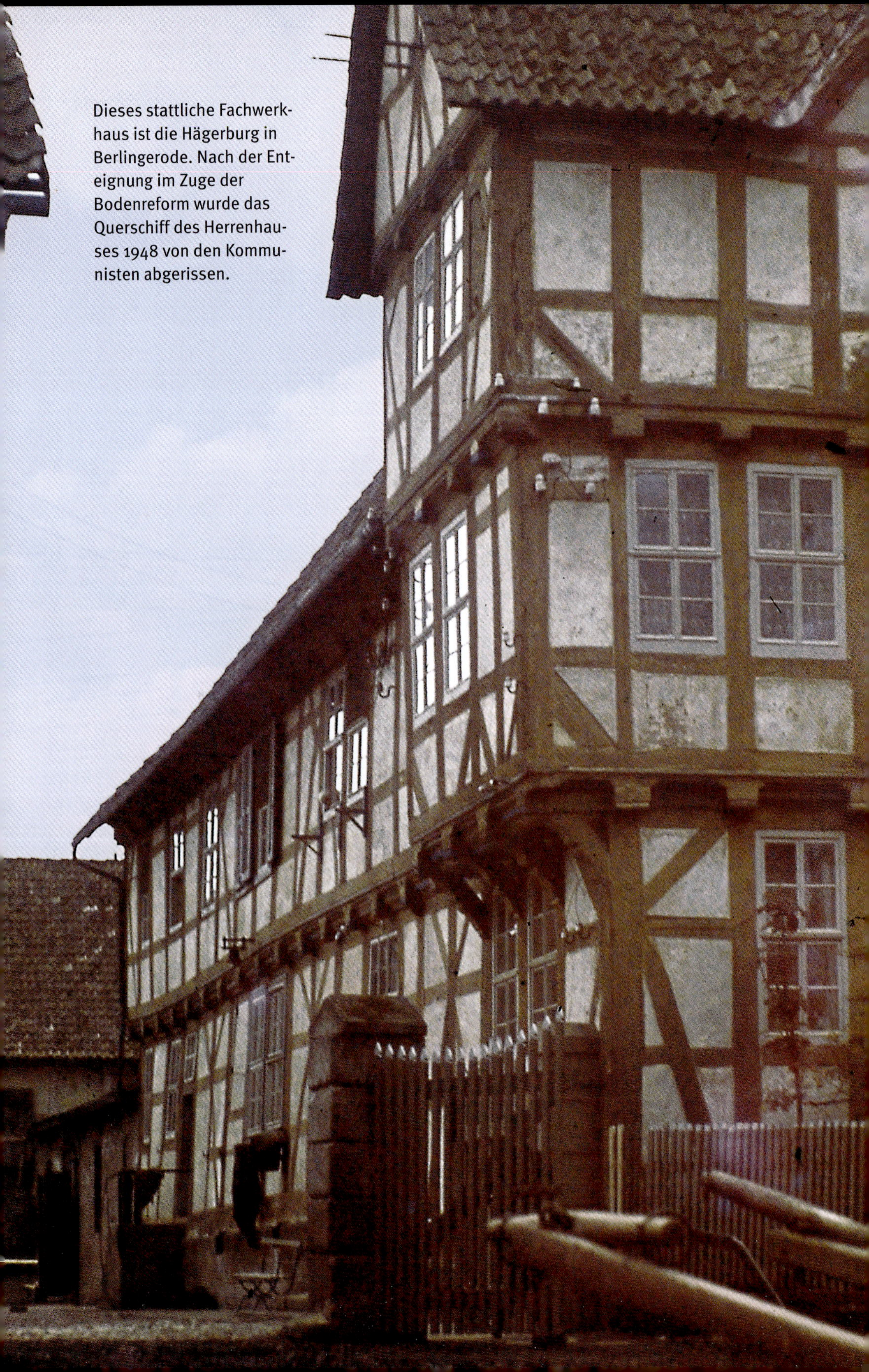

Dieses stattliche Fachwerkhaus ist die Hägerburg in Berlingerode. Nach der Enteignung im Zuge der Bodenreform wurde das Querschiff des Herrenhauses 1948 von den Kommunisten abgerissen.

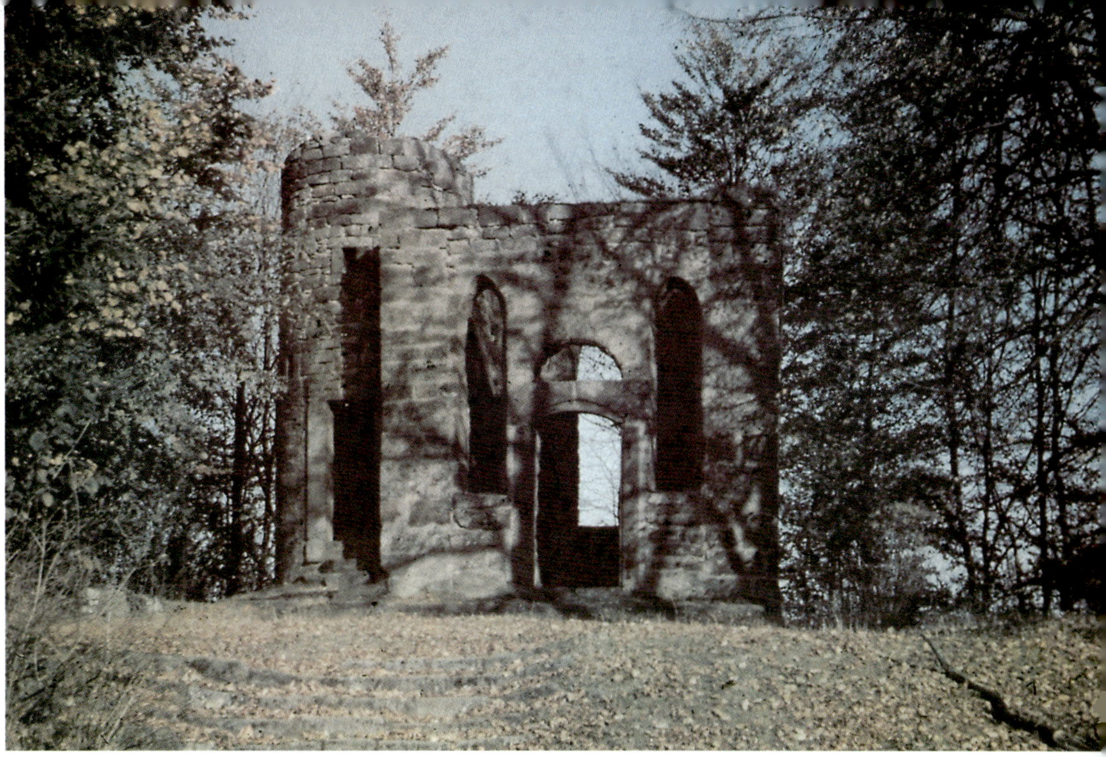

Von der einst großräumigen Burganlage auf dem bedeutenden Rusteberg sind nur noch wenige Reste vorhanden, wie etwa die Ruine der St.-Michaels-Kapelle. Hier eine Aufnahme von 1941.

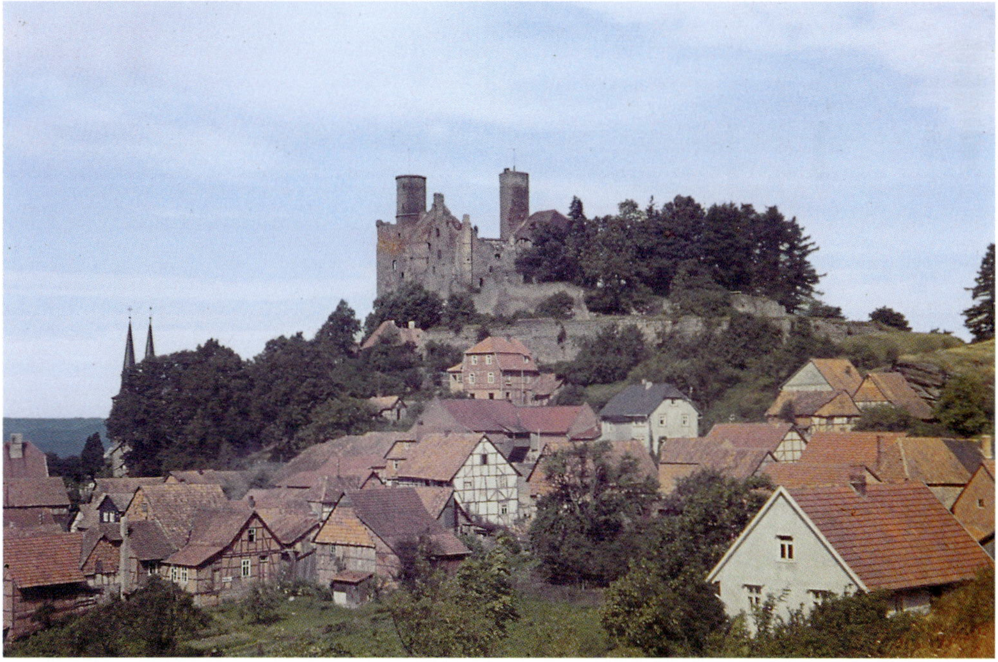

Der Hanstein gilt als eine der schönsten Burgruinen Mitteldeutschlands. Am Fuße der Burg liegt das Dorf Rimbach mit der katholischen St.-Marien-Kirche, das seit 1936 mit Bornhagen eine politische Einheit bildet.

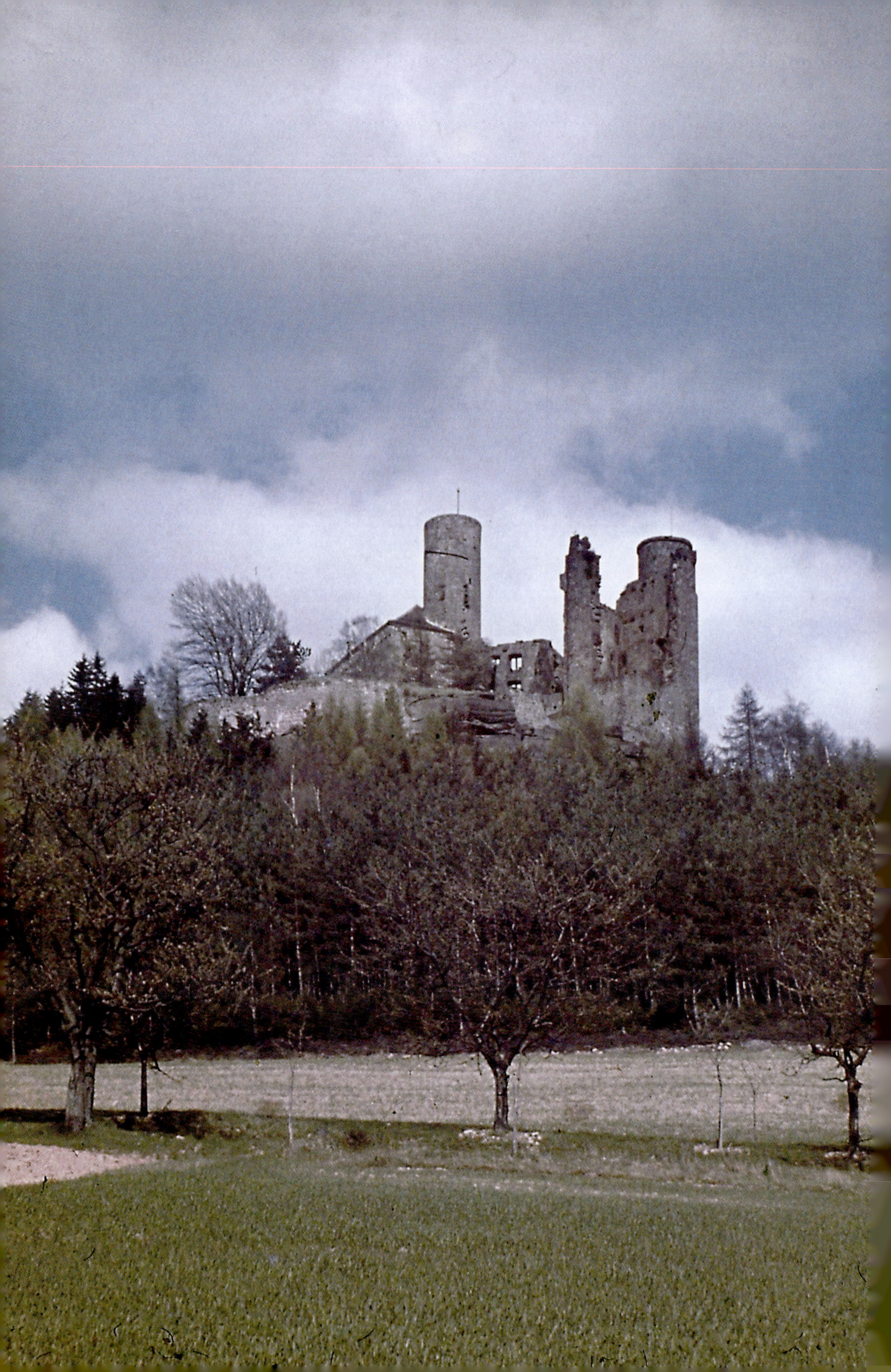

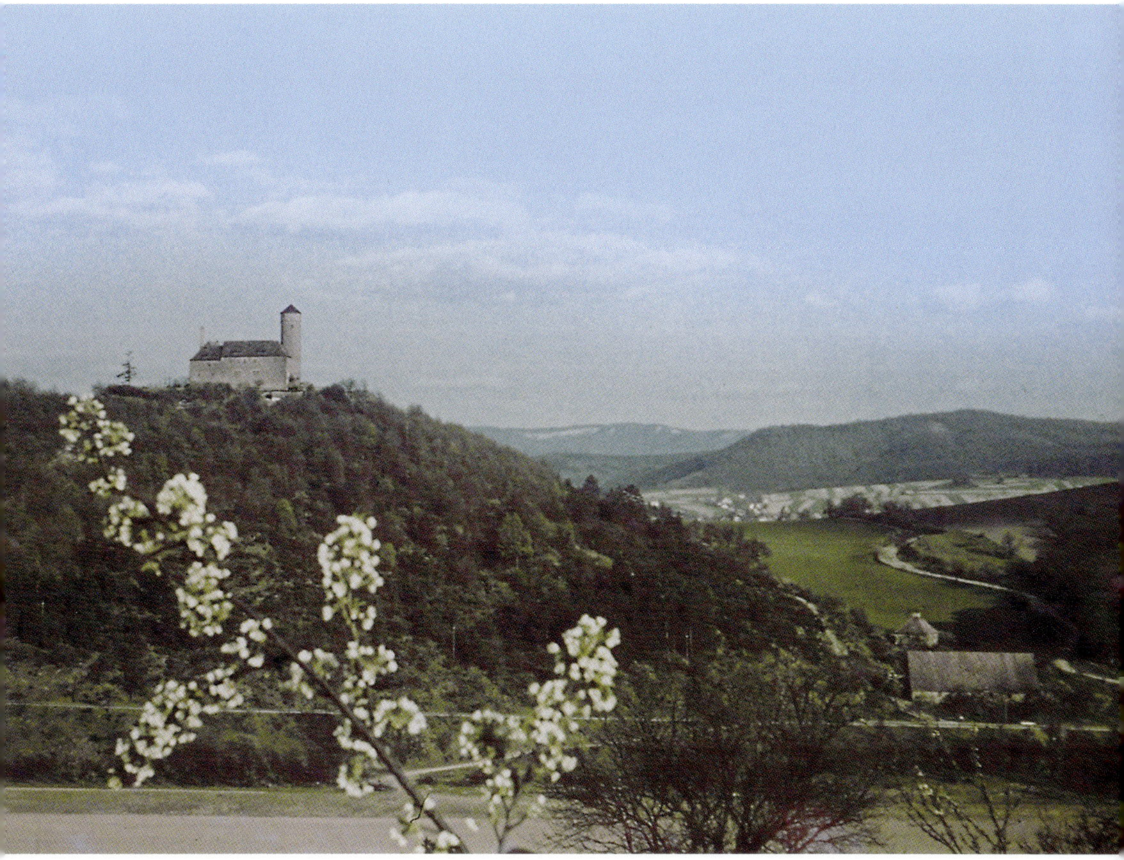

Im hessischen Werratal thront die Burg Ludwigstein, die zum Schutz gegen die kurmainzische Burg Hanstein errichtet wurde.

Der Hanstein wurde zur Ruine, als ihn im 17. Jahrhundert die Bewohner verließen und sich in ihren Gerichtsdörfern ansiedelten, wo sie stattliche Edelsitze erbauten. Bornhagen zählte 1939 100 Einwohner und hatte sieben Rittersitze, die damals zum Teil noch im Besitz der Hansteiner waren.

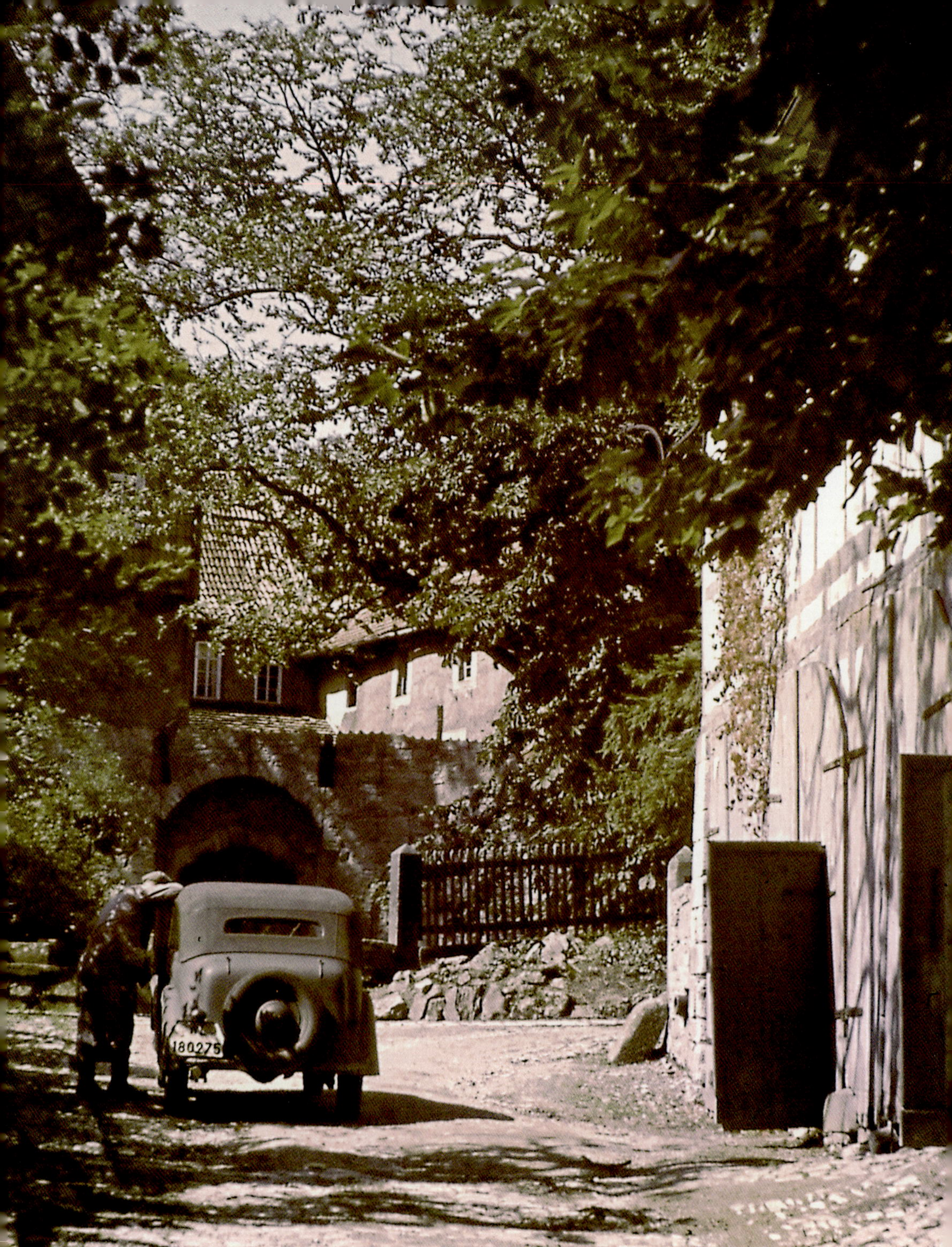

Der Zugang zur Burg Bodenstein am Westrand des Ohmgebirges erfolgt über eine Steinbrücke, 1939. Die Burg war bis zur Zwangsenteignung im Zuge der Bodenreform 1945 im Besitz der Familie von Wintzingerode. Sie entging einer Sprengung nur durch Intervention eines sowjetischen Offiziers.

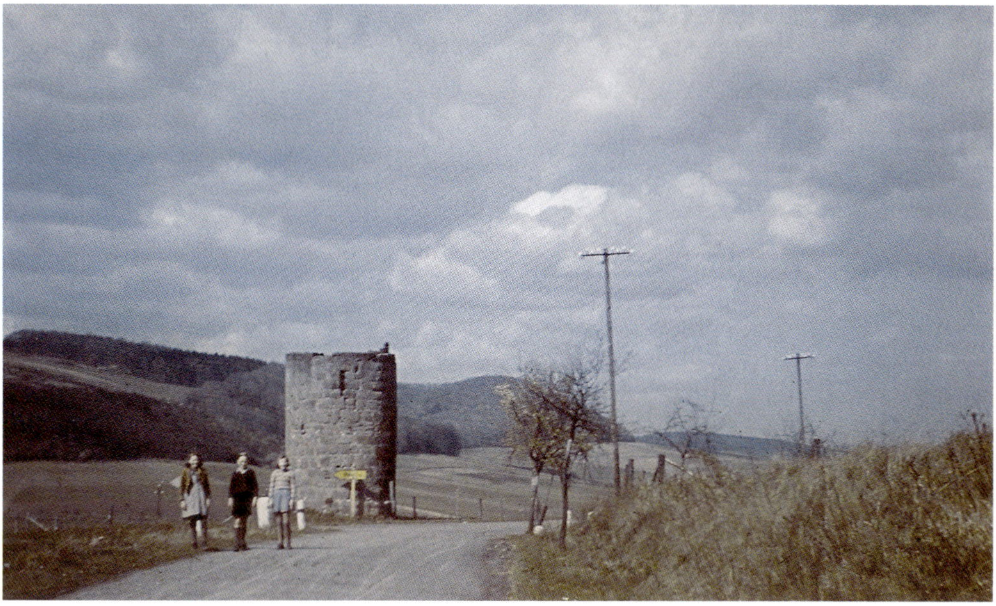

Die Lenteröder Warte befindet sich auf einer Anhöhe vor Wüstheuterode, von der man einen weiten Ausblick in das westliche Eichsfeld hat. Der Eingang liegt weit über dem Erdboden und konnte nur mit einer Leiter bestiegen werden. Im Obergeschoß diente ein beheizbarer Raum als Wohnung für den Turmwächter.

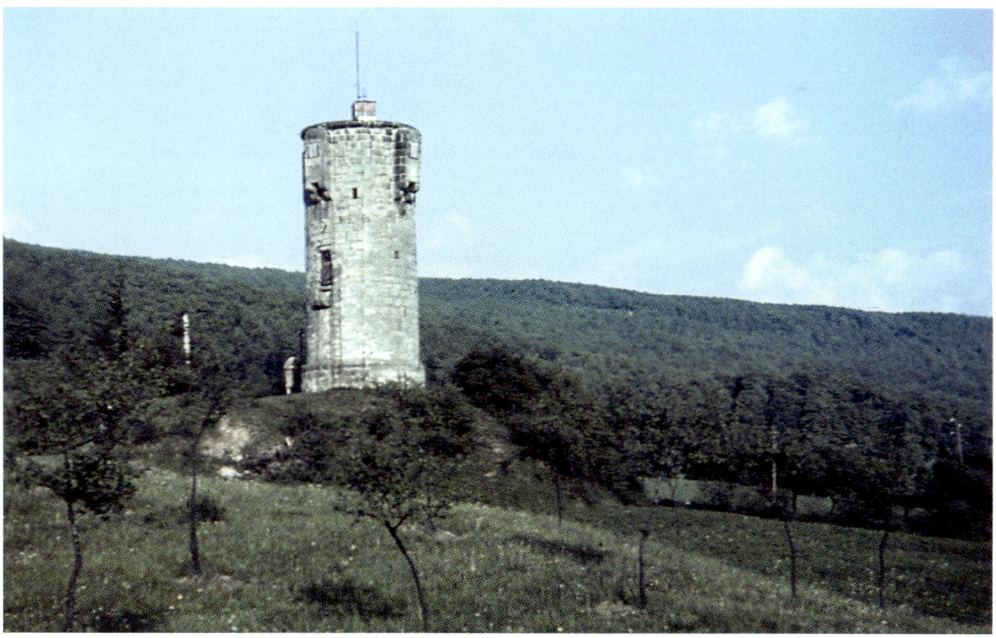

Im Ganzen besaß das Eichsfeld einst 53 Warttürme, um seine Grenzen und Durchgangsstraßen zu schützen. Erbaut wurden sie im 14. und 15. Jahrhundert als Beobachtungstürme. Hier eine Aufnahme der Wehnder Warte von 1939.

In Steinheuterode stand einst ein stattliches dreigeschossiges Herrenhaus derer von Kerstlingerode aus dem Jahr 1575. Dem Wohnhaus vorgelagert war ein derber Treppenturm. Im Zuge der Bodenreform wurde der Gutsbesitzer enteignet, das Herrenhaus 1976/77 abgerissen.

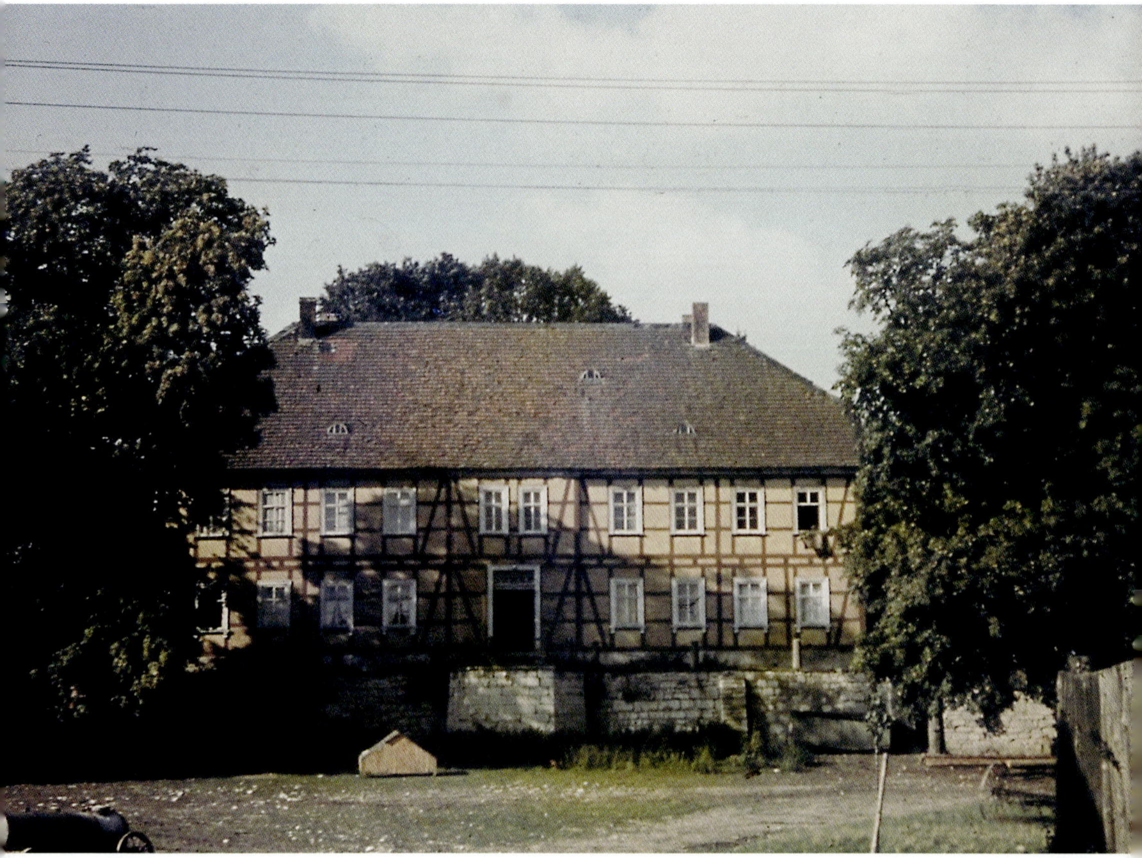

Östlich von Zella, in einem Seitental der Unstrut, liegt das Anwesen des ehemaligen Klosters und späteren Gutes Breitenbich. Seit 1928 gehört das Gut zur Gemeinde Zella.

Den Hauptschmuck des Gutshofes in Steinheuterode bildete ein barocker Brunnen aus dem Jahr 1732, den ein Meerweib mit Fischschwanz bekrönt. Er steht vor den aus dicken Sandsteinquadern erbauten steinernen Wirtschaftsgebäuden des Rittergutes.

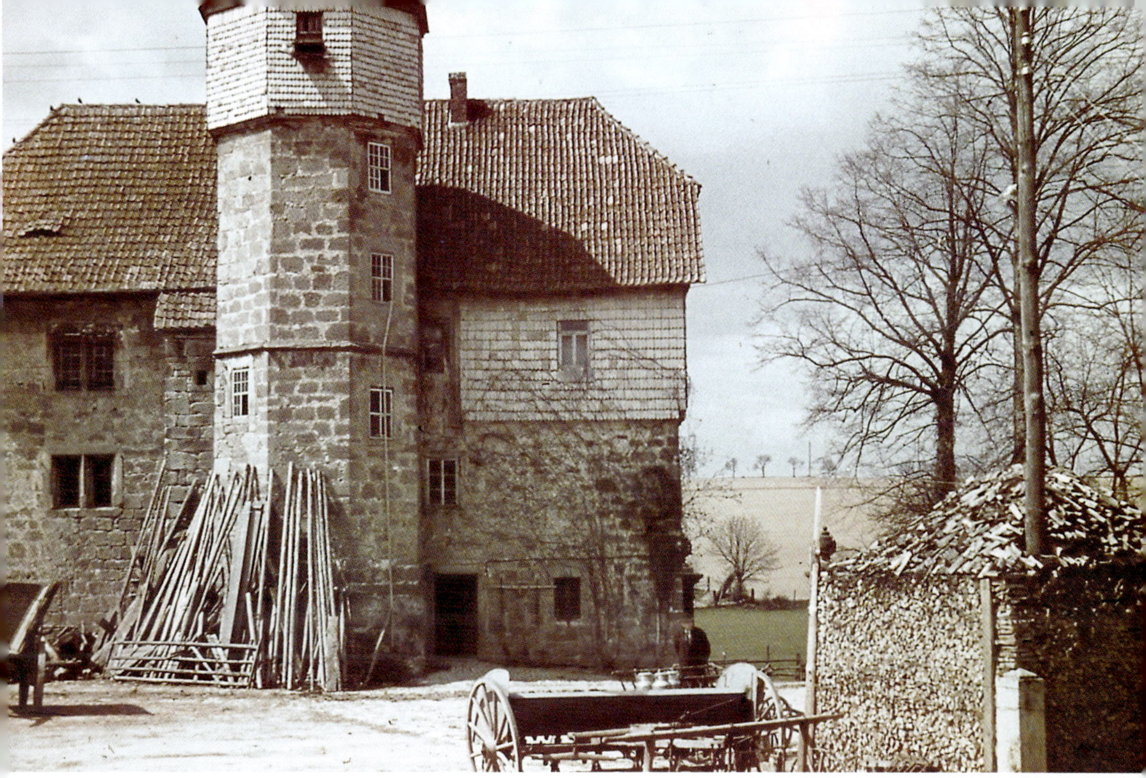

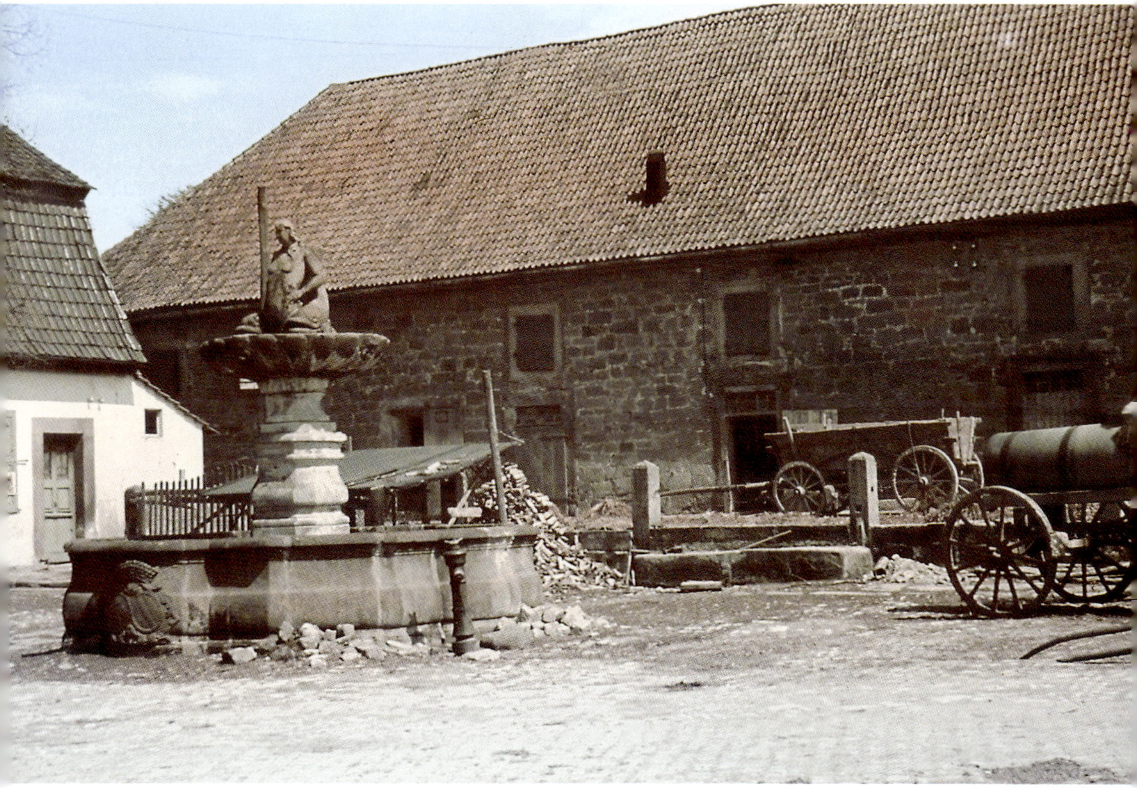

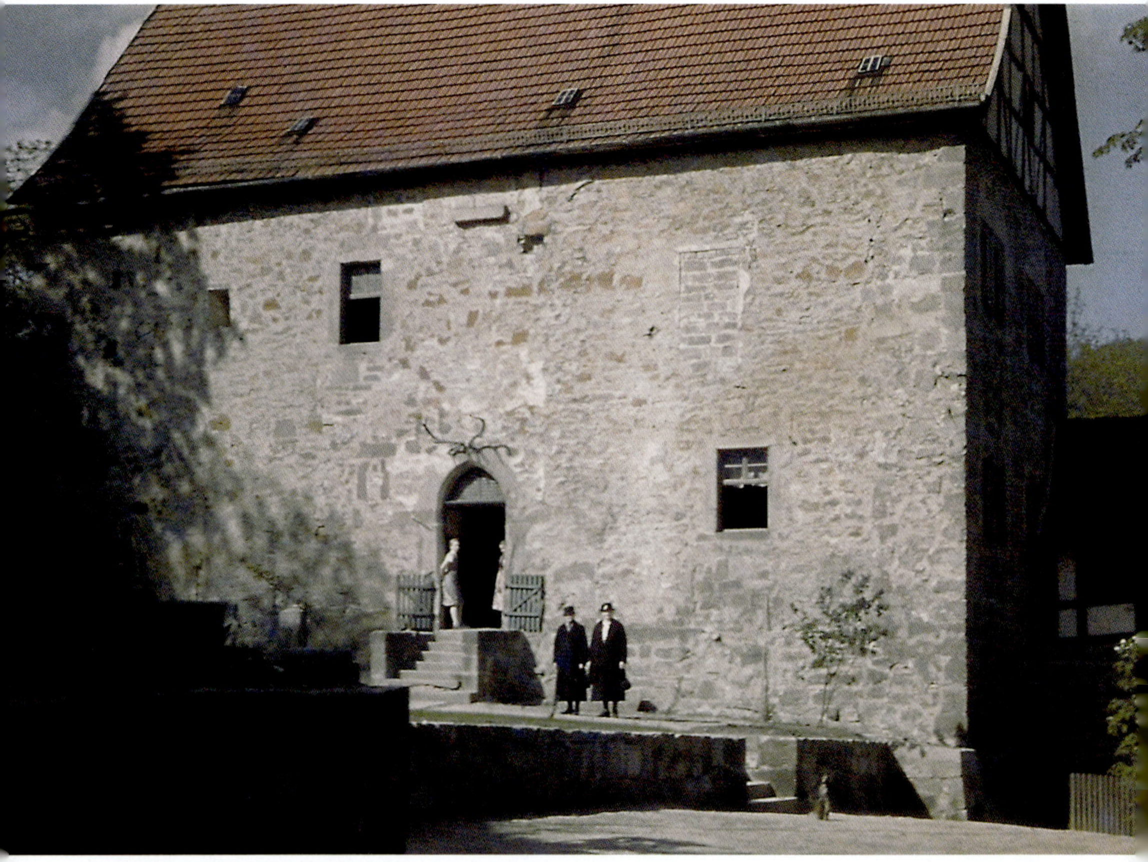

Im hessisch-eichsfeldischen Grenzgebiet liegt die mittelalterliche Burgruine Altenstein (Gemeinde Asbach). 1973 wurde das Forsthaus Altenstein wegen seiner Lage im Grenzgebiet gesprengt, sodass nur noch Reste übrig blieben. Hier eine seltene Farbaufnahme des Wohnhauses von 1937, in dem sich auch eine Schenkwirtschaft befand.

Am Wallfahrtsweg zwischen Steinbach und Etzelsbach befindet sich ein Klüs'chen, das 1797 vom Maurermeister Johannes Wiederhold aus Steinbach geschaffen wurde. Es zeigt in barocker Pracht Blumen und die Abkürzung für den Namen Maria. Die Inschrift lautet übersetzt: „Denn siehe, von nun an werden mich selig preisen alle Geschlechter."

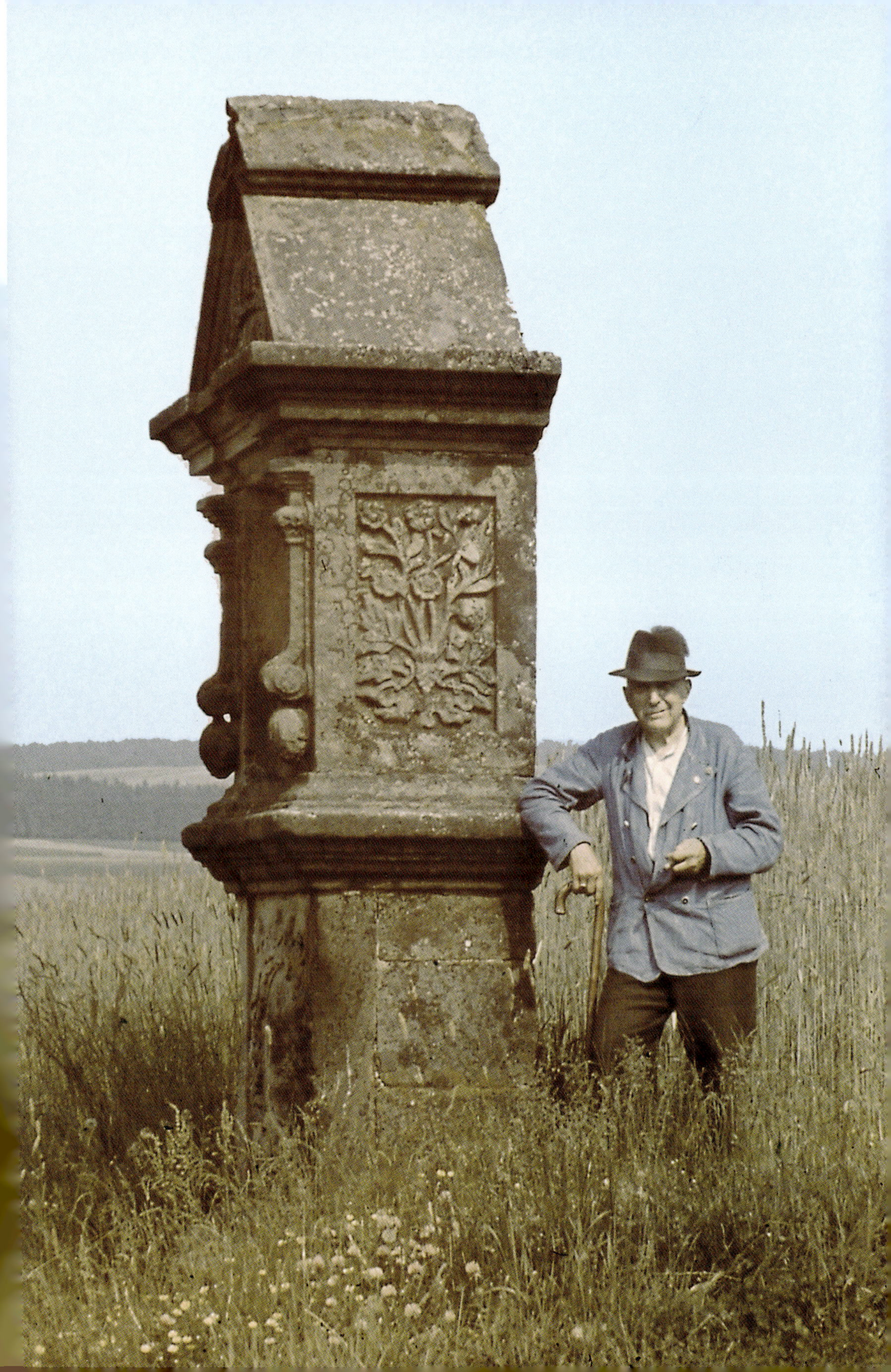

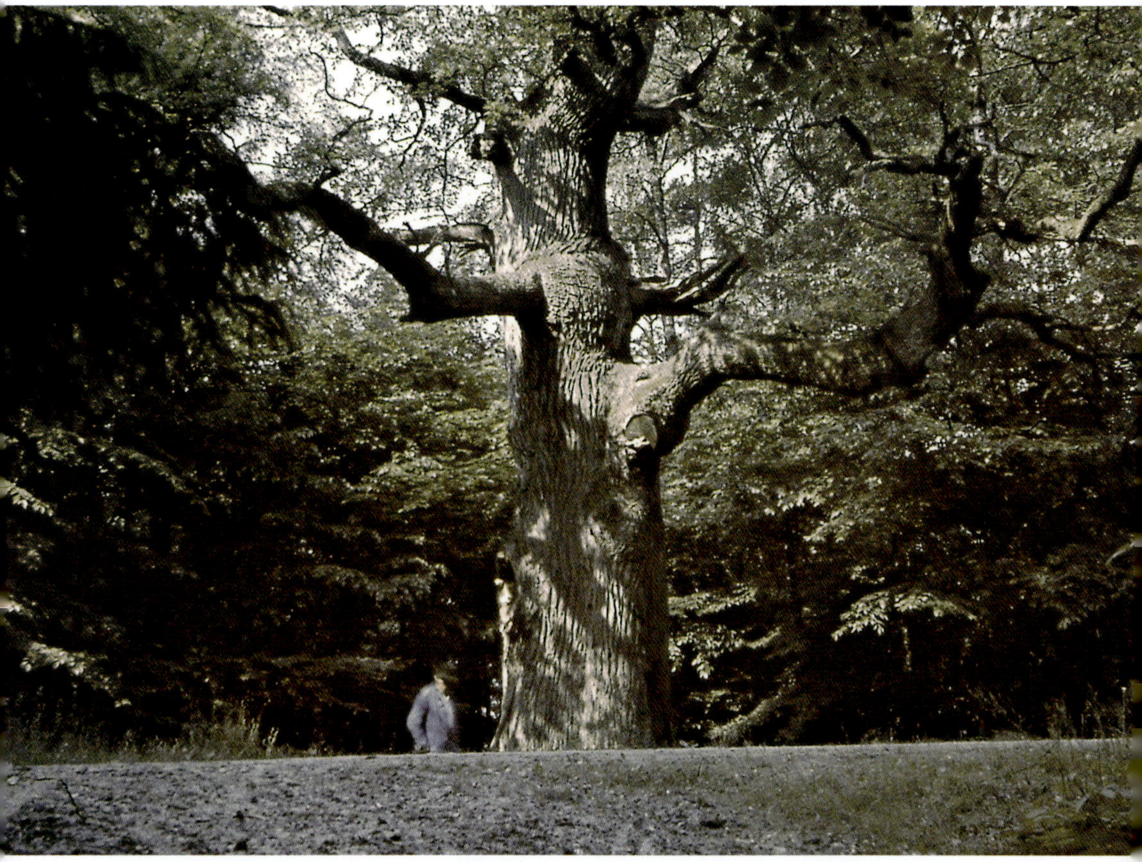

Die „Dicke Eiche“ auf dem Zehnsberg stand einst am Weg von Steinbach über Etzelsbach nach Worbis. Wegen ihres hohen Alters von 800 Jahren und ihres Umfanges von sechs Metern galt sie als weithin bekanntes Naturdenkmal. In den 1970er-Jahren wurde sie von einer Krankheit befallen und ging ein.

Der Herrensitz derer von Bodungen in Martinfeld, 1939. Heute befindet sich hier eine Jugendherberge.

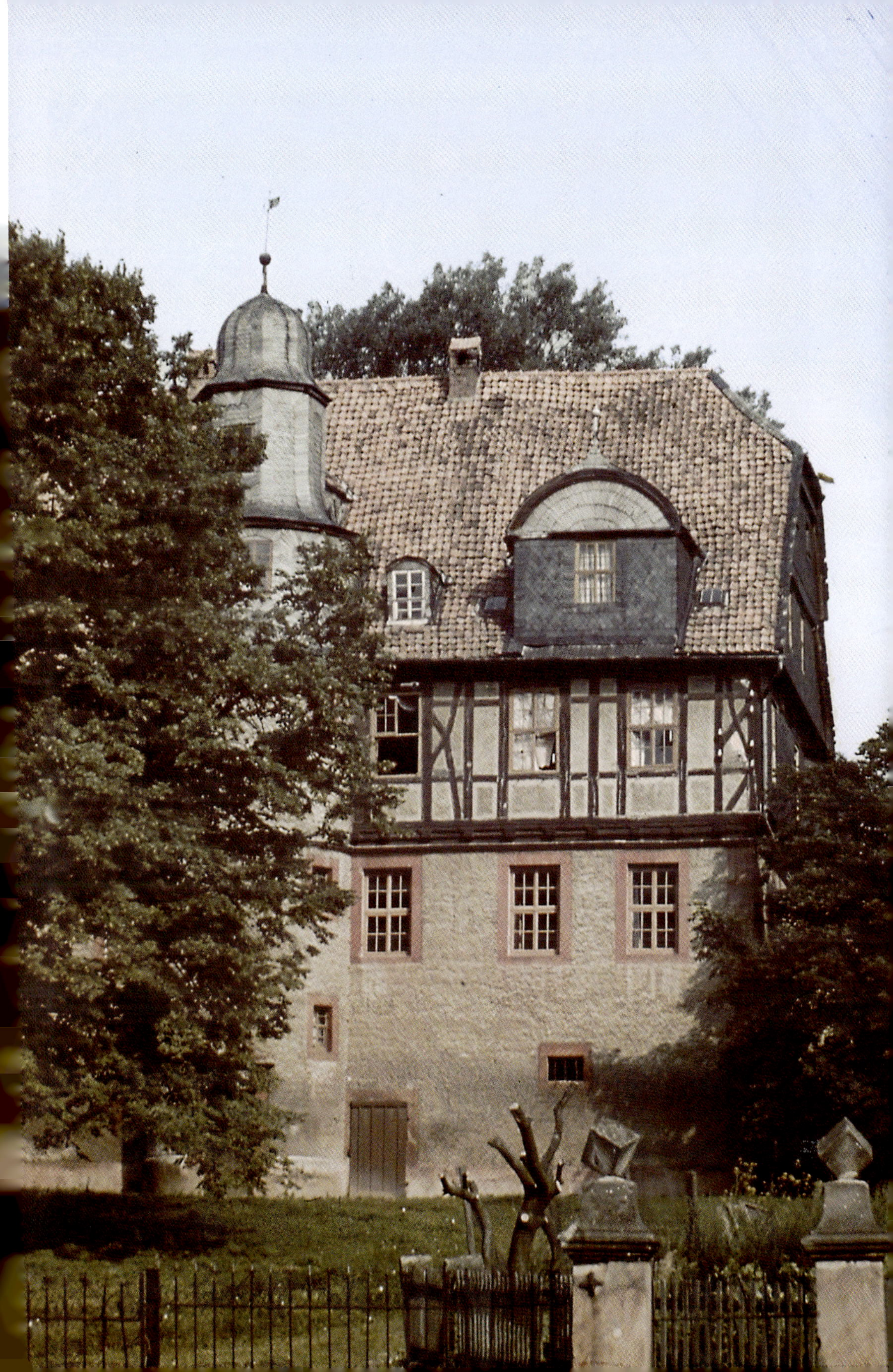

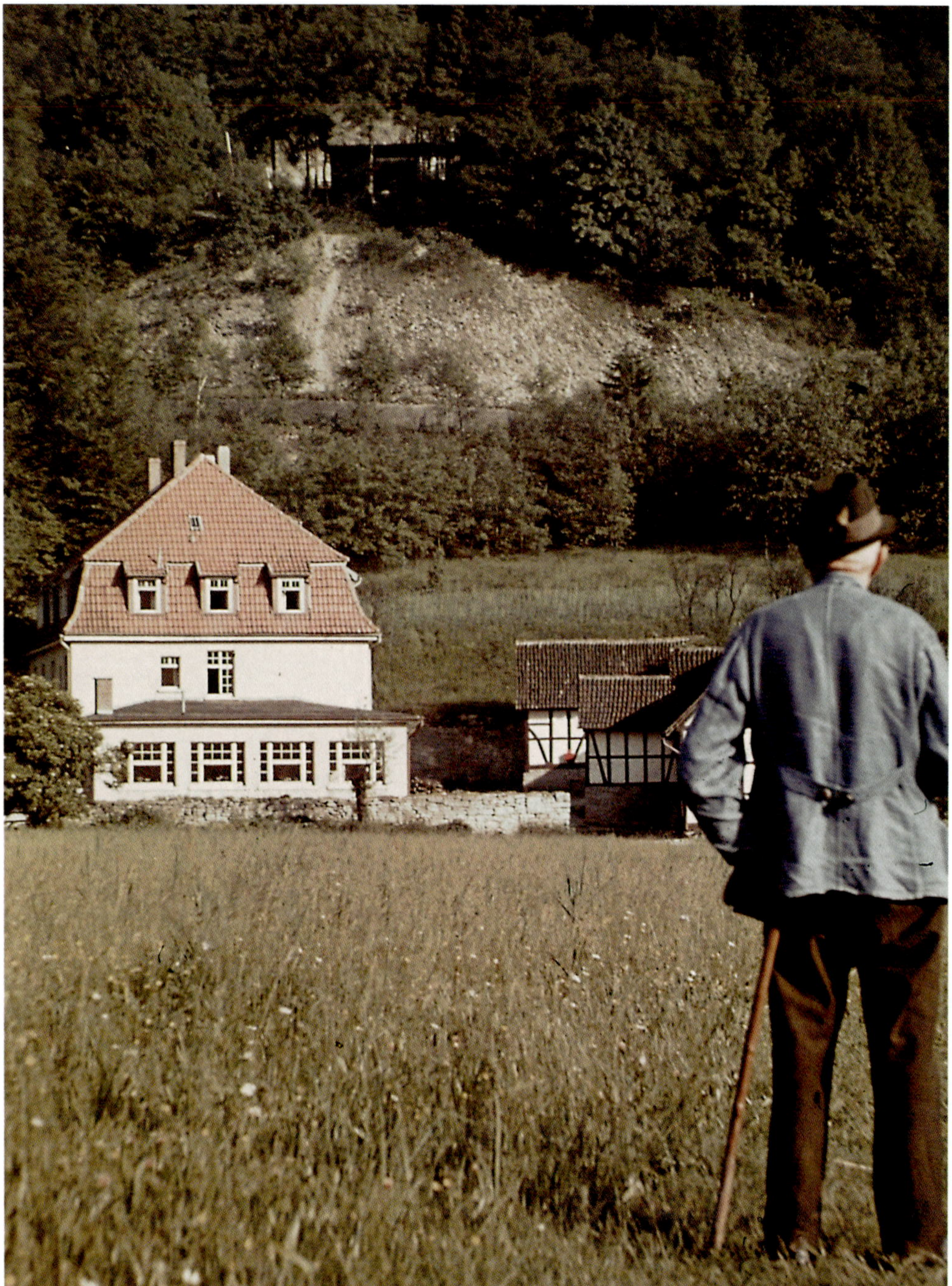

Die Klostermühle bei Effelder im südlichen Eichsfeld war einst im Besitz des Benediktinerinnen-Klosters Zella. 1925 brannte die Mühle nieder und wurde als Pensionshaus mit Gaststätte wieder aufgebaut. Hinten der Bahnhof.

Die Menschen

Die Bevölkerung des Eichsfeldes war bis in die 1950er-Jahre noch eine ausgesprochene Bauernbevölkerung, die sich vorwiegend aus Kleinbauern, Handwerkern, Gewerbetreibenden und (Saison-)Arbeitern zusammensetzte. Reichtümer und ein üppiges Leben waren dem Eichsfelder nie beschieden, denn die landwirtschaftlichen Flächen des Obereichsfeldes sind wenig ertragreich. Viele Kleinbauern hatten deshalb noch einen zusätzlichen Erwerbszweig. Je ungünstiger die Bodenverhältnisse waren und je mehr die Bevölkerung zunahm, desto mehr traten Kleinindustrie bzw. Hausierer- und Wandergewerbe auf.

Dörfliches Brauchtum, der bäuerliche Jahresrhythmus, das Kirchenjahr und lokale Feste, wie die Kirmes oder die Namenstage, prägten den Alltag der Menschen.

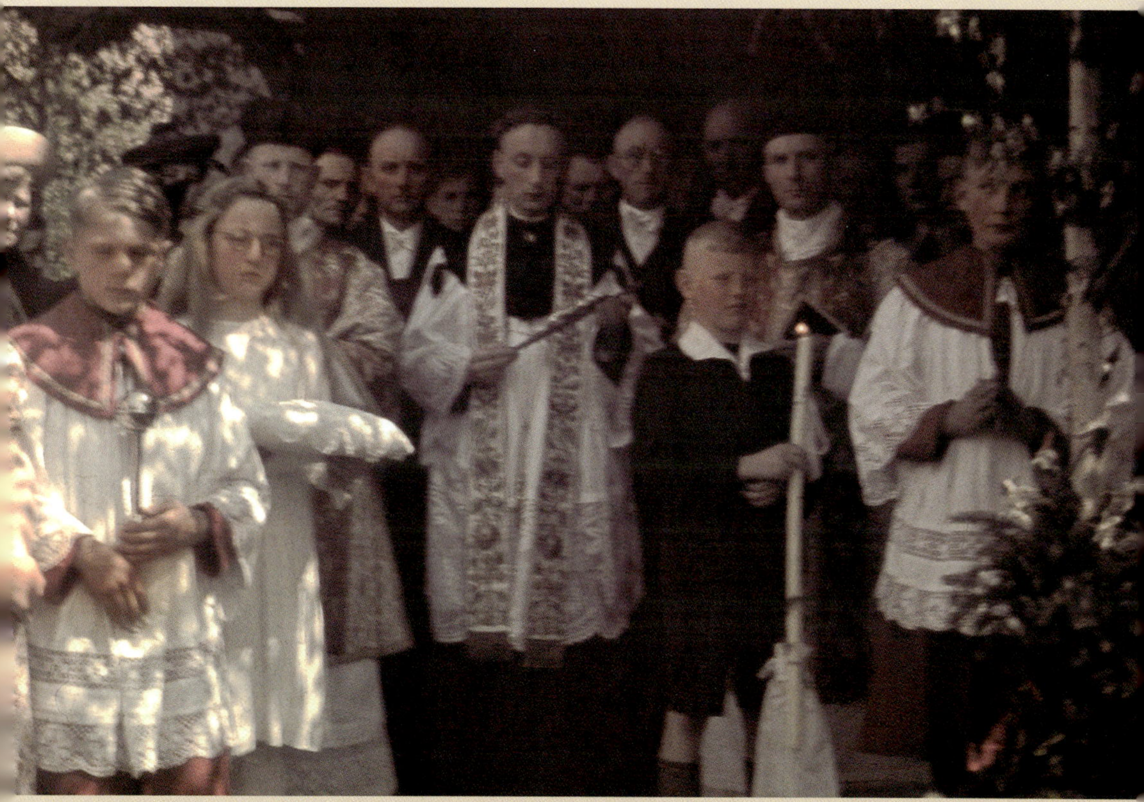

Primiz des Neupriesters Pater Otto Nolte SVD (1913–1970) in Schachtebich 1941. Nolte war 1962–1970 Pfarrer in Rengelrode. In hohem Ansehen bei der Bevölkerung stand der Klerus der katholischen Kirche. Jeder dritte Geistliche kam mit dem NS-Staat in Konflikt, zum Beispiel durch Verhaftung, Ausweisung oder Bestrafung mit KZ-Haft.

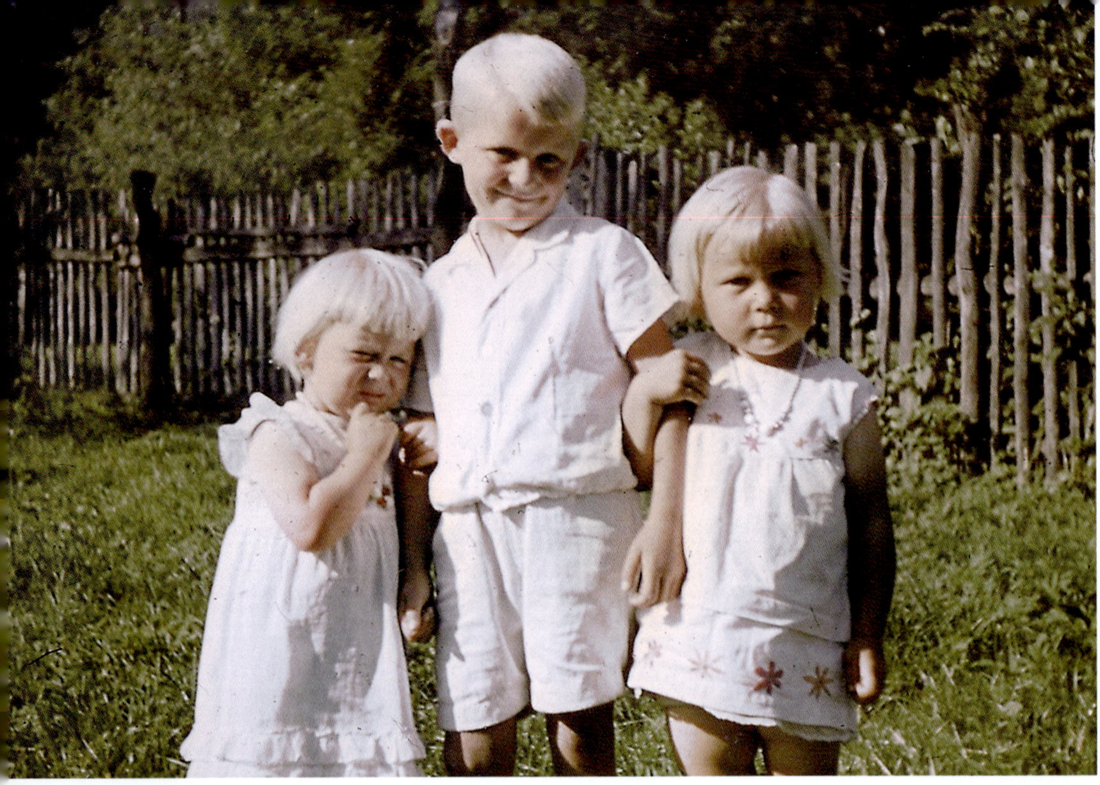

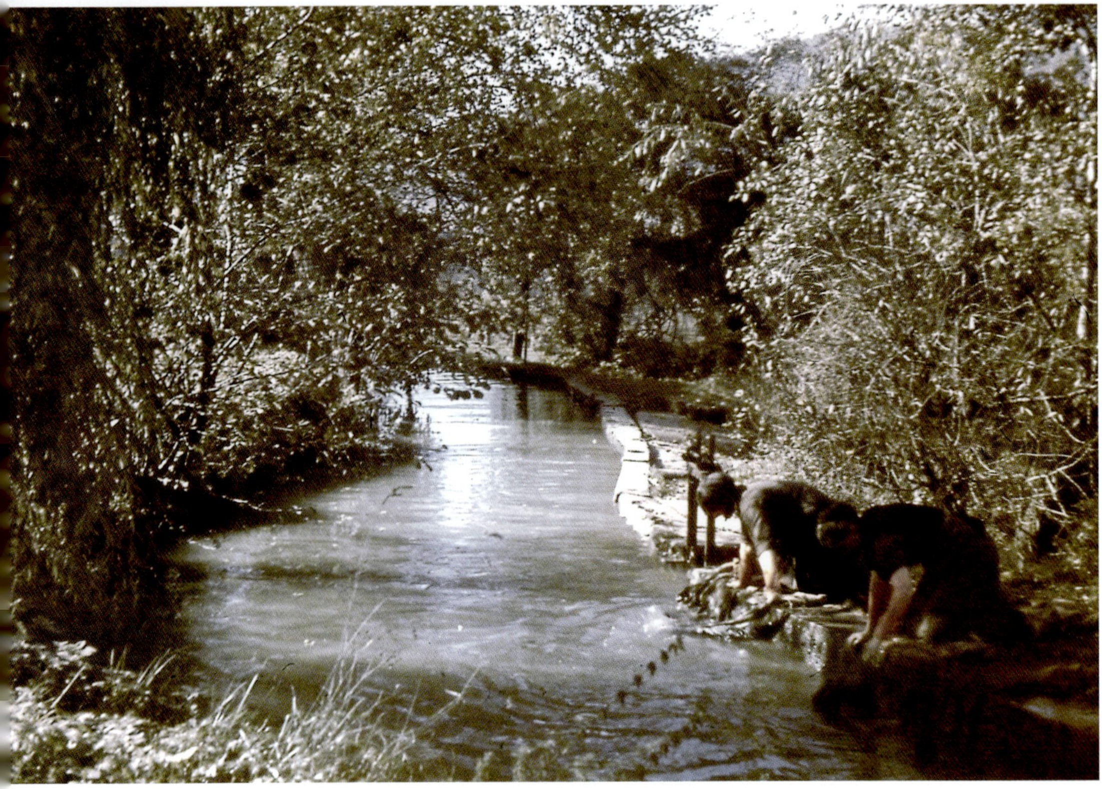

◂ Das Eichsfeld war viele Jahrzehnte lang überbevölkert. Das Dorf Struth zählte 1937 beispielsweise 123 kinderreiche Haushalte, davon 43 mit fünf Personen und 28 mit sieben Personen. Bei 1.350 Einwohnern wurden 1936 in Struth 47 Kinder geboren. Ähnlich waren die Verhältnisse in allen Gemeinden des Eichsfeldes.

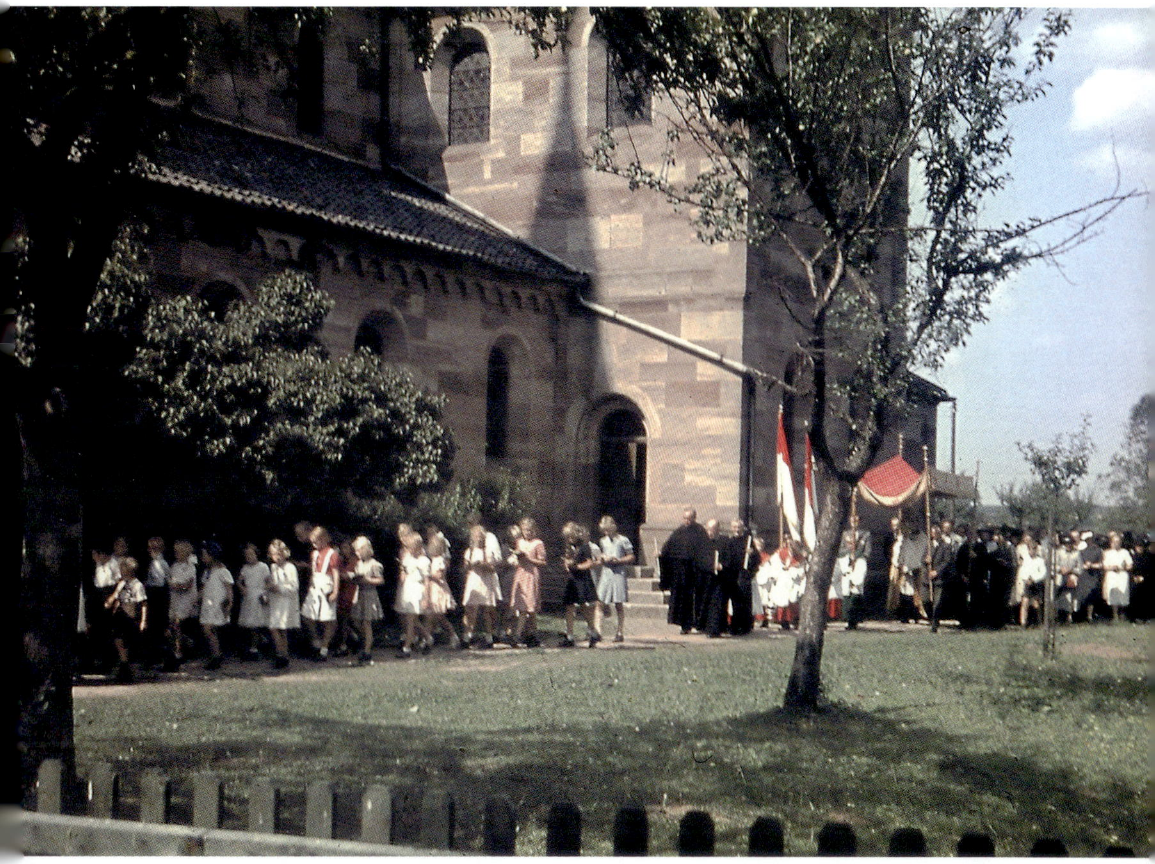

Während der Wallfahrt im untereichsfeldischen Germershausen ziehen die Gläubigen in Prozession aus der Kirche. Unter dem Baldachin wird das Allerheiligste in der Monstranz mitgeführt. Davor gehen Messdiener und Patres des in Germershausen ansässigen Augustinereremiten-Konvents, 20. August 1944.

◂ Unter körperlicher Anstrengung waschen diese Frauen im Leinetal ihre Wäsche, 1940.

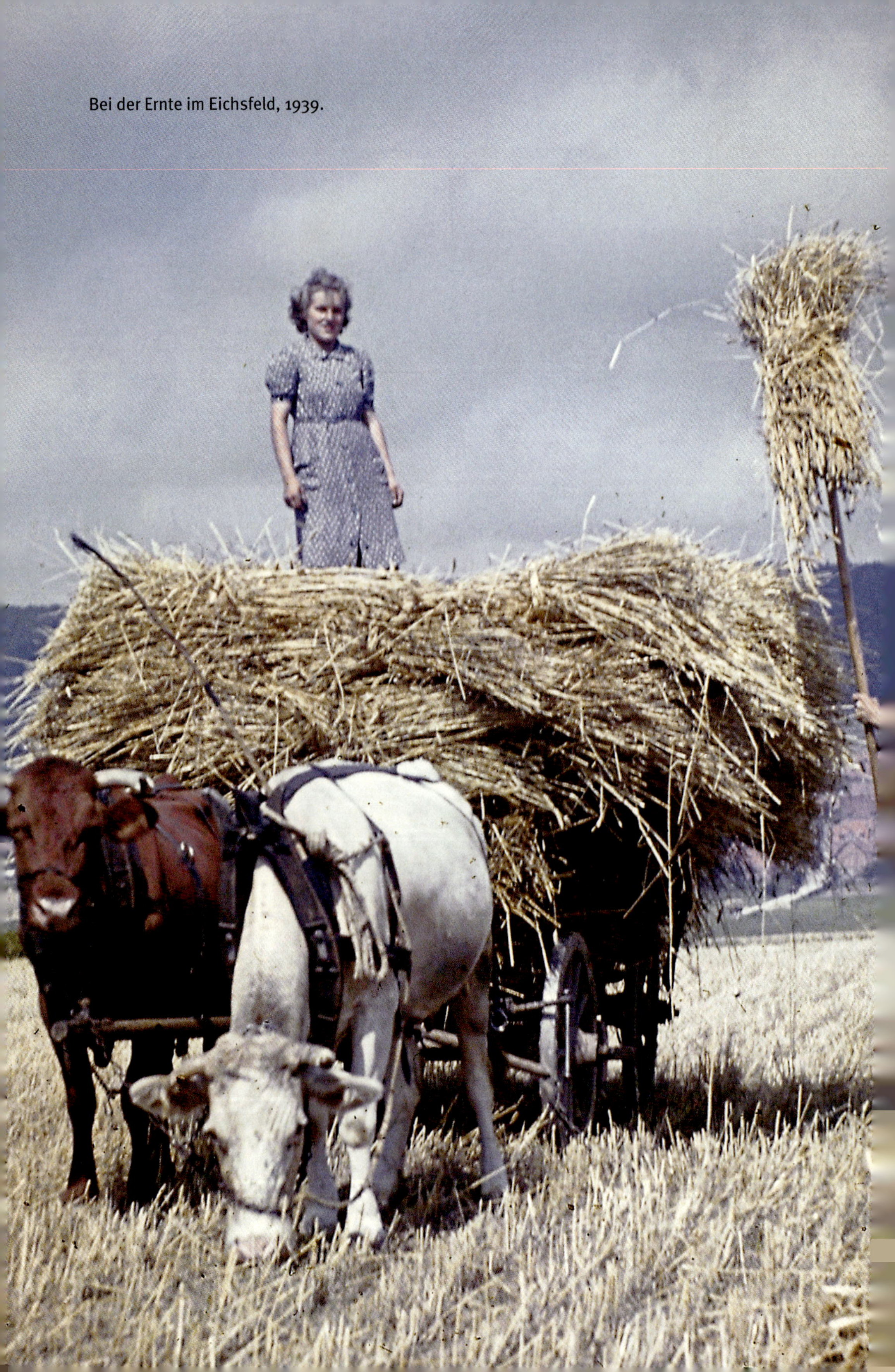

Bei der Ernte im Eichsfeld, 1939.

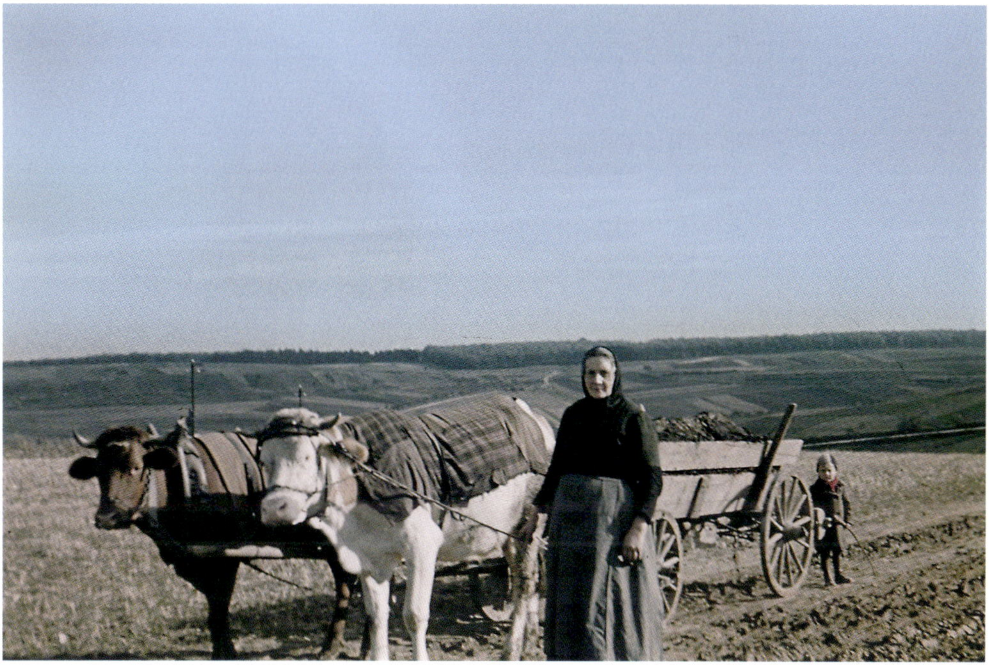

Eine Bäuerin fährt mit zwei Milchkühen Mist auf das Feld. Weil es noch kalt zu sein scheint, wurden die Kühe mit Decken gewärmt.

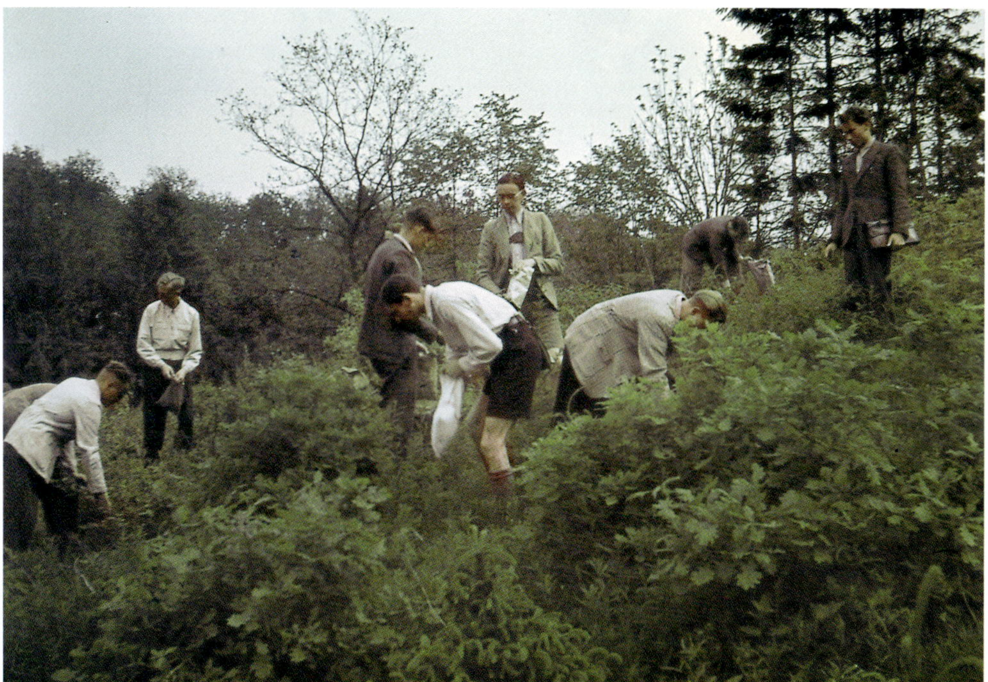

Oberschüler aus Heiligenstadt sammeln 1941 Kräuter im Bebertal.

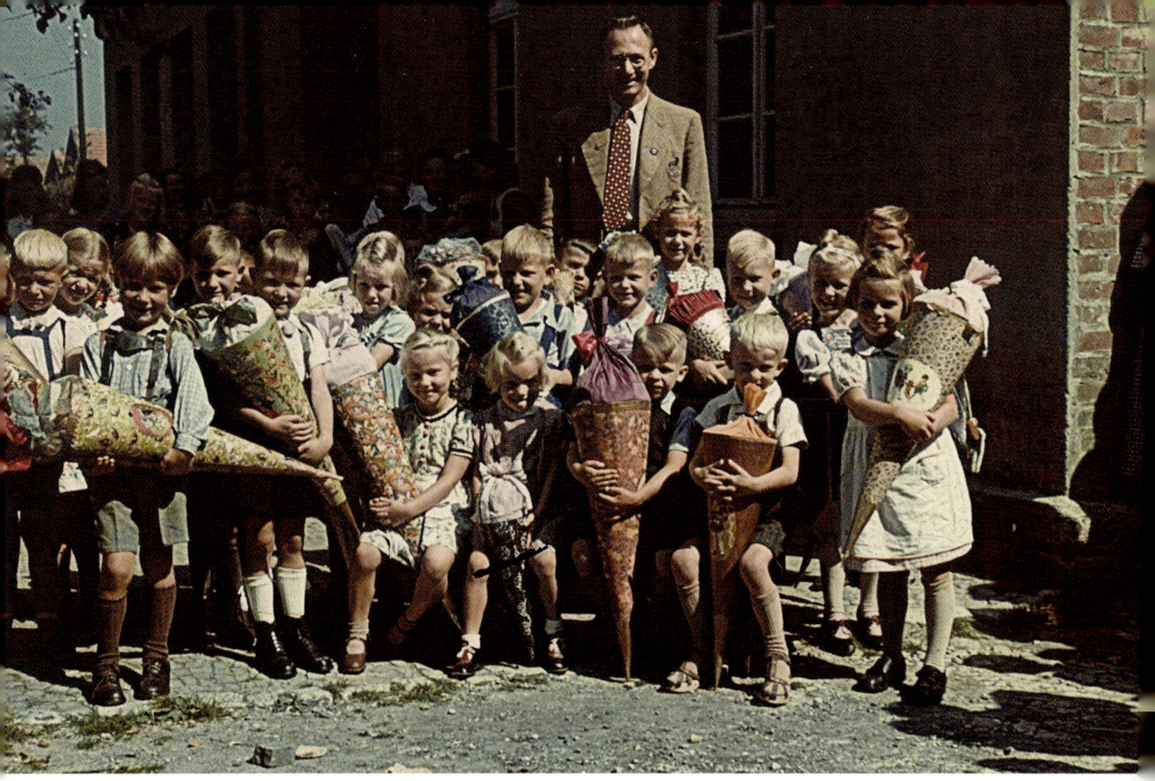

Einschulung in der Dorfschule in Haynrode, Ostern 1942. Der Lehrer Erich Keiner trägt das NSDAP-Abzeichen am Revers.

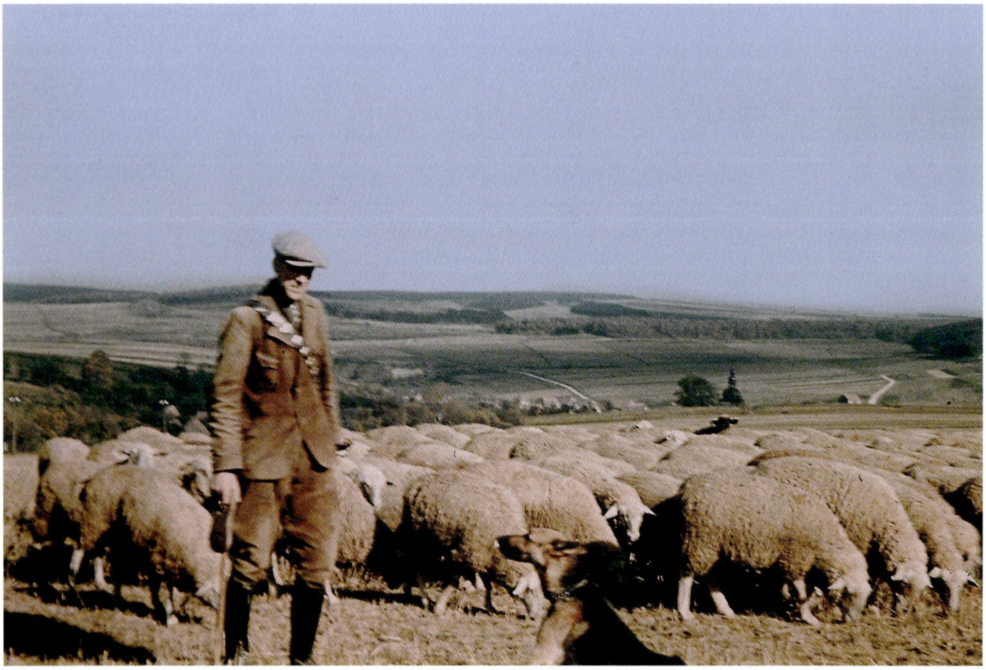

Ein Schäfer mit seiner Herde oberhalb von Heuthen, 1939.

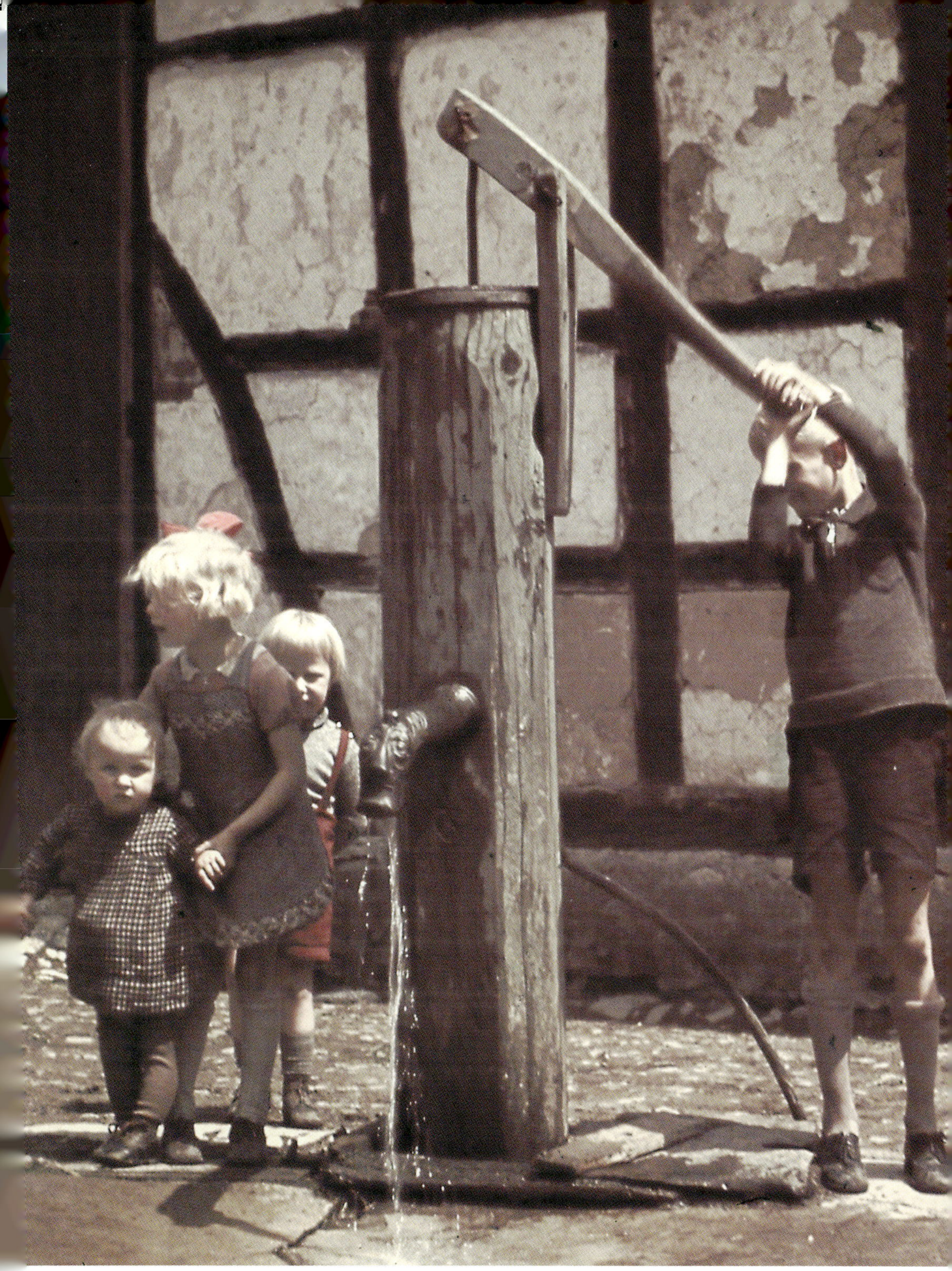

Bis weit nach 1945 gab es in vielen Dörfern keine Wasserleitung mit Hausanschlüssen, sodass das Wasser aus Brunnen oder mittels Pumpen geholt werden musste.

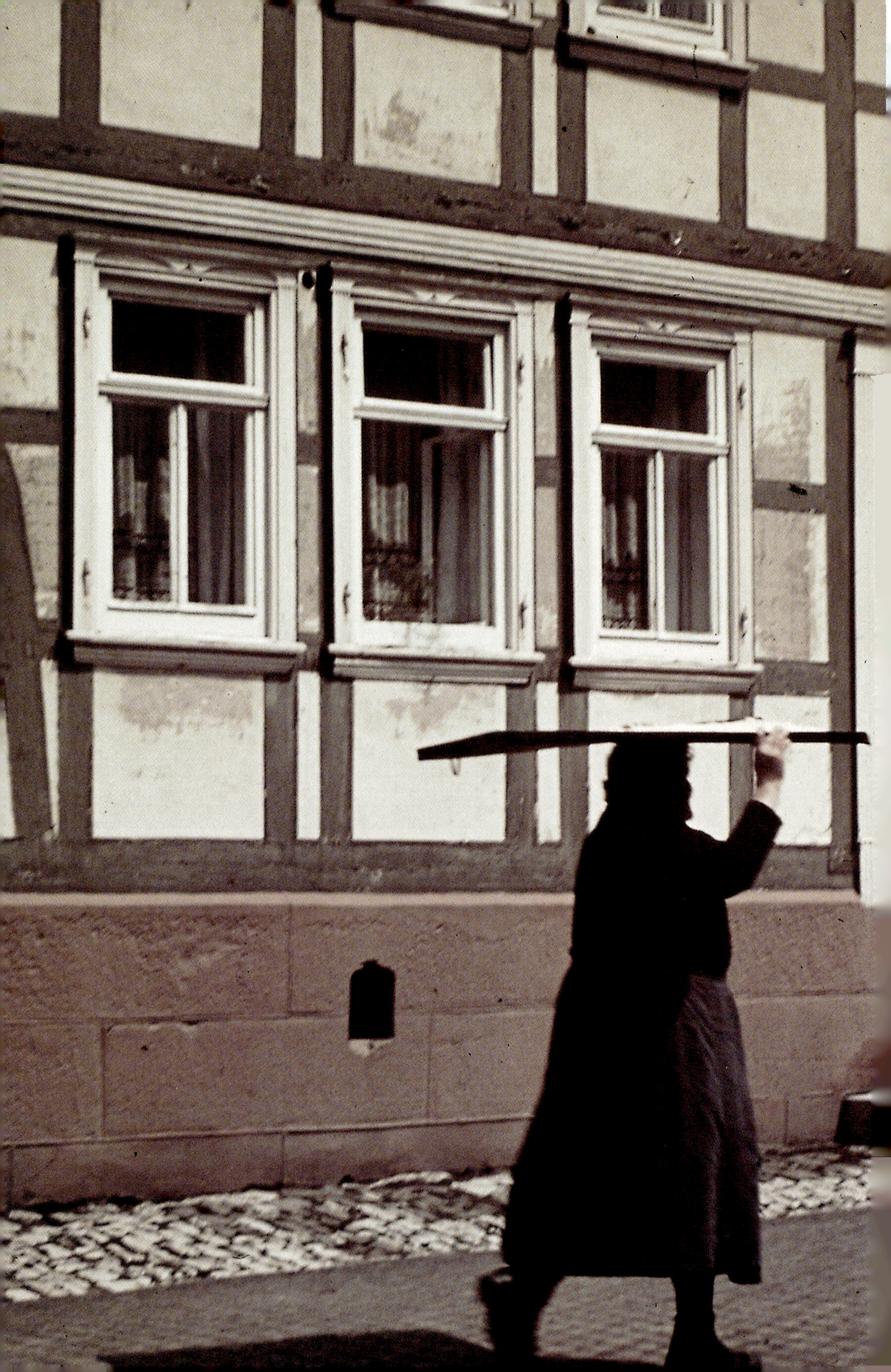

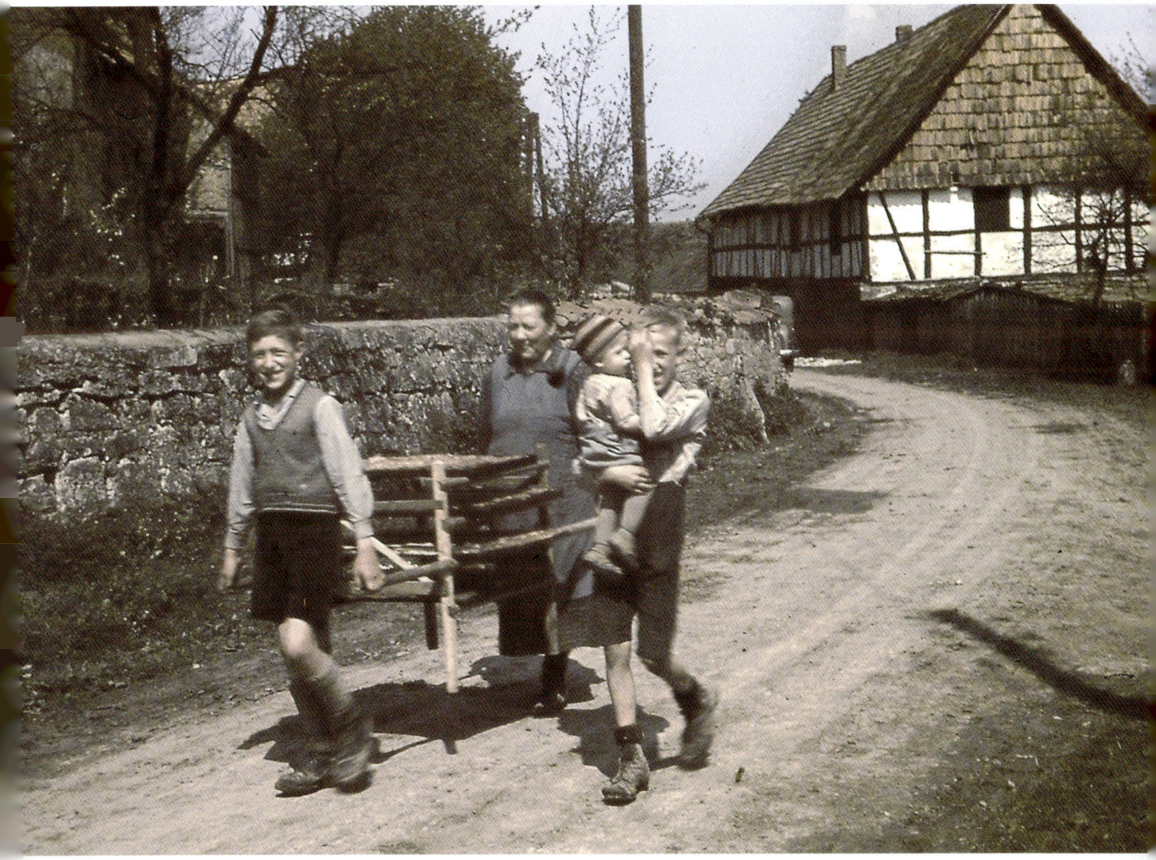

Mehrere Eichsfelder Schmandkuchen werden aus dem Backhaus nach Hause getragen, 1939.

◂ Eine Eichsfelderin trägt einen selbst zubereiteten Blechkuchen in ein zentrales Gemeinde-Backhaus, um den Kuchen dort zu backen, 1939.

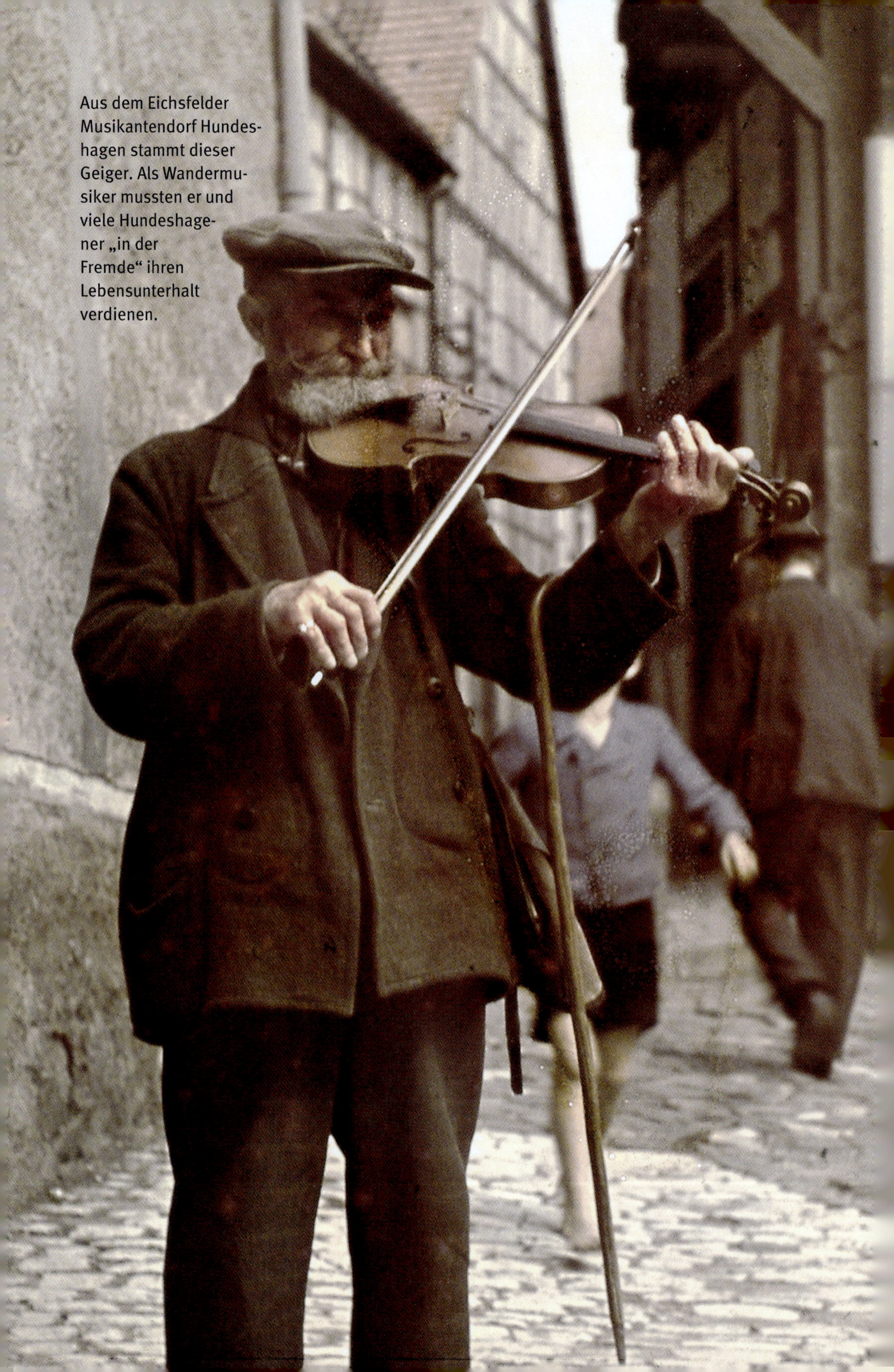

Aus dem Eichsfelder Musikantendorf Hundeshagen stammt dieser Geiger. Als Wandermusiker mussten er und viele Hundeshagener „in der Fremde“ ihren Lebensunterhalt verdienen.

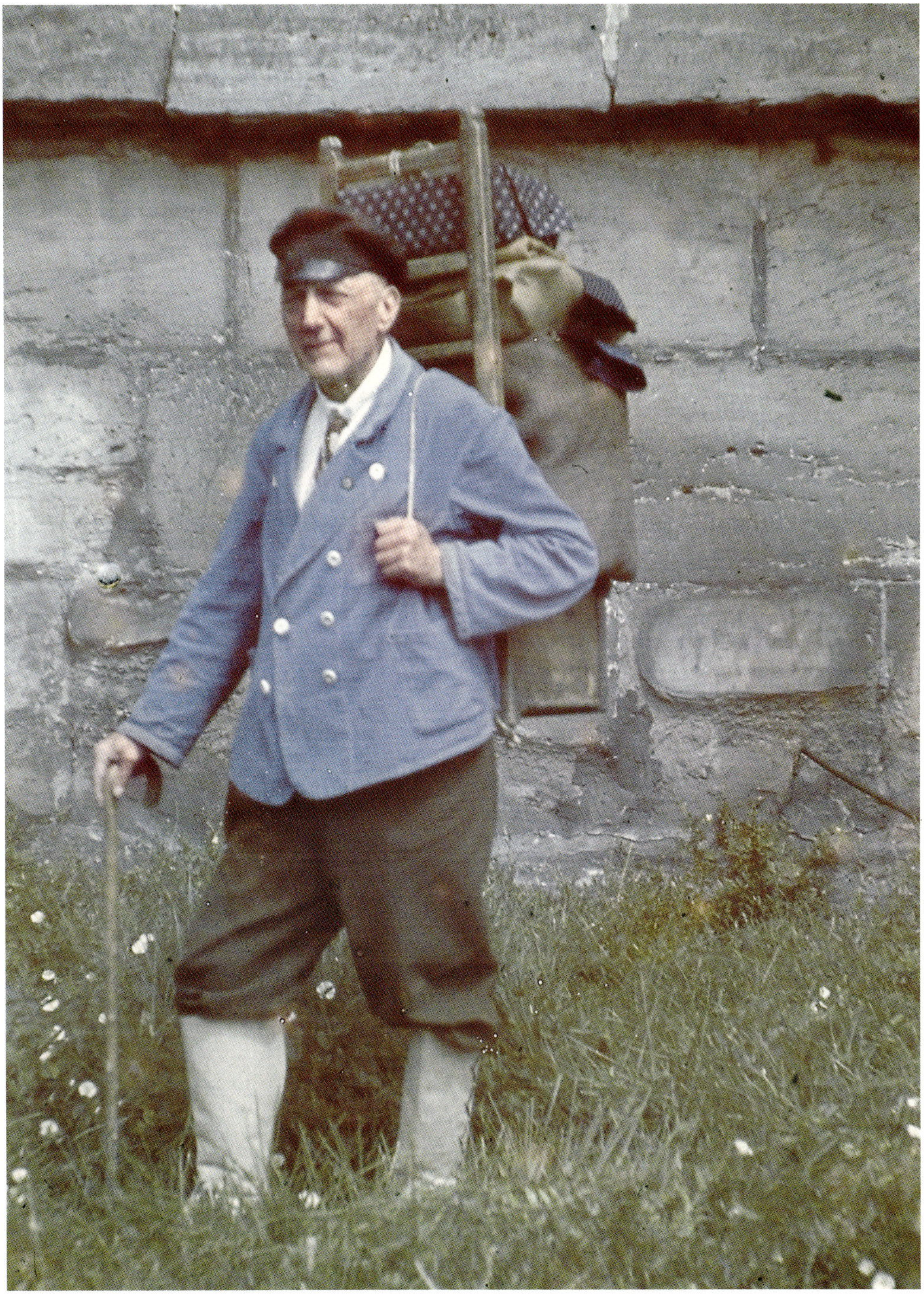

Ein Eichsfelder Handelsmann mit Reff (Eugen Goedecke), wie man ihn bis in die 1950er-Jahre häufig antreffen konnte. Neben der Landwirtschaft gab es im strukturschwachen Eichsfeld kaum Erwerbsmöglichkeiten, sodass sehr viele Einwohner auswärts Arbeit suchten, so u.a. als wandernde Hausierer.

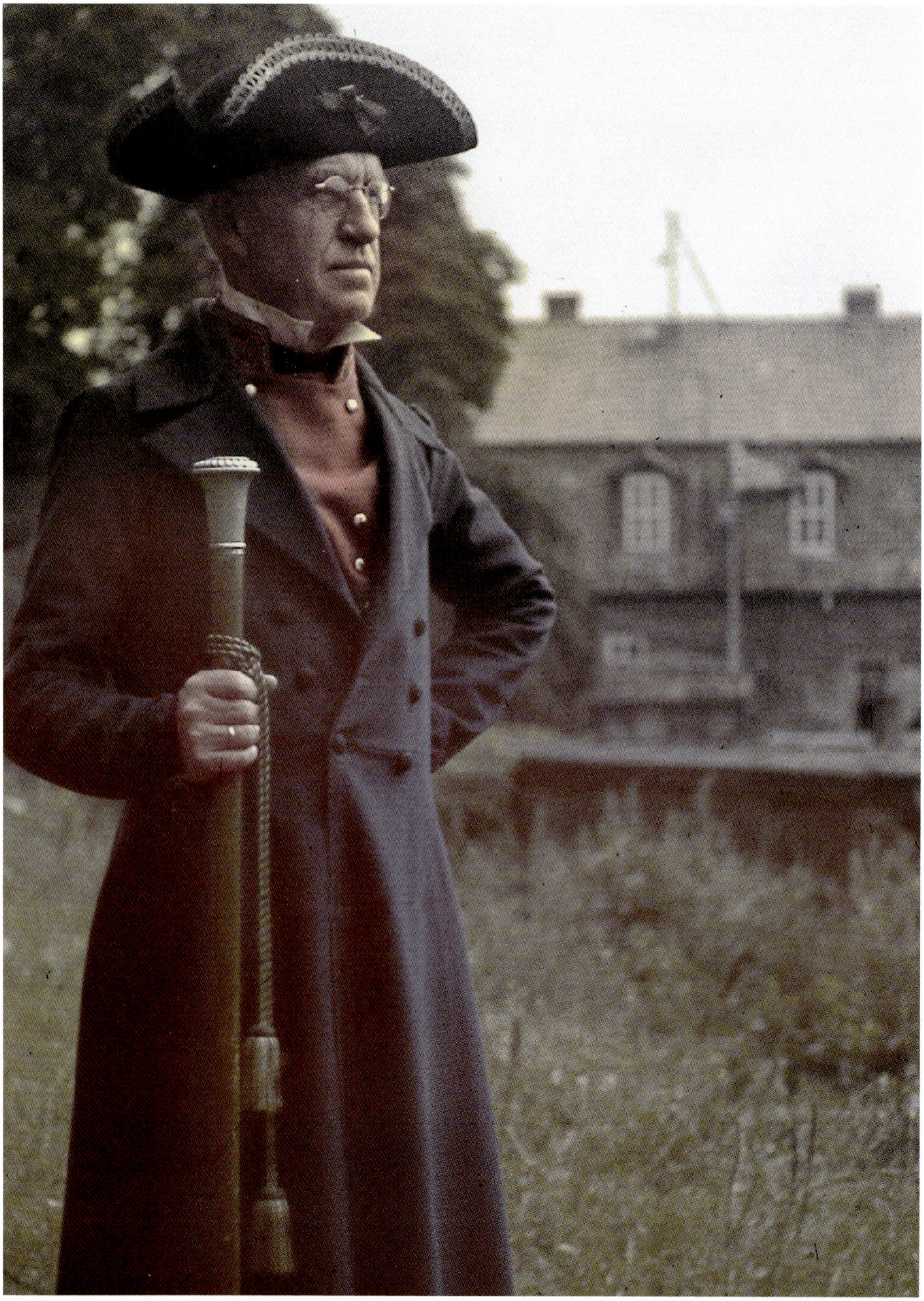

Ein Eichsfelder Dorfschulze (Dr. Johannes Müller) mit langem Schoßrock, roter Tuchweste, Kniehosen, Schnallenschuhen, Dreispitz und dem alten Schulzenstab. Ab 1935 mussten sich die Schulzen offiziell „Bürgermeister“ nennen.

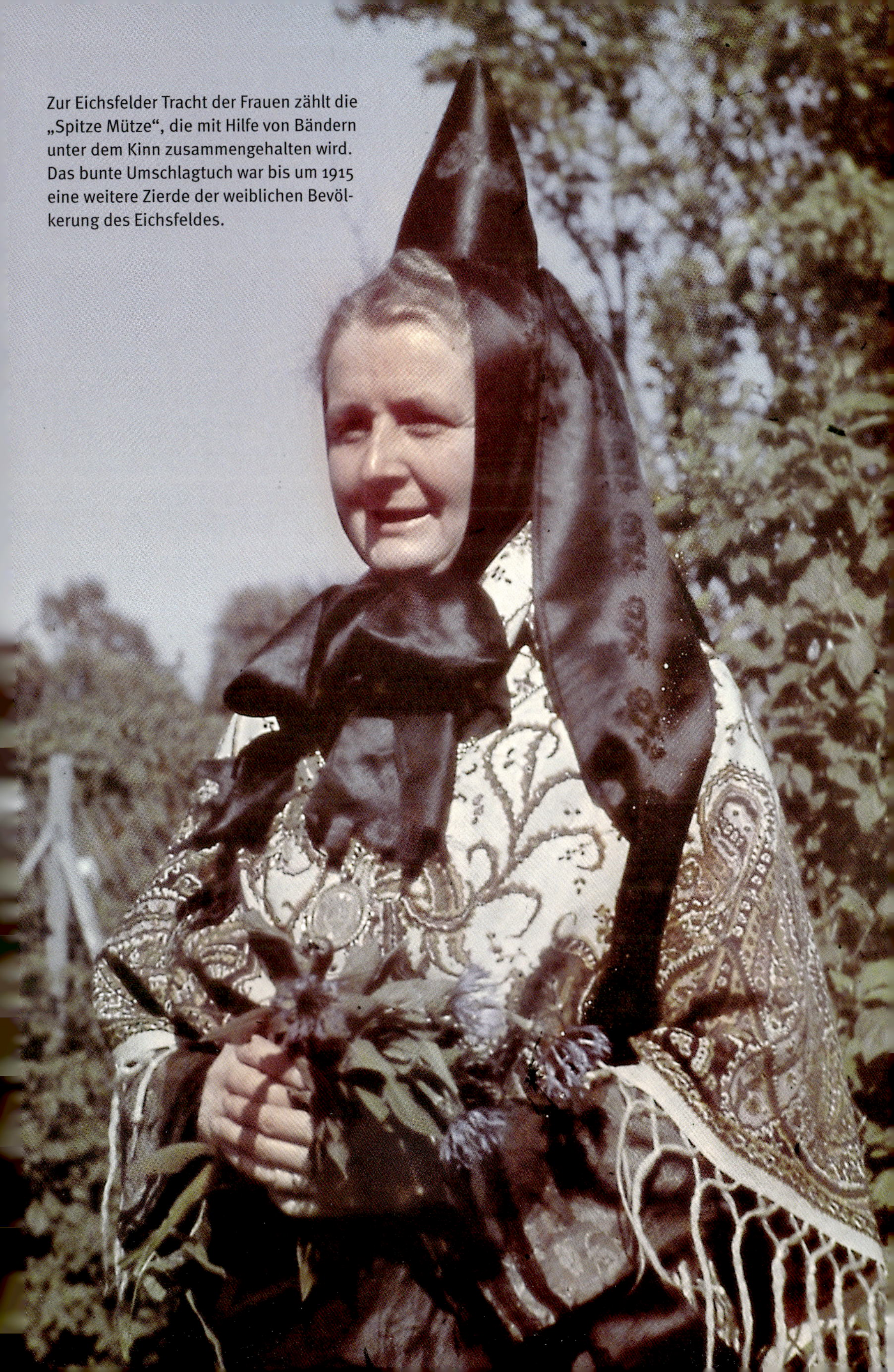

Zur Eichsfelder Tracht der Frauen zählt die „Spitze Mütze“, die mit Hilfe von Bändern unter dem Kinn zusammengehalten wird. Das bunte Umschlagtuch war bis um 1915 eine weitere Zierde der weiblichen Bevölkerung des Eichsfeldes.

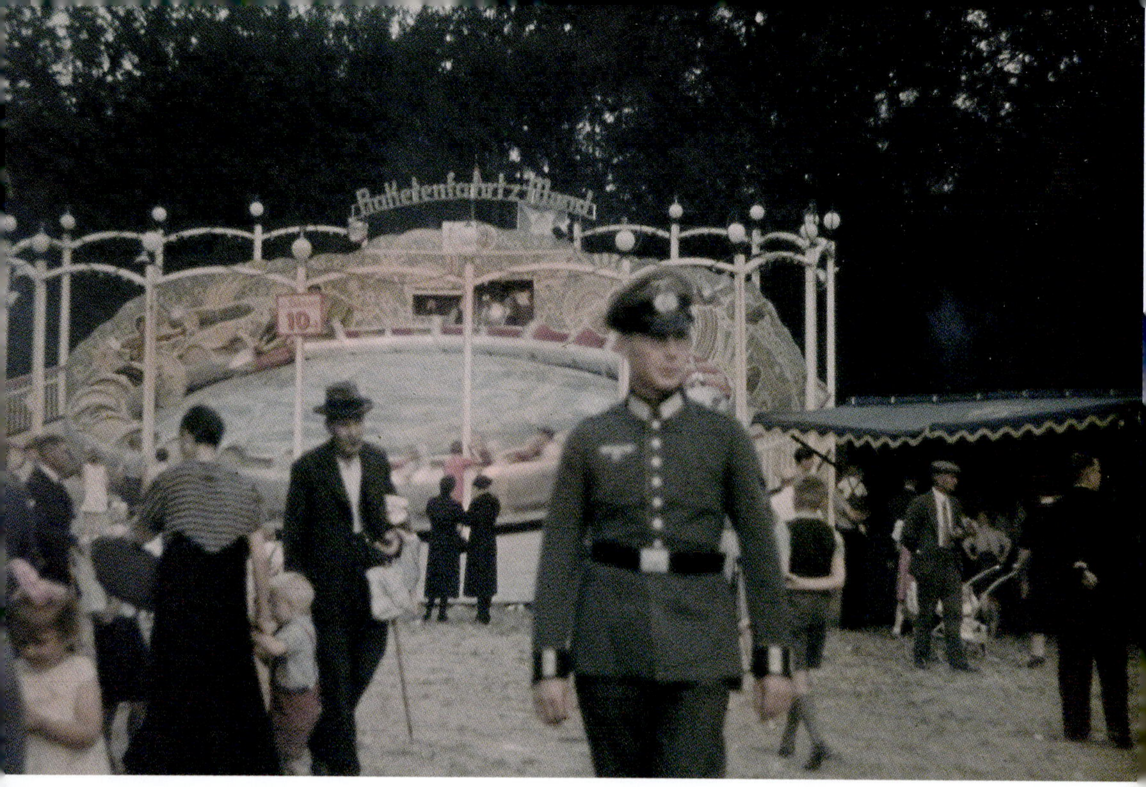
10.

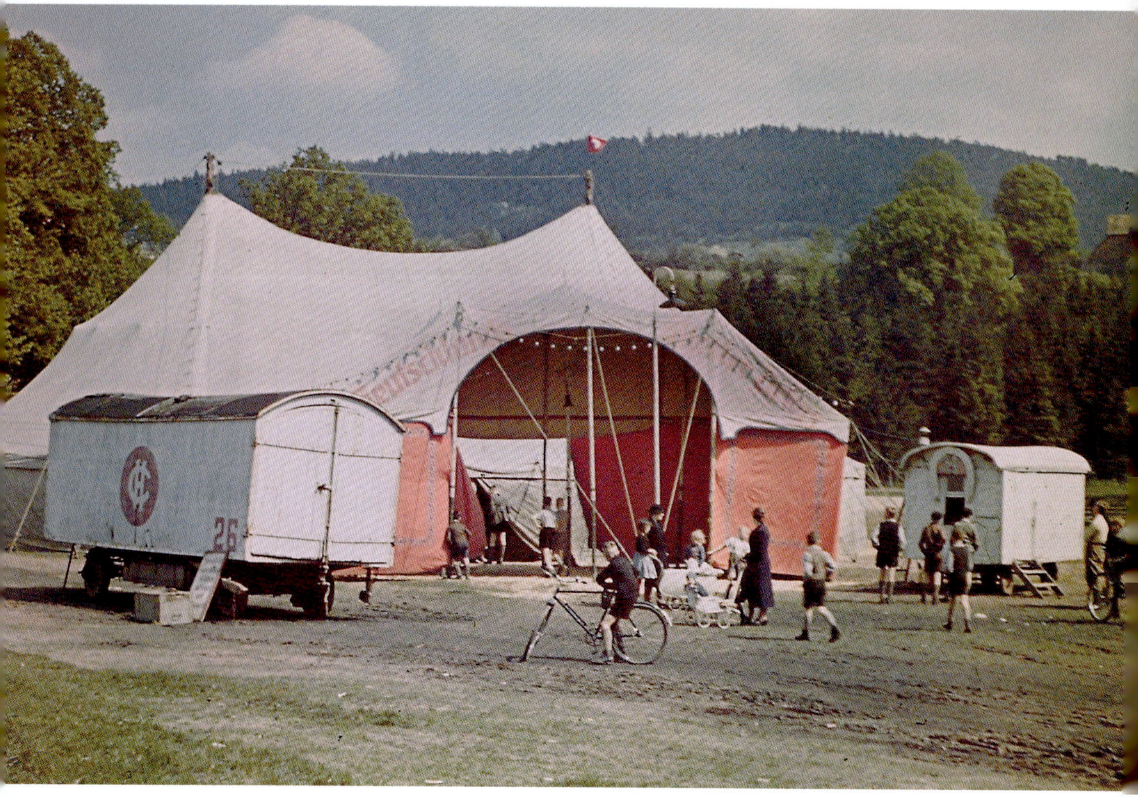
26

◂ Rummel auf dem Jahnturnplatz in Heiligenstadt, 1937. Eine Raketenfahrt zum Mond kostete damals 10 Pfennige.

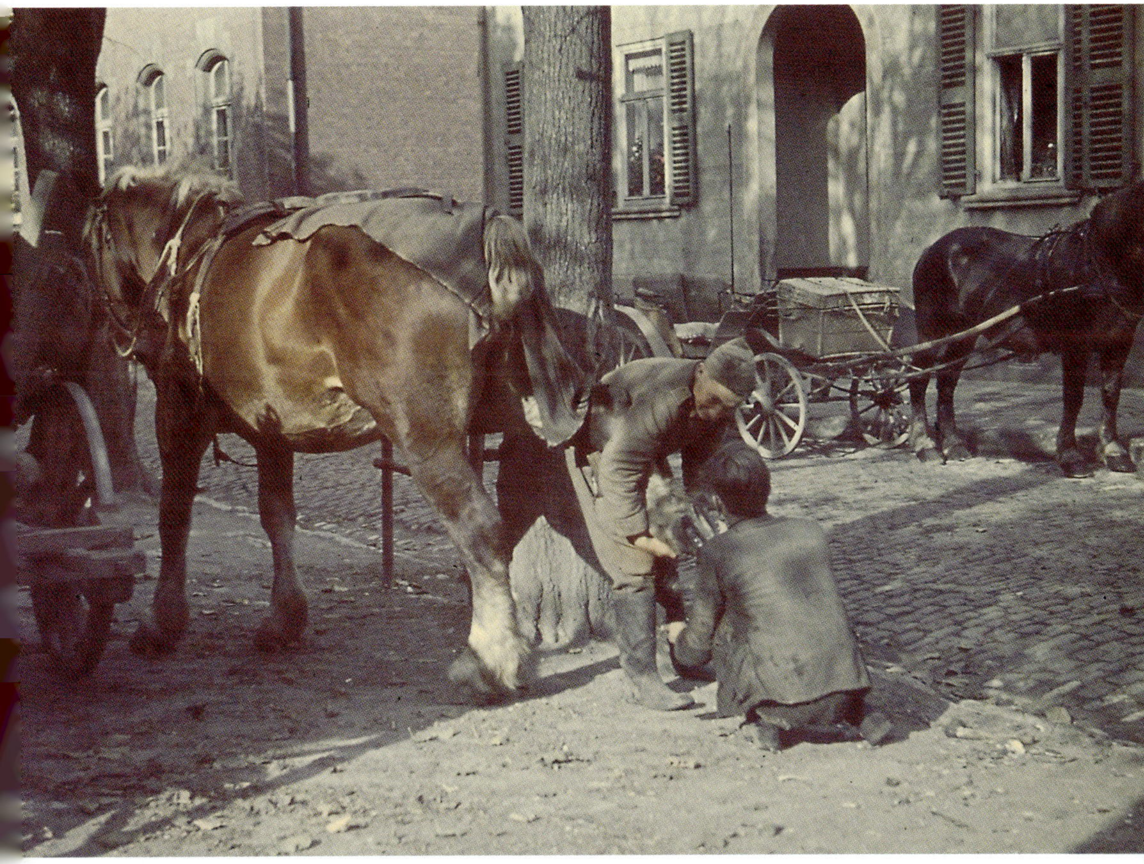

Ein ukrainischer Zwangsarbeiter hilft in der Herrenschmiede Heinevetter in der oberen Lindenallee in Heiligenstadt beim Beschlagen der Pferde, 1940.

◂ Ein Zirkus auf dem Jahnturnplatz in Heiligenstadt, 1937. Auf dem Zelt steht „Deutschlands ältester Circus“. Im Hintergrund der Dün.

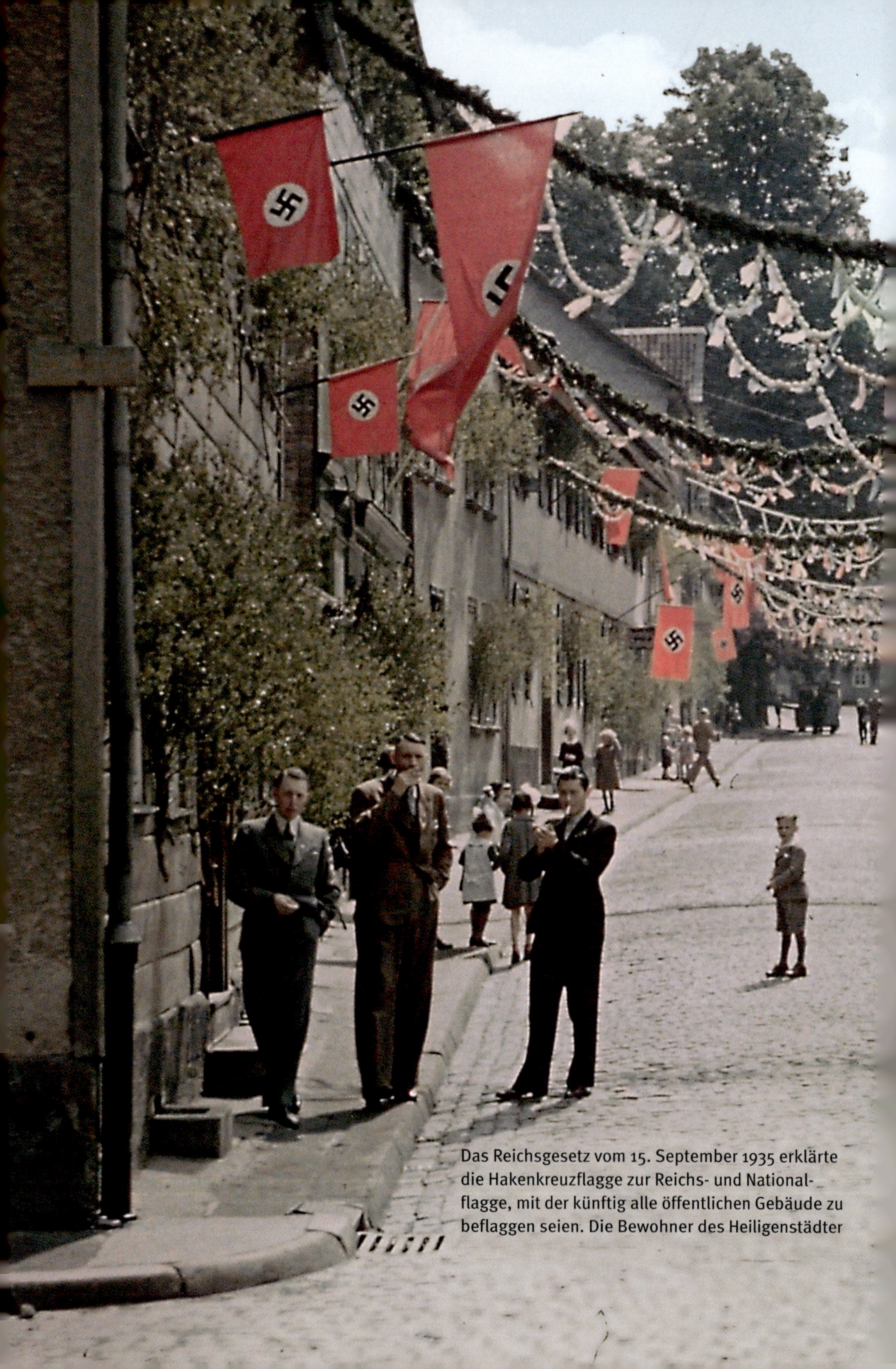

Das Reichsgesetz vom 15. September 1935 erklärte die Hakenkreuzflagge zur Reichs- und Nationalflagge, mit der künftig alle öffentlichen Gebäude zu beflaggen seien. Die Bewohner des Heiligenstädter

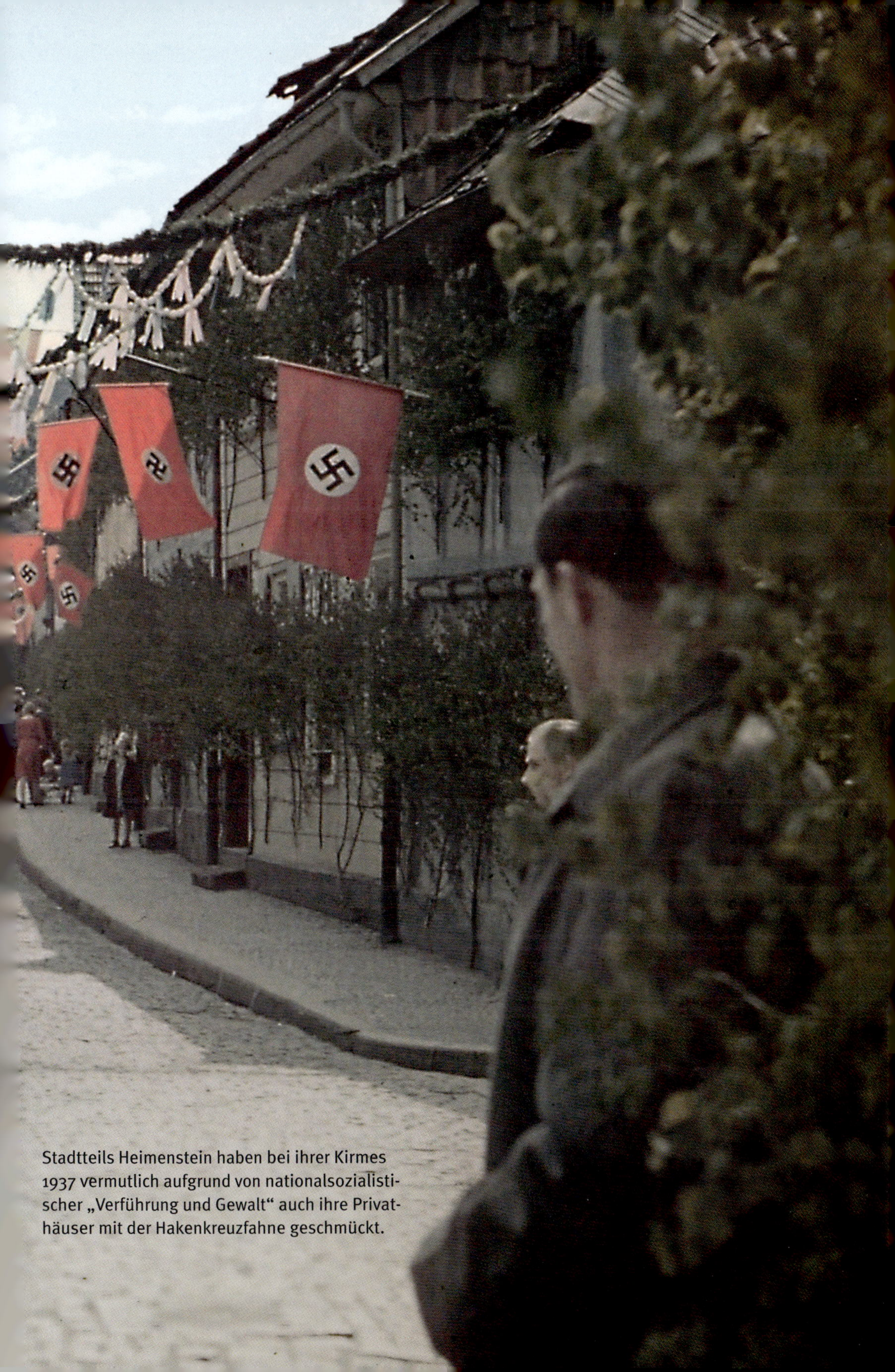

Stadtteils Heimenstein haben bei ihrer Kirmes 1937 vermutlich aufgrund von nationalsozialistischer „Verführung und Gewalt“ auch ihre Privathäuser mit der Hakenkreuzfahne geschmückt.

Das Eichsfeld in der NS-Diktatur

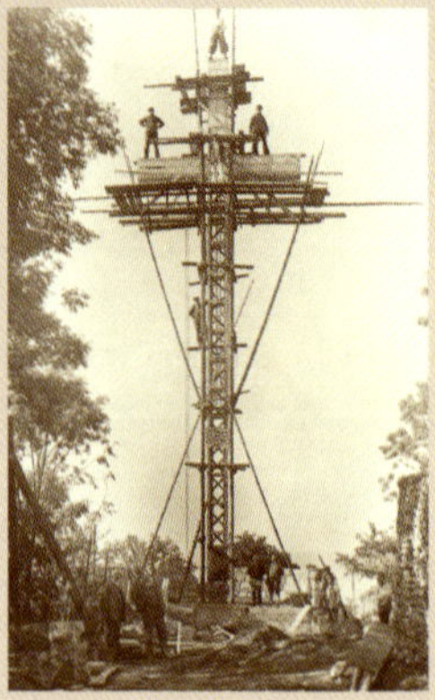

1925/27	Das Obereichsfeld kommt parteipolitisch zum NSDAP-Gau Thüringen, das Untereichsfeld zum Gau Südhannover-Braunschweig.
1933 (5. März)	Reichstagswahlen, bei denen im Eichsfeld die katholische Zentrumspartei mit 60 % die stärkste Kraft bildet; die NSDAP erhält nur 26 % der Stimmen.
1933 (21. März)	Grundsteinlegung für das 18,6 m hohe und beleuchtbare Konrad-Martin-Kreuz auf dem Hülfensberg, Einweihung am 6./7. August 1933.
1935 (18. August)	NSDAP-Kundgebung in Heiligenstadt mit 30.000 Teilnehmern, um die katholischen Eichsfelder „weltanschaulich zu schulen". Hauptredner ist der NS-Ideologe Alfred Rosenberg.
1935 (25. August)	Einweihung des 15 m hohen, weithin sichtbaren „Dünkreuzes" in Deuna.
1936 (26. Mai)	Beginn der Sittlichkeitsprozesse gegen die katholische Geistlichkeit.
1936–1939	Auflösung aller katholischen Jugendverbände, wodurch die nationalsozialistische Hitler-Jugend das Monopol auf die Jugend zwischen 14 und 18 Jahren hat.
1937	Schließung des Bischöflichen Knabenseminars (Konvikt) in Heiligenstadt durch die Gestapo.
1937	Verbot für die Geistlichkeit, in der Schule Religionsunterricht zu erteilen.
1938	Euthanasieprogramm der Nazis zur „Tötung lebensunwerten Lebens", so u.a. auch an Behinderten aus dem St.-Johannesstift Ershausen.
1938 (9. November)	„Reichskristallnacht": In Heiligenstadt wird die Synagoge geschändet, in Duderstadt wird sie niedergebrannt.
1939	Schließung der Haushaltsschule der Heiligenstädter Schulschwestern in Heiligenstadt.
1940	Schließung der St.-Elisabeth-Schule der Heiligenstädter Schulschwestern in Heiligenstadt und des Oberlyzeums der Thuiner Franziskanerinnen in Dingelstädt wegen „mangelnder nationalsozialistischer Haltung" der Ordensschwestern.

1940	Schließung des katholischen Kindergartens der Heiligenstädter Schulschwestern in Heiligenstadt.
1940	Schließung aller kirchlichen Bibliotheken, weil sich dort angeblich „staatsfeindliche Literatur“ befände.
1941	Schließung mehrerer kirchlicher Kindergärten und Übergabe an die Nationalsozialistische Volkswohlfahrt.
1941	Die Mädchenoberschule der Ursulinen in Duderstadt wird unter staatliche Verwaltung gestellt.
1942	Deportationen Eichsfelder Juden in die Vernichtungslager.
1942 (12. Juli)	Pfarrer Gustav Vogt aus Deuna stirbt im KZ Dachau den Hungertod.
1943	Verbot des gesamten Religionsunterrichtes in der Schule.
1944	Errichtung eines Außenlagers des KZ Buchenwald in Niederorschel.
1945 (ab 4. April)	Besetzung des Eichsfeldes durch die Amerikaner.
1945 (7. April)	Schwere Abwehrkämpfe der deutschen Wehrmacht bei Struth. Zerstörung der Dorfkirche Siemerodes durch Bombenabwurf.

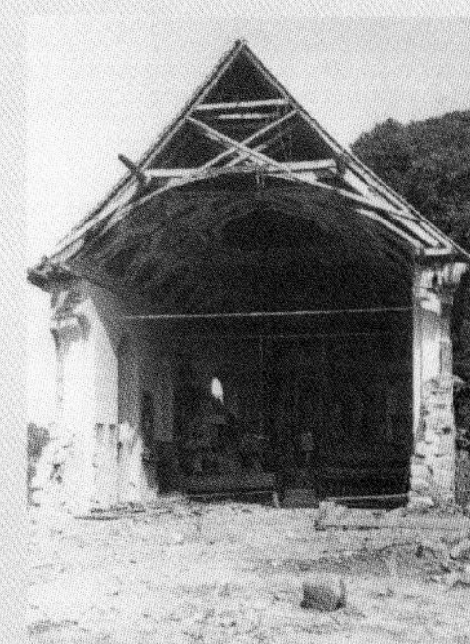

1945 (29. Juni)	Mit Dr. Aloys Schaefer (1911–1999) aus Dingelstädt gibt es zum ersten Mal seit dem Anschluss des Eichsfeldes an Preußen 1802 einen katholischen und hier beheimateten Landrat.
1945 (Juli)	Besetzung des Obereichsfeldes durch die Rote Armee und Eingliederung in das Land Thüringen; das Untereichsfeld gehört der britischen Zone an.
1945 (8. August)	Zusammenlegung der Kreise Heiligenstadt und Worbis zum Landkreis Eichsfeld.
1946 (21. September)	Enorme Umstrukturierung des Landkreises Eichsfeld durch die Kommunisten und Umbenennung in „Landkreis Worbis mit Sitz in Heiligenstadt“, der bis 1952 besteht.
1946	Wahlen, bei denen die CDU im Eichsfeld über 65 % der Stimmen erhält.
1946 (25. November)	Nach der Verhaftung und Internierung des Landrates Schaefer durch die Sowjets am 6. September wird der heimatvertriebene Oberschlesier Dr. Adolf Braedel (1898–1970) Landrat des Eichsfeldes.

Die Heimat entdecken!

Von Kiel bis Wien,
von Aachen bis Görlitz:
Entdecken Sie Alltagsgeschichten
aus Ihrer Heimatstadt!

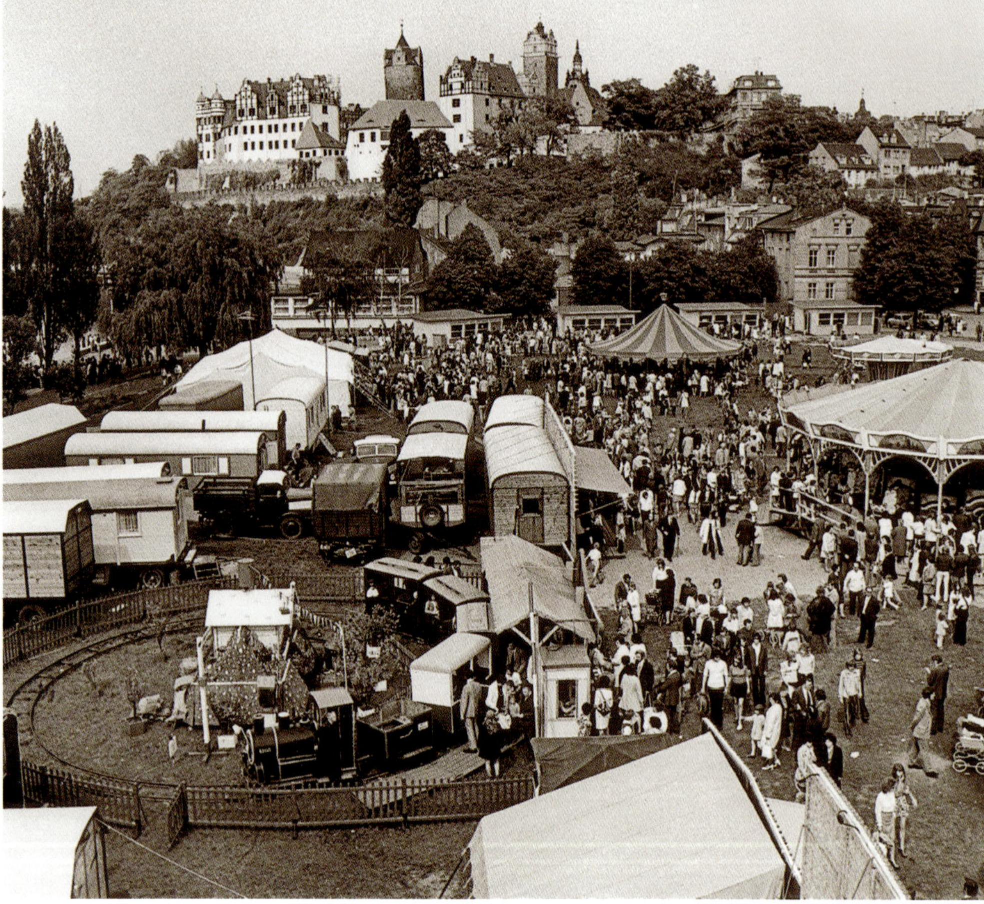

Buchhinweise

Das Eichsfeld
Die schönsten Seiten

Günter Kirchner

16,99 €
978-3-95400-679-3

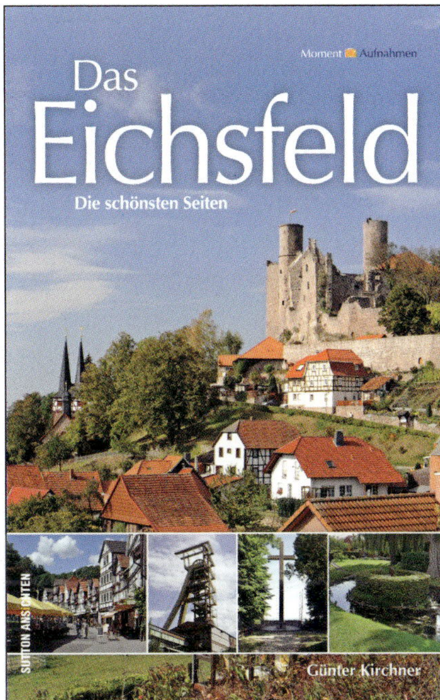

Tod im Eichsfeld

Astrid Seehaus

12,00 €
978-3-86680-992-5

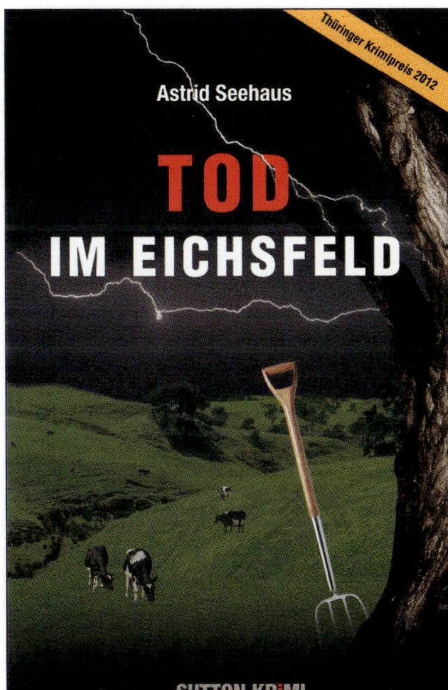

Weitere Bücher aus Ihrer Region finden Sie unter:
www.suttonverlag.de

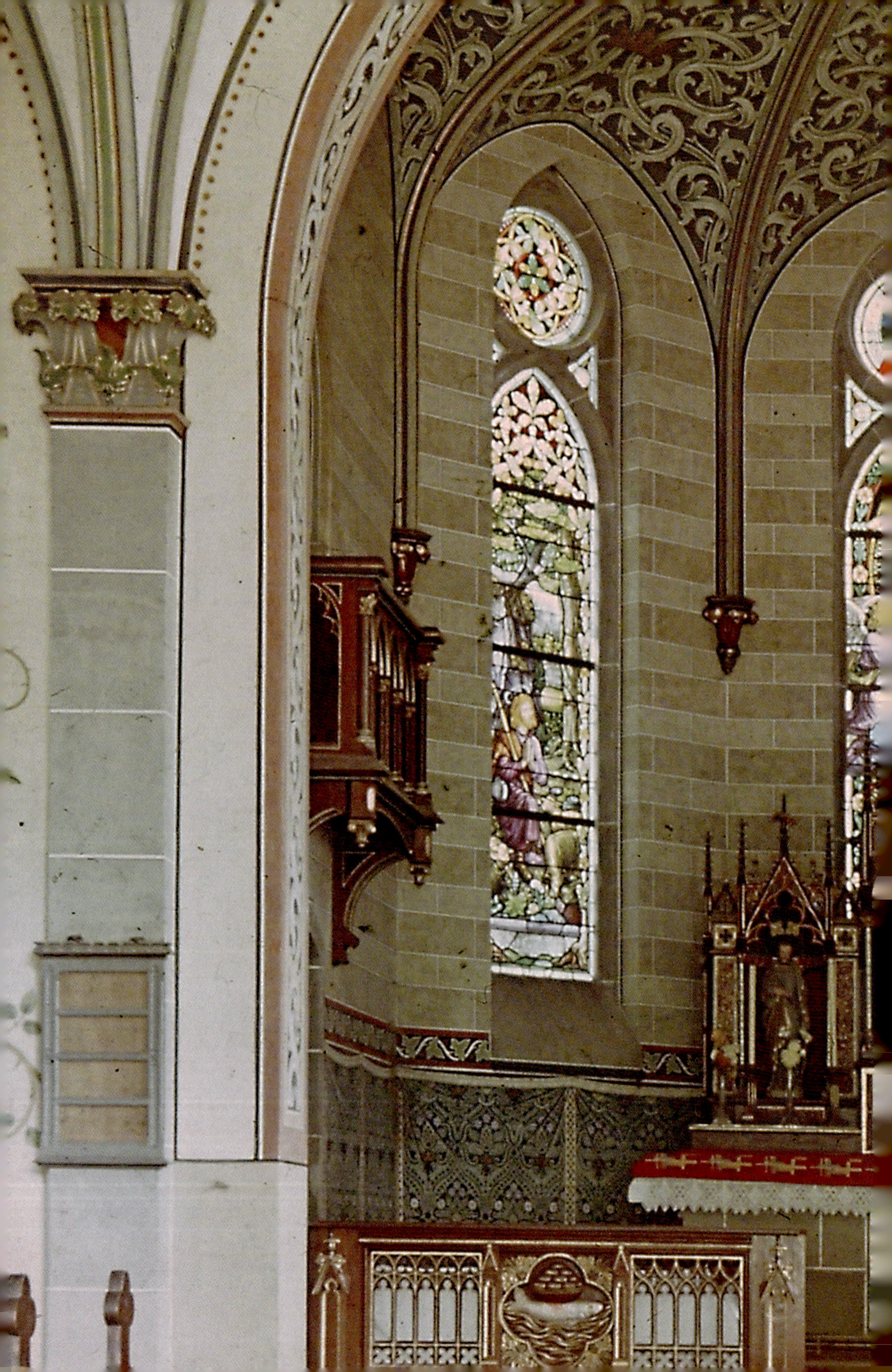

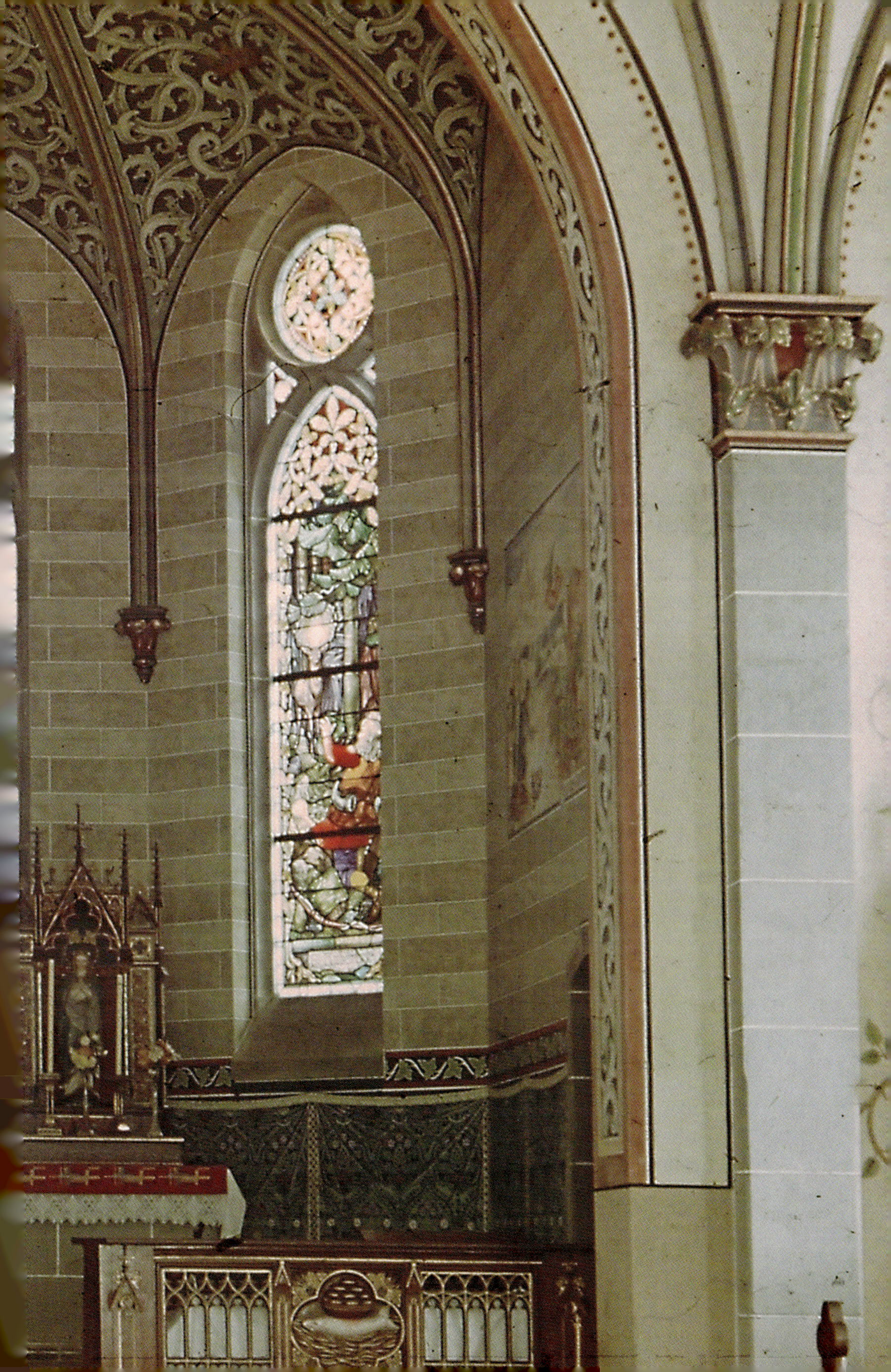

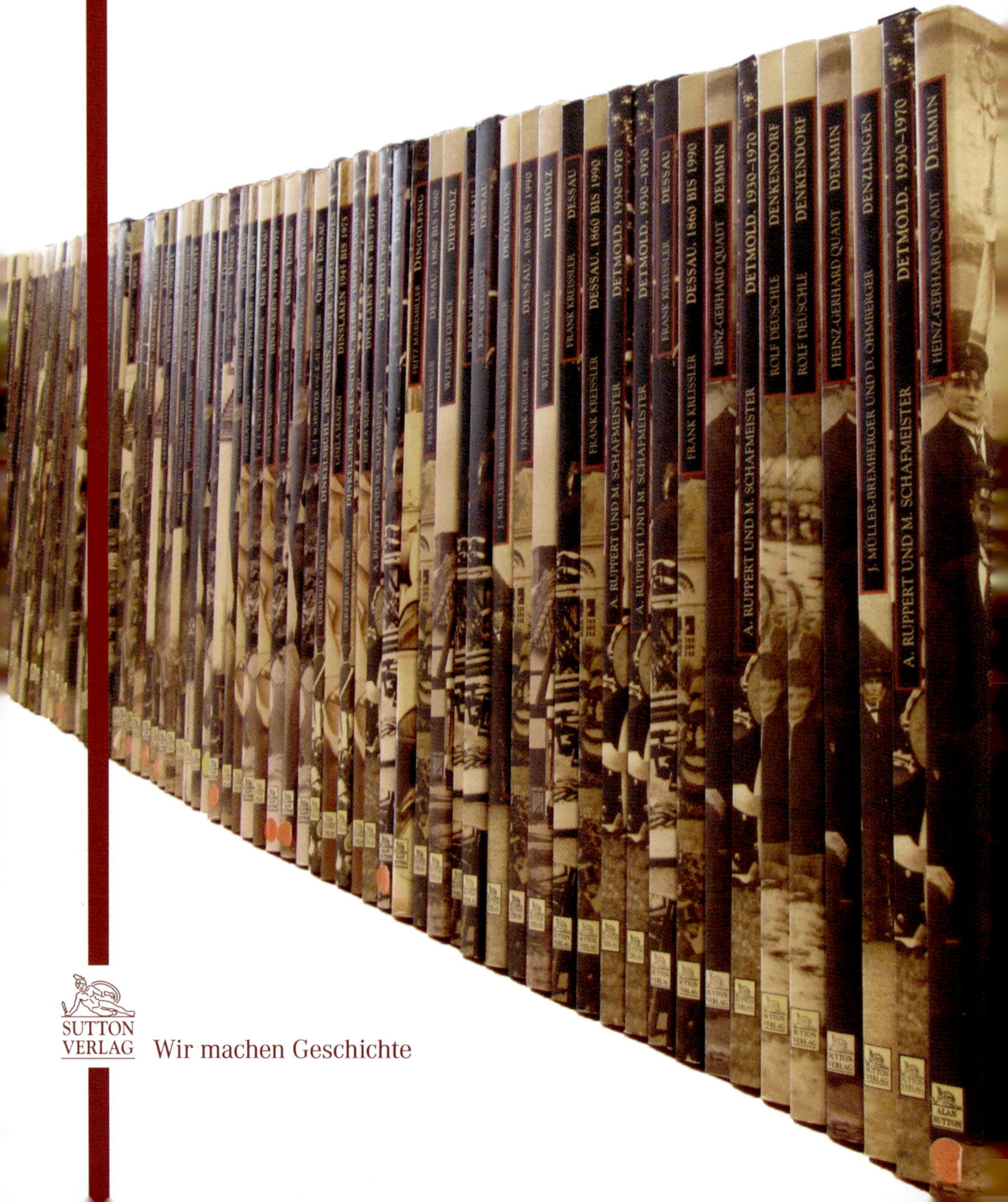
HEINZ-GERHARD QUADT DEMMIN
A. RUPPERT UND M. SCHAFMEISTER DETMOLD. 1930–1970
J. MÜLLER-BREMBERGER UND D. OHMBERGER DENZLINGEN
HEINZ-GERHARD QUADT DEMMIN
ROLF DEUSCHLE DENKENDORF
ROLF DEUSCHLE DENKENDORF
A. RUPPERT UND M. SCHAFMEISTER DETMOLD. 1930–1970
HEINZ-GERHARD QUADT DEMMIN
FRANK KREISSLER DESSAU. 1860 BIS 1990
FRANK KREISSLER DESSAU
A. RUPPERT UND M. SCHAFMEISTER DETMOLD. 1930–1970
A. RUPPERT UND M. SCHAFMEISTER DETMOLD. 1930–1970
FRANK KREISSLER DESSAU. 1860 BIS 1990
FRANK KREISSLER DESSAU
WILFRIED GERKE DIEPHOLZ